正念自律

在充满干扰的世界中有目标地生活并实现你的目标

[澳] 乔凡尼 · 迪恩斯特曼 著
Giovanni Dienstmann

MINDFUL SELF-DISCIPLINE

Living with Purpose and Achieving Your Goals in a World of Distractions

中国青年出版社

图书在版编目（CIP）数据

正念自律：在充满干扰的世界中有目标地生活并实现你的目标 /（澳）乔凡尼·迪恩斯特曼著；彭相珍译.
—北京：中国青年出版社，2023.9
书名原文：Mindful Self–Discipline: Living with Purpose and Achieving Your Goals in a World of Distractions
ISBN 978-7-5153-6996-9

Ⅰ.①正… Ⅱ.①乔… ②彭… Ⅲ.①自律—通俗读物 Ⅳ.①C933.41-49

中国国家版本馆CIP数据核字（2023）第123762号

Mindful Self-Discipline
Living with Purpose and Achieving Your Goals in a World of Distractions
By Giovanni Dienstmann

正念自律：在充满干扰的世界中有目标地生活并实现你的目标

作　　者：［澳］乔凡尼·迪恩斯特曼
译　　者：彭相珍
策划编辑：吴亦煊
责任编辑：吴亦煊
美术编辑：杜雨萃
出　　版：中国青年出版社
发　　行：北京中青文文化传媒有限公司
电　　话：010-65511272 / 65516873
公司网址：www.cyb.com.cn
购书网址：zqwts.tmall.com
印　　刷：大厂回族自治县益利印刷有限公司
版　　次：2023年9月第1版
印　　次：2023年9月第1次印刷
开　　本：787mm × 1092mm　1/16
字　　数：395千字
印　　张：26.5
京权图字：01-2023-1711
书　　号：ISBN 978-7-5153-6996-9
定　　价：69.90元

目录
CONTENTS

第二部分

支柱 1：志向

第三部分

支柱 2：意识

第六部分

更进一步的探索

第七部分

开始你的自律之旅

致谢
ACKNOWLEDGEMENTS

感谢我的妻子瑟派德·塔基玛（Sepide Tajima），感谢她在本书撰写过程中给予的伟大支持，从本书早期初稿的反馈，到本书封面设计的建议，再到给孩子们的精心照顾，有她坐镇大后方，我才能长达数月地专注于本书的撰写和打磨。

感谢几位读者和冥想班的学生，感谢你们就本书的想法、练习和设计给予的反馈。

感谢我的指导课客户们，是你们让我意识到正念自律是多么重要和具有变革性。

感谢一位坚持匿名的出版商，他在2019年中就已经联系我了，邀请我撰写一本关于自律的书。尽管最终没有达成合作，但此次互动也埋下了本书的灵感。

致所有讨厌我、怀疑我和批评我的人，感谢你们提醒我成为自己的光，并坚持自己的信念不动摇。

感谢所有的瑜伽师和冥想大师，你们激励我遵循最高标准和效果最佳的原则，塑造了今时今日的我。

感谢我的心灵导师，我将对他的名字保密，感谢他在这个过程中不断地鼓励，并最终使得本书成功付梓。

推荐序

FOREWORD

自律是值得人们培养的一个最重要和最有价值的特质。在这本充满睿智、论述精彩的书中，乔凡尼·迪恩斯特曼（Giovanni Dienstmann）充分结合了古代灵性训练传统的丰富知识与大量的现代心理学研究成果。如果你已经充分意识到，提高自律性将使个人的生活变得更美好——这一点适用于大多数人——那么本书就是一个逻辑清晰、论述得当、知识丰富的指南，能够指导诸位有效地提升自律性。

“自律”经常被当成“自控力”的同义词使用，但很多时候，自律蕴含的意义要远远超过自控力的范畴。无论如何，二者之间的联系十分紧密。之所以将二者相提并论，是因为在心理学领域的研究文献中，人们更普遍地讨论了自控力而非自律，且关于自控力的研究也相对较新。

要理解这个现象，我们或许应该问，什么样的性格或特质才能够让人们在生活中取得成功？在职业生涯初期，我对自尊心的相关研究抱有浓厚的兴趣，与心理学领域的诸多同仁一样，我认为很多人之所以会失败，是因为缺乏足够的自尊。为此，我们认为增强自尊心就能够带来各种各样的好处，至今仍有部分研究者信奉这一观点，但不断累积的实验数据却驳斥了这个观点。自尊心看起来更像是一个结果，而非成因，且增强自尊心带来的好处不仅很少，也不显著，这就意味着增强自尊心方面的努力并未带来广泛的改善效应。

当我试图衡量心理学家们通过研究发现的决定生活成败的最重要特质时，只有两个特质得到了真正充分的证据支持：智力和自控力。研究表明，聪明人比其他人更容易成功，且不仅仅局限于大学教授或科学家等受过高等教育的职业，智力似乎可以提升人们在所有被研究过的职业领域的表现，包括服务员、看门人、修理工等职业。

然而，关于自控力的研究出现得比较晚，至少心理学领域对自控力的研究起步较晚。但是在很短的时间内，关于自控力的研究已经表明其可以带来一系列真正令人印象深刻的好处，其中许多研究成果都记录在我的书《意志力：关于专注、自控与效率的心理学》（*Willpower: Rediscovering the Greatest Human Strength*）[与约翰·蒂尔尼（John Tierney）合著]中。自控力较强的人，通常在学业和职场上都比其他人更成功，赚到更多的钱，此外心理问题也较少，不容易出现吸烟、酗酒和其他成瘾问题。自控力强的人犯罪率较低，被逮捕的可能性也较小（但即使是罪犯群体，自控力较强的罪犯在刑满释放后再次入狱的概率也相对较小）。自控力较强的人，生理和心理都相对更健康，更容易受到同龄人和老师的欢迎，并且家庭关系通常更亲密，也更容易收获美满的爱情和婚姻关系。此外，还可能活得更长久。

但是自律或自控也不意味着我们需要在毫无乐趣的日常工作或生活中苦熬才有可能收获成功。我们的研究发现，自我控制能力较强的人比其他人更快乐，在科学家们用来衡量幸福感的两种标准中的得分都更高。整体而言，自控力强的人对自己生活的评价更满意。并且长期跟踪的数据也显示，他们更频繁地表现出积极的情绪，且负面情绪出现的概率较低。

良好的自律能够带来的部分好处是，至少能够让生活更平稳地运行，减少不必要的问题。研究发现，自控力差的人往往需要费尽心机地处理因为缺乏自控而导致的麻烦：他们很容易错过任务的最后期限，因此不得不应付延期带来的压力和后果；他们经常会发现自己在不同任务之间疲于奔命，无法专注于手头的事情；因为没有很好地规划支出，他们因此往往过得捉襟见肘；他们还常常与所爱的人发生口角，所有这些冲突和问题都会带来沉重的损失。为此，自控力差的人常常抱怨说睡眠质量较差。当然，高度自控力并不能杜绝所有这些问题，但肯定能够大大地减轻问题的程度或降低发生频率。

总体而言，我认为这个世界的运作方式是平衡的。通常情况下，一些优势会被一些劣势抵消（男性和女性之间的各类性别小差异亦是如此，因此通常表现为特定性别的某些优势会被其他的劣势抵消）。但与智力一样，自控力似乎不存在值得诟病的缺陷，正如越聪明的人往往生活得越好那样，自控力和自律性较强的人也是如此。

出于前述所有原因以及其他更多的原因，我鼓励诸位仔细阅读并享受这本书，因为提升个人的自律性将从各个方面提升生活的质量，无论是对你个人的生活还是对周围的人而言。

罗伊 · F. 鲍迈斯特

本书宣言

THE MANIFESTO

正念自律不仅仅意味着帮助我们设定日程、培养习惯、管理时间和始终朝着目标前进，它还关乎如何全身心地投入生活、充分发掘个人潜力、获得成就感，并最终活出无怨无悔的人生。正念自律关乎自我的实现和对幸福的追求，它将引导大家成为一个目标坚定的人。

目标坚定的人，有着明确而强大的愿望。

目标坚定的人，勇于承担全部责任并充满自信。

目标坚定的人，往往高瞻远瞩，更注重长远的成就感，而非一时的安逸。

目标坚定的人，会练习冥想、进行自我反省并强调有意识的生活。

目标坚定的人，会在日常生活中锻炼停顿、意识和意志力。

目标坚定的人，能够坚持不懈、持之以恒，直至目标得以实现。

目标坚定的人，能够包容和接纳现在的自己和未来的自己。

目标坚定的人，通常养成了持之以恒的习惯和能够赋能自我的晨间作息。

目标坚定的人，制定了为成功而努力的计划，并能够百折不挠地从失败中重新振作。

目标坚定的人，做出了一个毫不妥协的承诺，他们坚持“永不为零”（Never Zero）的原则。

目标坚定的人，知道如何处理拖延、分心、借口和疑虑等问题。

目标坚定的人，日复一日地朝着他们至高无上的目标和价值努力奋斗。

如果你发现上面的表述符合你对自己的描述，那么欢迎你阅读本书。这本书就是为你而准备的，请你翻开本书的第一页，让我们共同开启这个令人兴奋的探索之旅。

自序
PREFACE

在古往今来积累的一千条成功原则中，有一种品质或做法，会比其他任何经验法则更能保证你在生活中得偿所愿、功成名就。这种品质非常重要，如果你不能将其发展到高水平的程度，你就不可能真正充分发挥潜力，实现你原本真正有能力实现的目标。

——布莱恩·崔西（Brian Tracy）

你可以将我拥有的一切都拿走，不管是我掌握的所有知识、建立的所有人脉关系还是养成的个人素质，但只要给我留下一样东西，我就能够将所有这些东西都找回来。

这一样最重要的东西，就是自律。

再多的天赋、金钱、知识或自助技巧都无法弥补其不足。在当前这个充满了诱惑和即时满足的世界上，即使是一点点的自律，也能带来很大的帮助，因为周遭的一切都是为了让你分心和打破你的自律。现在，我们到了选择的岔路口：是继续让这种情况发生，还是找回对生活的掌控权，确保我们能够更有目的性地生活，以期实现生活和人生的目标。

自律是确保我们在生活的各个领域实现目标的最基本技能，它是美德之王，是推动任何领域成长的引擎，也是我们日复一日地按照最高目标和价值生活所需要的指南针。

这不是基因抽奖，也不是上天的恩赐。这是一种可学习的技能，花时间去掌握它将带来丰厚的回报。因为自律会使你生活中的其他事情变得更轻松。

你的目标是什么？变得更健康？减轻体重？每日冥想？存下来更多钱？自主创业？让事业更上一层楼？成为更好的伴侣或父母？掌握一项技能？做出影响世界的事业？

你是否处于需要重新开始、需要重设和重塑自己的人生阶段？或者你只是想在每晚睡前回顾这一天时对自己和自己度过这一天的方式心怀满意？

自律——正念自律——将使你能够做到这一切，它将确保你“生时不找无作为的借口，死时不嗟叹人生的空付”。

《正念自律》将是引导你循序渐进做到这一切的终极指南。如果你想掌握正念自律的方法，我相信，本书就是你的最佳选择。

本书简介
INTRODUCTION

自律就意味着在你此刻想要得到的东西，与你人生最想要得到的东西之间做抉择。

——亚伯拉罕·林肯（Abraham Lincoln）

我认为，战胜自身欲望的人比战胜敌人的人更勇敢，因为最难战胜的对手往往是自己。

——亚里士多德（Aristotle）

自律：实现所有目标的关键

花点时间思考一下对你而言真正重要的生活领域，想一想你希望做出的改变，无论是关于自己，还是关于自己的生活，以及它们对你而言意味着什么。

再想象一下，如果十年之后你仍然没有做出这些改变，你会有什么感觉。现在，让我问你几个问题：

- 你是否认为自己正在这些方面取得预期的进展？
- 不管是事业、健康、财务、人际关系、生意或精神方面，你是否一直在持续实现设定的目标？
- 你的生活是否如你所愿？
- 你是否总是遵守对自己做出的承诺？
- 你完全满意于自己花费时间、精力和度过人生的方式吗？

如果你对其中一个或多个问题的回答是否定的，那么我要告诉你，你可能缺乏自律。

明知自己想要什么却做不到，这是很痛苦的，你可能会感觉光阴从指尖白白溜走而自己却一事无成。而且，在其他人似乎总是能够得偿所愿的时候，你自己却苦苦挣扎、毫无寸进。又或者，你在一个任务上投入的时间和精力，远远超出了必要的程度，并被整个过程搞得精疲力竭。

为什么你还不能实现设定的一些目标？为什么改掉坏习惯、养成好习惯，并每天坚持一些能够带来充沛能量的事情，对你而言那么困难？

显然，你并不缺乏相关的知识，无论你想要改变的是生活状态还是自己的习惯，我敢打赌，你知道自己需要做什么才能改变。无法改变的原因，可能也并非缺乏足够的金钱、支持或时间，甚至不是缺乏改变的动机，你真正缺少的是发自内心的承诺，以及无论如何都要将承诺转化为日复一日的有效行动的自律性。

一旦你做出了坚定的承诺，并具备了自律能力，那么你许下的新年愿望就不会永远是一纸空文，年少时的梦想就不会成为长达十页的“愿望清单”的内容，无论是特定的项目还是长远的人生目标，都不会成为半途而废的空话，坏习惯也不会成为你的日常“好伙伴”。“我做了承诺，于是我坚持去做”将成为你人生的新格言。

或许在某些人看来，自律的名声并不太好，他们将自律视为一件无聊的苦差事，认为它是一种损害人的生活方式，也是被他人胁迫而不得不去完成的任务。然而，只要你能够端正态度，从正确的角度看待自律，就会发现它并不是自我否定，而是自我肯定，是一种维护了个人最佳利益的工具。

自律就是自我尊重。

只要你产生了自我发展和成长的愿望，自律就成为一种必需，为何？因为你现在的样子和你想要成为的人之间必然存在差距，而自律就是帮你弥合这个差距的桥梁。

当然，我们能否实现愿望，成长为理想中的人物，依然取决于其他一些因素，譬如运气和遗传基因，但这些都是我们无法操控或改变的东西。我们唯一能够控制的，是自己日常的行为、思想和习惯，我们在这些方面的控制能力越强，就越能够拨开生活的迷雾，确保自己始终按照个人的意愿生活。

每个人成功与否，与个人的年龄、性别、性取向、生活方式、政治倾向或信仰体系关联不大，假如你设定了一个目标，就需要自律，才有望实现成功，道理就这么简单。

拥有了自律的生活必然将带来成就感。

而没有自律的生活只会令你生活在懊悔之中。

正念自律的力量

自律不仅仅是培养习惯，尽管培养习惯是自律的一个主要表现，但不是唯一的表现。自律也不仅仅是良好的时间管理、养成一个良好的心态、设定有效的目标并采取行动，所有这些只是自律的一些做法的具体体现。

自律不只局限于个人发展的几个主题，它是个人发展的核心，是将众多自我发展主题联系在一起的主线，例如：

- 成长型心态
- 习惯的养成
- 冥想
- 目标设定
- 自我控制
- 生产效率
- 培养美德
- 积极思考
- 意志力
- 找到个人的目标
- 将设想直观化
- 肯定与认可
- 专注和毅力

这就是为何本书每一章论述的内容都可以独立成书。事实上，已经有很多研究者，就本书各个章节所涉及的每一个关键概念撰写了不少书。而本书的目的，就是将这些关键内容汇集起来，以高度实用和相互关联的方式将它们呈现出来，无须诸位再费心地阅读长篇大论的学术分析和无休止的案例研究。

我们当然可以无休止地谈论目标的设定、生产力的提升和大脑的开发，但所有这些都应该基于同一个出发点，即持之以恒地遵守。换句话说，空谈无用、实干为王，除了理论上的认同，我们还需要采取实际的行动。我们需要充分地遵循这些原则，并充分利用这些工具，哪怕自己并不喜欢。因此，它们都要求自律，这就意味着，所有的主题和转变都需要自律的能力。

但是，为什么要提正念自律的概念呢?

因为我在本书中提供的训练方法均以冥想和自我意识为基础，而非强制性的要求。这些方法将邀请诸位充分调动身心，追求一个有意义目标的实现，而不是强制诸位为满足特定进展的要求而逼迫自己。这些方法将唤醒你心中由平和而非激进带来的力量。

正念的自律心态和方法，比依靠强迫的方法更实际，也更容易实现。而且它还有一个额外的好处，就是能够带来冥想练习的许多已经得到证实的好处。如果你曾经尝试过自律但失败了，那么正念自律或许正是你需要学习和掌握的新方法。

如何最大限度地利用本书

本书的目标是帮助诸位实现设定的目标、人生的梦想和价值，并做出预期的改变。无论你是设定了一个值得全心全意去追逐的目标，还是只需要有人帮助你成功地完成简单的任务，比如存钱、早起和吃得更健康等，本书都能够成为最有效的指南和工具。

本书各章节内容的安排如下：

在本书的第一部分，你将了解什么是自律，它如何在你的大脑中发挥作用，以及增强自律的好处。你将看到在自由和自律之间保持平衡的必要性，以确保提升生活质量的过程不会导致你精疲力竭。随后，我们还将讨论意志力的重要作用，以及如何增强个人意志力。

本书第二部分到第四部分的章节，分别涵盖了自律的三个重要支柱：志向、意识和行动。

在志向支柱部分，你将学习如何找出自己内心深处最迫切的愿望，强调并正视它们的存在，为实现这些志向设定具体的目标，并将其作为日常生活的优先事项。你还将学会如何应对自我贬低和伤害的心态，以及如何通过自主权、自信心和牺牲精神这三种强大美德的培养确保愿望的充分实现。

在意识支柱部分，我们将探讨"正念自律"的核心内容。意识是一种通过日常冥想和自我反省培养起来的品质，你可以借助PAW方法[①]来将其运用于日常生活中。你将在这部分内容中学习三种不同的方法，以利用个人的意志力来转变不良的心理和情绪状态，从而使你能够做出推动目标实现，而不是使你远离目标的决策。你将学到无论面对什么样的逆境都能够坚持不懈走下去的方法，还将学习一些技巧，帮助你克服前进道路上的各种干扰事项和诸多借口。

在行动支柱部分，你将学会如何设定里程碑事件，合理地安排行动计划以推动目标的实现，并通过养成有效的习惯来推动个人的发展和进步。这部分内容还将探讨如何克服遗忘、拖延和自我怀疑等自我发展障碍的具体方法，你还将学会如何为可能的失败做好充分准备，并在遭遇失败时迅速从逆境中重整旗鼓。最后，我们将探讨"永不为零"的承诺，并以一把"金钥匙"结束本部分的探讨，相信这将给你留下难以磨灭的印象。

本书的最后部分涵盖了如何强化这三大支柱的相关主题内容，因此你将学习正念自律下管理时间的原则，以及养成高效的晨间和夜间例行活动安排的具体准则。我们将谈论美德的必要性，探讨为何美德如此重要，以及如何培养美德等相关内容。我们还将涉及其他可以使自律变得更容易或更难的生活方式或要素，例如睡眠和共同生活的伴侣等。

---

① 即运用暂停、意识、意志力的方法，详见本书第17章。

我建议诸位按照章节顺序从头到尾地阅读这本书，这本身就是一种自律性的锻炼。但是，如果你时间不够，想要将所有“捷径”先睹为快，那么就先读第17—24章，然后再读第31、34章和第39章。不过，你可能会疑惑地问：“乔凡尼，如果我真的只有时间阅读和实施三个章节的内容，那我应该怎么选？”如果你的确是时间有限，我建议你重点阅读第17章（PAW方法）、第31章（坚持“永不为零”的承诺），以及从论述相关“障碍”的章节（第12、21、22、23、28、29、30章）中挑选符合个人情况的章节阅读。

在翻阅本书时，也不必给自己过大的压力，无须逼迫自己去完成每一个练习或尝试所有的技巧。即使你只学习并真正实施了其中哪怕一个方法，你的自律性就已经得到了增强。如果你实施了其中的三到五项，就会获得颠覆性的转变。在阅读过程中，不妨标记出对你影响最大的主题，并专注于整合这些练习，直到它们成为你的第二天性和一种条件反射，然后可以回过头尝试其他的练习。此外，还可以参考本书结尾处的实施清单，它们是你了解如何在日常生活中实践这些概念的实用指南。

本书不同章节会重复一些内容，但这是有意为之，因为我希望能够从不同角度多次重温一些概念，以真正帮助诸位吸收和内化这些想法。

本书的写作风格与我的第一本书《静心冥想：强大自我的心理学实用百科》（*Practical Meditation*）略有不同，这本书更加直接和“忠言逆耳”，在阅读过程中，你有时可能会觉得书中的描述直接把你放在聚光灯下，深入剖析存在的问题，让你无所遁形。但请理解，我的出发点是为诸位服务，并抱着深刻的同理心，而不是为了高高在上地批判诸位的错误或不足。

在阅读这些文字时，你可能会感觉羞愧难当、坐立难安，但也不必内疚自责。因为羞愧和内疚是负面的情绪，往往使你受限于不良的习惯，这恰恰违背了正念自律的初衷，也不是我本人写作的本意。就自律而言，没有人是完美的，我们都在不断地学习需要学习的东西，以不断地完善和提升自我。

自律与我

人们常说，自律是我的一项超能力。事实上，如果你询问我的亲密朋友或家人，我最重要的个人长处是什么，大多数人会回答说“自律”或与之类似的表述（毅力、复原力、意志力等等）。

我的妻子有时候会调侃说，我应该把名字改成乔凡尼·自律·迪恩斯特曼。

只能说，自律的确贯穿了我个人生活和工作的各个方面，这也是我多年来苦心培养的一种特质，而不是遗传的天赋（整个家族中，只有我成为如此自律的人）。

正是自律，使我在年轻时就能在法律领域风生水起，然后是IT行业和博客领域。也是自律使我能够每天凌晨2:30起床，洗冷水澡，连续做两个小时的冥想，每天只吃一餐饭（一周七天，从无例外）。得益于超强的自律性，我已经累计练习了一万多个小时的冥想，并写了一本关于这个主题的畅销书。

也正是自律，使我能够日复一日地感到平静、专注和满足，无论发生什么事，我的情绪和情感状态始终是恒定和稳定的。

是自律让我能够对沉迷于娱乐、信息和其他形式的即时满足说“不”。事实上，我的手机上没有安装任何社交媒体应用程序，我每天只上网两次，主要是为了查看电子邮件，且把大部分的通知信息都关闭了，我每周看电视的时间不会超过三个小时，也不会浪费时间漫无目的地浏览网页。

最重要的是，我热爱我的生活，心满意足地活着，因为我知道自己每时每刻都在为我生活的三大支柱而努力奋斗。

- 个人成长（冥想等）
- 家庭（妻子和女儿）
- 对社会和世界的贡献（我的工作）

然而这本书是为你而写的，你的人生支柱可能与我的完全不同，你想要的生活方式可能完全不同，但我们对自律的需求是相同的，这是一个普遍存在的需求。

你的自律程度或许远远不及我的自律程度，但了解通过遵循自律的体系可能达成什么样的成就会很有帮助。我个人目前可以达成的自律程度，是诸位也有可能达成的，前提是你需要有学习的意愿，并愿意为之采取行动。自律并非天生具备或天生欠缺的东西，而是一种可以通过学习掌握的技能，是一种可以培养的品质。

事实上，人们曾无数次地问过我："你怎么能如此自律？你到底是怎么做到的？"这本书就是对这个问题的回答。它将我在过去20年里的研究、实践和教授的所有自我发展的概念汇集成篇。有些人的人生目标可能是积累财富、扩大商业版图、精进技艺或拿到金牌，但对我而言，所有的努力都是为了积累智慧和自我修炼，所以这就是我要分享的东西。

对我而言，自律就是所有努力的目标。在这本书中，我将与诸位分享我一路走来收集到的智慧与洞见，以及我如何通过独特的方式将它们串联起来，使它们为人生服务。

你可以对本书有什么期望

这本书不是科学研究的汇编，也不是一个学术研究项目。没错，我的确阅读过很多研究成果，也开展过许多研究项目，但这本书并不是一篇论文，本书的重点将是"如何操作"，而不是试图证明"为何这些方法有效"。

此外，本书也无意提供所谓的神奇成功公式，我也不会假装发现了惊天动地的新理念。本书论述的技能有着悠久的历史，并且得到了不同时代和文化的顶尖实践者和智者们的实践和赞美。但这就是它值得我们关注和钻研的原因，这是经受住了时间考验的技能，而不是昙花一现的肤浅风潮。

然而，这本书也不像许多其他类型的个人发展书那样，关于概念的论述很浅薄，并利用个人故事和案例来填补空白。我有太多的信息要分享，没有时间浪费在浮夸的故事讲述之上，本书的每一句话都是为了传递力量和灵感，绝无含糊其词的话。这本书旨在成为诸位的自我转变指南，而不是悠闲地打发一个周末下午的轻松有趣的读物。

充分利用本书的前提非常简单：如果你想实现任何类型的目标，或者如果你想改变自己或生活中的任何事情，你就必然要采取行动、做出改变。在这个过程中，你会遇到障碍，包括内部和外部的障碍，而且你自己往往会成为改变的最大敌人。而自律将是你克服所有的障碍，使你从当前的你发展成为理想中的自己的最佳助力和工具。

这本书的部分内容可能会令你感到不适，如果发生了这种情况，请感到高兴而不是不悦，因为这意味着你理解了正确的信息，而积极的变化就在前方。

这本书将使你找不到任何拒绝变革的借口，因为对于在实现梦想道路上可能出现的每一个挑战，我都在书中提供了一个（或多个）有针对性的、可操作的策略，为此你将不再有拒绝改变的借口。

这本书也将使自我贬低变得极其痛苦，这同样是有意为之，只有这样，你才有可能彻底地克服这种不良的心态。本书提供的方法很有效，可能是你需要但是并没有预料到的方法。但请记住，破茧成蝶从来都不是一个轻松的过程。

我知道，如此坦白的告诫或许不会令本书荣登最受读者欢迎的畅销书榜单，但这就是我为诸位提供的最大好处。这本书将用过上理想生活的能力带来的满足感，取代借口带来的舒适感。

但如果你的人生没有任何目标，那么这本书对你来说就是无用的废纸，如果来得及，请你及时申请退货退款。相反，如果你设定了任何生活的目标，无论大小，那么我相信你一定会喜欢本书提供的信息——欢迎你加入自我变革的大家庭！

现在，让我们携手共进，共同开启伟大的变革之旅吧！

第一部分

基本理念

第1章
自律是什么

每个人都必须在两种痛苦中进行抉择：自律的痛苦，或后悔的痛苦。

——吉姆·罗恩（Jim Rohn）

积极行动者的一个本质是具备使冲动服从于价值的能力。

——史蒂芬·柯维（Stephen Covey）

自我变革的旅程，从澄清什么是自律，以及什么不是自律开始。因此，本书的第一部分内容将专注于什么是自律，而后续的章节将重点论述如何增强自律。

自律：诸多美德的融合

简而言之，我个人是这样定义这项基本技能的：自律是与个人的目标和价值观和谐相处的艺术。

关于自律的长篇大论版定义是：

自律是一个人以更高的目标和价值观为准则，持之以恒生活的能力。它是个体克服内部障碍和外部障碍的能力，使人可以专注于对个人而言有意义的事情，并让它指引个人的思维方式、做出的选择和采取的行动——直到成功地把目标变成现实。

上面的定义可能看似简单，但实际上包含了丰富的信息，下面就让我带着诸位一起解析其中的多层含义：

“以……为准则”意味着你有能力选择符合个人最佳利益的事情，这就意味着选择更高尚的自我，并尊重这一选择；意味着选择遵循目标而非情绪；意味着选择明智的决策而不是受情绪的驱使；意味着选择遵循高远的志向而非一己私欲。这就要求我们具备为了更高尚的愉悦而牺牲低层次享受的勇气。

“目标和价值观”是我们想要实现的东西，例如：更健康地生活，写一本书，戒酒，每天早上冥想，成为一个优秀的吉他手，成为最好的妈妈，发家致富，提高技能，等等。这些都是长远的目标，需要持之以恒的努力，并且意味着我们需要放弃即时满足和一夜成功的幻想。

“内部障碍”是指诸如拖延症、各种借口、缺乏动机、自我贬低的信念、自我怀疑、懒惰、坏习惯等。“外部障碍”是指像导致分心的事物、社会压力、不利的环境、失败以及挡在面前的挑战等。

“让它指引”意味着自律将给你的生活带来清晰的认识，它将成为每一个决策的指南针，一个能够为你指出成功方向的灯塔。

“直到成功地把目标变成现实”，而不是“只要你觉得好就行”。自律并不会关注你今天的感觉如何，它提出的问题是“你今天将如何实现你的愿望”和“什么样的选择，才能够让你成为真正想成为的人”。

自律包含了多个方面的技巧，从表面上看，它们看起来像是各不相干的美德，但实际上彼此相互关联。如果从自律对个人能够产生的作用的角度来看自律，我们就可以看到，自律将允许你：

- 专注于最有意义的事情，尽可能地摒除杂念和浮华的东西，将时间和精力花在真正能够增加生活价值的事情上（专注力）。
- 做你需要做的事，不管你当下的感觉如何，也不管路上有什么样的障碍（意志力）。
- 阻止自己做明知对自己不利的事情，并指导自己做那些对自己有利的事情（自我控制）。
- 克服借口、拖延、恐惧和疑虑。即使在没有动力的情况下，也要坚持实现设定的目标和梦想（决心）。

- 遵守你对自己（决心）和对他人（承诺）的承诺（正直、可靠）。

- 恪守你自己的价值观、标准和规则。将个人的思想、行动和行为与你渴望成为的人相匹配（真实性）。

- 在生活、人际关系和工作中展现最好的自己（慷慨）。

- 做明知自己需要做的事，以便在生活的不同领域获得想要的结果。专注于自己能控制的事情，接受你不能控制的事情（责任、自主权）。

- 通过考虑所做的每个选择可能带来的长期后果，实现更有目的的生活，而不是任凭冲动行事。当即时满足的诱惑与设定的长期目标不一致时，对其说“不”（长期愿景）。

- 每次跌倒（失败）都要爬起来，要知道自己是为了长期发展，最终会成功的（不屈不挠、坚韧不拔）。

- 即使事情看起来不顺利，也要坚持原定的计划，做到有始有终（坚毅和韧性）。

- 将你的生活——你的思想、情感、行动和习惯结合起来，共同致力于追求有意义的目标，这使你变得统一和完整。只要能够做到这一点，我们人格中的所有力量都将指向同一个方向，内部矛盾就会减少（整合、整体性）。

- 做到真正的学习，“纪律”这个词和“弟子”这个词的词根是一样的（成长）。

- 不被当下的情绪和冲动所控制（专心）。

- 将个人的技能和知识提高到一个新的水平，实现个人的成长（追求卓越）。

- 做出未来的自己会感激的决定（自爱）。

- 根据你渴望成为的人的样子（未来），而不是受限于环境的曾经的样子（过去）来采取行动（协调）。

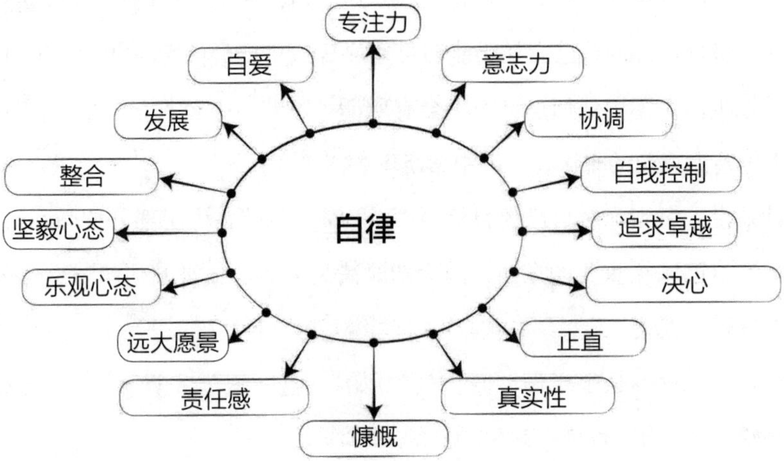

现在诸位或许已经很清楚地知道，自律包含了外部因素和内部因素。外部因素指的是个人养成和保持良好习惯、改掉坏习惯和按照目标行事的能力。内部因素则意味着自我管理，良好的自我管理是实现外部目标的前提。它指的是我们协调统一内心世界不同元素——我们的思想、情感、冲动和目标——的能力。这就意味着我们有能力在任何特定的时刻抉择出由内心各种相互冲突的声音中的哪一个来主持大局。没有自我管理的能力，我们就无法控制自己，因此也就无法掌控我们的生活和人生。

自律是一种个人力量

《隐藏的自我：大脑的秘密生活》（*Incognito: The Secret Lives of the Brain*）一书的作者大卫·伊格曼（David Eagleman）认为，人类的行为不过是人类大脑中短期欲望和长期欲望之间的许多争斗的结果。如果是这样的话，那么自律就是我们选择应该赢得重要战斗的是大脑的哪一部分的能力。

用来表达“纪律”含义的希腊语单词“enkrateia”的词根是“krat”，表示控制或权力。自律就意味着你的核心个人力量，它是自我管理，也是所有其他力量的来源。

每当你行使自律的力量时，它就能够得到增强，你也会获得一种满足感，因为你知道你在呈现最佳的自己。如果能够日复一日地呈现最优秀的自己，我们就可以心满意足地生活，不留任何遗憾，不会有所谓“如果……就好了”或“早知道我应该……”等追悔莫及的想法在脑海中萦绕不去。

反过来说，每当你对自己的目标说“不”时，你就丧失了部分核心力量；每当你忽略了对自己来说重要的东西，因为即时满足而分心或被其他的诱惑所迷惑时，自律的力量就会丧失。

每当你说“我不是很想做”“我下周开始”“这一次就先算了”“今天不算数，明天再开始”时，自律性就会丧失。

所有这些行为，都是在愚弄自己，而每一次的自我安慰或愚弄，都是在放弃部分自主权，这将使你变得软弱无力。很快，你会在某天发现，自己的决定和话语不再重要，你自己甚至都无法相信或尊重自己说的话、做的事情，这很容易令你产生欺骗感、抑郁或后悔的情绪。

所以，要尊重个人的力量，不断地培养和增强它，然后明智地行使这种力量。

自律是一种自我调节、自我控制或自我管理的形式，它是对个体内部权力的积极使用，就好像一个优秀的国王/王后带领着一个国家走向更快乐、更美好的未来。

这种个人权力的行使（自律）对我们很有好处，它将带来幸福感，而非压抑感。事实上，研究表明，自我控制能力强的人吃得更健康，运动得更规律，睡得更好，喝更少的酒，抽更少的烟，在大学取得更优秀的成绩，人际关系更加平和，经济上更有保障，并享有更强的身体健康和精神健康。他们的自尊程度更高、人际交往能力更强，并拥有更多的最佳情绪反应。

尊重和培养个人的自控能力，也会使你对自己更满意，对自己的能力更有信心，在社会上更有影响力。一个自律性很强的人，会散发出一种自然而然的权威感、尊重和信任。

如果不具备这些优势，我们就不能脱颖而出，而只能选择随波逐流。用那位以一针见血的方式传递哲学而闻名的思想家（弗里德里希·尼采）的话来说：“不能听命于自己者，就要受命于他人。”不妨将你个人人格的不同方面视为生活在你统领的王国中的不同公民，它们各自有着不同的欲望、担忧和目标，彼此之间必然有着利益的冲突。然后问问自己：我的王国是什么样子的？大多数公民是在为共同的目标和谐地努力，还是各自为战？坐在宝座上的是一位睿智仁慈的君王，还是一个无知的小丑？

自律是让生活奏出和谐之音的工具

看待自律的一个更温和的方式，是将其视为一种协调个人和在生活中创造积极节奏的方式。节奏是一种纪律和秩序的形式，它意味着所有的事情以可靠的方式发生。

在我们的生活中，节奏无处不在。

人类的身体有自己的节奏，如昼夜节律。我们可以将其视为身体的常规，这是身体的自然自律。当我们通过健康的饮食、有规律的睡眠时间等，尊重和维持身体的自然节奏时，我们会体验到身体的健康、活力和幸福。打破这些自然的自律，身体可能就会开始出现各种问题。

音乐也是一种节奏，每一个音符、每一个停顿都需要完全在正确的位置上——不能早一秒，也不能晚一秒，否则不和谐的音律就会出现。这是一个非常严格的纪律，遵循它，你就有了美妙的音乐；破坏它，你得到的只是噪声。

美也是一种节奏，它是一种重视和谐、对称和平衡运动的视觉纪律形式。甚至在故事的创作中，也存在纪律和形式来塑造创意流，没有这种纪律，故事的表达和力量就会被削弱。纪律是节奏、平衡的基础，因此也是和谐的基础。缺乏纪律就会导致不和谐、浪费精力和混乱。

正如你所看到的，纪律已经存在于我们身边的许多事物中。在驾驶中，纪律能确保安全；在医学上，纪律能确保健康和拯救生命；在编程中，纪律确保了一个应用程序或网站的有序运行，以及不会让你在使用时一筹莫展。

回过头再想一想你个人性格的不同方面，它们作为王国中的公民，有着不同的欲望、恐惧和目标，如果将它们视为大型乐队中不同类型的乐器，问问自己：我演奏出来的音乐听起来像什么？所有的乐器是否都能和谐地协调起来，创造出一部杰作，或者我的生活是否已经荒腔走板了？

自律是最优秀的指挥家，请务必确保它担任这个乐队的演出指挥，只有这样，优美的音乐才会成为可能。

自律的生理学基础

（温馨提示：如果你认为没必要了解大脑工作的原理，可以跳过此节内容）

理解我们如何在这个世界上运作的一个有用模型是美国神经科学家保罗·D. 麦克林提出的“三重大脑理论”（triune brain model）。他认为，人类的大脑可以分为三个层级。

大脑最古老的部分是爬行动物系统，也被称为原始大脑（primal brain）或蜥蜴大脑（lizard brain），主要关注的是威胁和生存，它对环境的反应是基于恐惧和攻击性。在现代生活中，当我们冲动地做出反应，并在事后对后果感到后悔的时候，大多都是靠这个原始爬虫大脑做出的反应。

当有人因为需要在公共场合发言而感到惊慌失措，或者被家人的无礼评论激怒而大发雷霆时，这就是原始大脑在作祟。依赖这种爬行动物的本能意识行事，往往会导致追悔莫及的后果，除非真的遭遇了需要依赖原始大脑的反应以确保生存的情况。

大脑的第二层是边缘系统，也被称为哺乳动物的大脑（mammalian brain）或情绪大脑（emotional brain）。它负责人类的情绪、动作的协调、喜欢和不喜欢、快乐和痛苦等感受。当我们忘了减肥的誓言，转而追求吃掉饼干带来的即时满足感时，这就是情绪大脑在发挥主导作用。

当你发现自己很难拒绝汽水的诱惑，或无法停止漫无目的地浏览互联网或社交媒体时，这就是情绪大脑在作祟。如果你想要开始每周进行三次户外跑步，却因为担心其他人会以异样的眼光看待你，或以超重为借口对你进行负面评价，最终由于这种羞耻心而无法开始跑步，那么也是情绪大脑在阻碍你的改变。

大脑的第三层是大脑新皮层（Neocortex），即理性大脑（rational brain）。它负责语言、计划、自我调节、意识、理性思维和决策等方面。这是大脑中最新和进化程度最高的部分，也被认为是人类大脑中最先进和高级的部分。

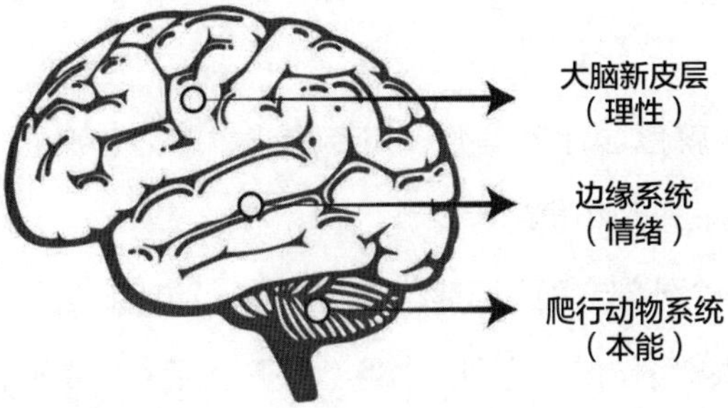

自律、意志力和自我意识都是理性大脑中前额叶皮层的功能，这部分大脑能够帮助我们区分相互冲突的想法，判断孰好孰坏，考虑当前决定可能带来的未来后果，努力实现选定的目标，并控制个人的情绪和冲动。在管弦乐队的比喻中，前额叶皮层可以说是总指挥家。

因此，自律的实践是人类进化的一种练习。它意味着有意识地发展我们的理性大脑，使其不再被爬行动物的大脑或情绪大脑所压制。这实际上是要超越人类的"内在爬行动物"，即克服我们作为动物的本性，并更多地作为一个完全成熟的人发挥作用，或者至少具备在对我们真正重要的事情上选择这样做的能力。

这本书中推荐的所有实践或练习，尤其是冥想练习，将帮助你强化前额叶皮层，让它更经常地发挥主导作用。这并不是要杀死内心的爬行动物或哺乳动物，它们同样是构成每个独立个人的宝贵部分，我们只是要驯服它们的野性，确保它们知道自己的位置，并始终听从理性大脑的指挥。

本章要点

- 自律是每个人克服内部和外部的障碍，时刻按照个人的更崇高目标和价值观生活的能力。这是每个人致力于实现对自己有意义的事情的能力，并让它指导个人的思维方式、做出的选择和采取的行动，直到把目标变成现实。
- 自律本身就包含许多美德，如专注、意志力、决心、正直、远见、韧性、持之以恒、乐观和卓越等。
- 自律有一个外部方面（习惯和常规）和一个内部方面（自我管理）。
- 自律可以被看作核心的个人力量（国王/王后），需要不断地培养和锻炼。它也可以被看作个人的和谐代表（乐队总指挥），是协调个人生活中所有元素的艺术，其目标是创造辉煌的人生。
- 自律是人类大脑中最高级的部分，即前额叶皮层的功能。因此，这种技能的练习是一种超越人类天性中更冲动部分的练习，它将使我们在生活中拥有真正的自由和主导权。

自律带来的有益回报是无穷的，而且自律是每个人都可以培养的东西——我们不需要生而有之，在拥有了自律能力之后，关键在于如何明智地行使自律的力量。

之所以需要明智地使用它，是因为自律就像任何形式的权力一样，其价值是中性的，既可以被用于“好”的事情，也可以被用于“坏”的事情，就好像语言可以用来表达深刻的思想，宣布爱，但同样可以用于发动战争一样，自律只是一种推动事情发生的中立力量。选择正确的目标来追求不属于纪律的范畴，而是属于智慧的范畴（但这并不是本书论述的重点）。

第2章
自律的好处

将一个人与另一个人区分开来的一种关键品质，即将一个人提升到每个愿望都能实现的高度，而其他人则陷入平庸的泥潭的品质，不是天赋、正规教育，也不是智力上的聪明，而是自律。

——西奥多·罗斯福（Theodore Roosevelt）

流体或气体不被限制时不可以驱动任何东西。

尼亚加拉大瀑布不导入隧道的话不会变成光亮和能源。

只有专注、自律，生命才会变得伟大。

——哈利·艾默生·福斯迪克（Harry Emerson Fosdick）

每一个受到纪律约束的努力，都将带来多重回报。

——吉米·罗恩（Jim Rohn）

成为一个自律的人，可能将成为你遭遇过的最艰难的挑战，但它也将成为对你的人生最有益的一件事情，因为自律是生活中所有领域的成长、福祉和成就的基础。自律这种美德将有可能使你做到下面这些事情：

- 日复一日地、持之以恒地专注于个人的目标和梦想
- 按时完成任务，并能做到有始有终
- 更好地利用个人的时间
- 抵制情绪的诱惑，避免凭冲动行事
- 履行你对自己和他人的承诺
- 克服懒惰和拖延症

- 即使在最初的驱动力消失后，仍能继续从事某项工作
- 每天锻炼身体，即使你的大脑告诉你不要锻炼，要看电视
- 继续遵循良好的饮食习惯，并拒绝不健康的食物
- 做到每天早上早起
- 克服坏习惯
- 从头到尾地阅读完整本书
- 定期进行冥想练习
- 避免将时间浪费在无所事事的活动上

你对自律的好处理解得越深刻，就越容易真正地践行自律的原则，而这就是本章的目标，为你加油鼓劲，让你具备开启自律之旅的原始驱动力。

下面，让我们进一步深刻地探讨自律实践能带来的一些关键好处。

带来掌控力和自信心

当你将自身的失败归咎于他人，并将自己视为受害者时，你实际上逃避了个人的责任，也因此而放弃了自主掌控的权力，这将使你感到被他人剥夺了权力，被不可知的外部力量控制，并坚定地认为，自己的想法和选择改变不了任何事情，因此不具备任何重要性。

自律要求我们依靠自己，所以它带来的感觉与受害者理论截然相反。自律是为那些准备好为自己的生活承担全部责任的人准备的，它意味着个人的意志将决定着个人的未来（这一点将在本书第12章中详述）。

假设你的目标是改善健康状态，并让事业更上一层楼，你可以选择每天提早一小时起床，将这额外的一小时分成两部分，一半的时间（30分钟）用来提升专业技能，另一半的时间（30分钟）用来跑步锻炼身体。这种新的生活方式，将使你感觉对生活更有掌控力，更有信心推动目标的实现，比如成功减重或获得理想中的晋升。拥有了自律的能力，你每天都在发展那些对你而言很重要的技能，这让你感觉

拥有了更强的命运掌控力。

自律能够给人带来力量，因为它推动了自我管理的实现。借用柏拉图的话来说，“人生最重要、最荣耀的胜利，就是征服自己”。

正念自律的练习将使你意识到一种内在的力量，这是一种你从未想象过可能拥有的内生性力量，它将迫使你不再虚无地等待人生的奇迹，不再等待完美的转变时刻，而是即刻朝着梦想的生活迈进，现在就开始转变。

每当你想要“简单地浏览一下视频网站的更新”“玩一把最喜欢的游戏”“摸鱼十分钟”或“搜索一些有趣的东西”时，在你的内心深处，你知道自己是在浪费时间，不会从中获得任何有益的结果。通过自律的练习，你将获得抵抗住这些诱惑的能力，每当你对它们说“不”时，你的自尊心就会得到增强，你会感到更有控制力。

失去自律会有什么后果？从表面来看，我们无法实现既定的目标，但更深层次的问题在于，自我价值感会变低，导致较低的自信心和自尊心。但好消息是，每个人都可以通过有意识地控制个人的时间和精力的使用方式改变这种被动的状况。

自尊心的提高也将带来更积极的自我对话，让你与自己的关系变得更好，这也开启了全新的可能性，你开始敢于尝试那些曾经觉得不可能做到的事情。然后，周围的人将注意到这个积极的变化，这反过来会进一步激励你个人的尝试和探索，形成一个良性的自我强化循环。

通过自律，你将能够始终保持不偏离既定的目标，保持专注，并开始在生活中更快地收获积极的成果。你将感到命运尽在自己的掌控中，自己成了生活和命运的主导者，而不是周围环境变动的被动受害者。你将认为自己更有力量，随之而来的，就是相信自己能够实现任何所想事情的自信心。

使你能够实现目标

> 无论你追求的成功目标是商业的、体育的、艺术的，还是一般生活中的目标，在愿望和成就之间的桥梁，就是纪律。
>
> ——哈维·麦凯（Harvey Mackay）

任何长期目标的实现都需要以自律为最基本的要素。自律是确保人们能够坚持健康的饮食计划、定期锻炼、每日冥想、改善人际关系表现、发展专业技能、节省开支、拓展业务并过上理想生活的基本动力。

自律的生活，意味着有组织的生活，这是一种平静、以目标为中心和专注的生活，就好像一艘无畏地驶向目的地的船只，而不是一只随波逐流、任由风浪摆布的小船。自律的小船不会在乎天气如何，只会问“我是否在正确的航线上，是否在朝着既定的目标前行”。

不管是哪个领域的佼佼者，只要你问他们，使他们取得伟大成就的最重要特征是什么，我敢打赌，自律一定会在所有人列出的特质清单之上。要么直接表达为“自律”，要么就是类似的特质表述，如决心、毅力、勇于展示、决不放弃、韧性、勇气、奉献精神、承诺、意志力等等。

大多数人想要培养自律能力的主要原因，是实现一个特定的目标，这也不无道理，因为在大多数情况下，阻碍目标实现的问题，不是缺乏知识，而是缺乏承诺和行动力。因为大多数时候，人们都知道自己应该去做什么，但就是做不到。

你是否想要存下更多的钱，获得更高的投资回报，并积累自己的财富？你是否想要发展个人的知识储备和技能，以确保自己能够在职场中脱颖而出，实现升职加薪的职业目标？

实现这些目标和其他许多目标的关键因素是自律，而不是动机。如果你一直坐等动机的出现，即那种想要去做一件事的冲动，那么你必然不能长久地坚持，因为感觉是短暂的，动机可能转瞬即逝，只有自律才是长期而可靠的驱动力。

自律甚至比智力更重要。安吉拉·达克沃斯（Angela Duckworth）和马丁·塞利格曼（Martin Seligman）在美国开展的一项研究发现，以小学生的自律能力为标准，比以他们的智商为标准，能更准确地预测他们未来的学业成就，这使研究人员得出结论，自律可能是通往伟大学术成就的“康庄大道”。

实现任何目标的过程，总是要涉及某种类型的转变或一段过程，因为你要从A点（当前的位置）前往B点（想要去的位置），而转变就意味着你需要在一段较长的时期内持之以恒地采取行动，只有自律才能够帮助你做到这一点。这个道理听起来像是人人皆知的常识，但并非人人都能做到。

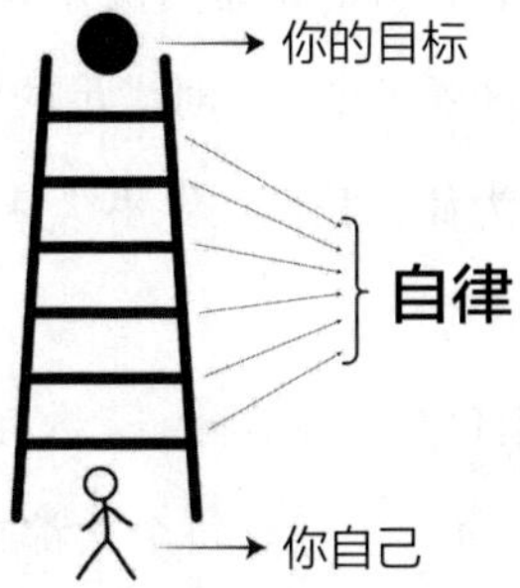

这就是为什么，没有了自律的加持，哪怕是最崇高的目标，也不过是一厢情愿的幻想；而有了自律，即使是一个看似平庸的目标，也可能会让你收获令人惊叹的成就。

这是因为自律能够让我们一心一意地专注于最重要的目标，排除一切杂念，并在遭遇障碍和挫折的时候，坚持所选的道路。这是顶级运动员、企业家、艺术家、冥想大师和军人非常看重的美德（没错，超强的自律也许是所有这些人的唯一共同点）。

一个自律的人朝着目标前进的方式，宛若一只离弦的箭笔直地朝着靶心而去，射穿阻挡在前方的任何障碍物，并且不达目标绝不罢休。你想拥有这种精神吗？

如果你能够将自律的能力应用到某个具体的目标上，就像阳光通过放大镜聚焦于一个具体的物体上一样，所有人都要避开其锋芒，那么每个人都会给你让路，为你打开机遇的大门，并在你经过之时表达对你的敬意！

自律将把你变成无坚不摧的自然之力，使你的前进不可阻挡。

现在，我们不妨暂时搁置对自律的溢美之词，来具体看一看这会对你的生活产生什么样的影响。首先，将你生活的重要领域列一个清单，想一想自律如何在每个领域提供具体帮助的五种方式，这将帮助你更加积极地学习和应用自律的技能。

赋予你极大的竞争优势

现代人生活在一个充满了各种分心诱惑的世界里，它们就在我们的周围，无处不在，还总是在我们的口袋里（手机）。即时满足的诱惑也无处不在，我们总是有新的风尚想要去追求。那么，为什么我们还要不厌其烦地追求那些难以企及的高远目标呢？

互联网上充斥着吸食我们注意力的黑洞，无数互联网企业正投资数百万美元，以确保自己的产品更容易令人沉迷上瘾。每个人都在努力地吸引和分散你的注意力，他们都想要获得你的关注，哪怕只有短短的几秒钟。这背后有着诱人的经济利益动机。这些人聪明，充满动力，还拥有了充足的资金支持。

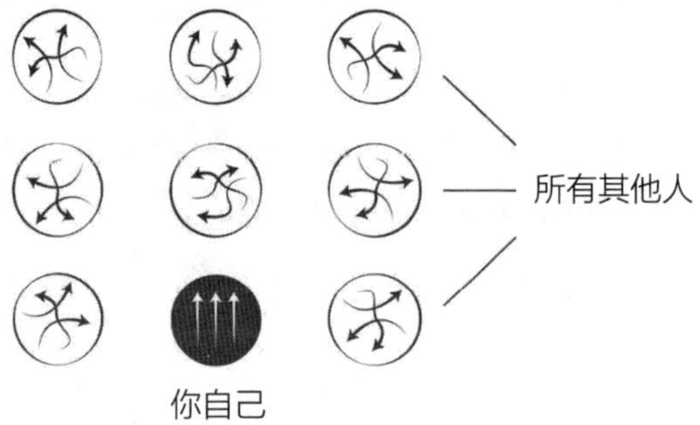

而且，你知道吗？在接下来的几年甚至几十年里，这样的趋势只会愈演愈烈，这就意味着每个人都会更容易被分心，专注力的时长将进一步缩短，追求长期目标的意志力和复原力也会被削弱。

在21世纪，“适者生存”的法则或许应该表述为“专注者生存”。

自律将进一步成为一个更难培养和罕见的品德，拥有哪怕只是一点点的自律，都将给你带来巨大的竞争优势，让你能够走得更远。你将不需要比竞争对手更有才华，只需要更专注和自律就行了。

我们不需要比其他人更聪明，

我们只需要比其他人更自律。

——沃伦·巴菲特（Warren Buffett）

这就是为什么我敢断言，未来属于自律者。

使你保持身心健康

你能拒绝不健康食品的诱惑，并保持这种决心吗？你能坚持日复一日地早起运动吗，哪怕在你感到疲惫和丧失动力的时候？你是否讲究健康的睡眠？你能够引导自己，不再给自己灌输消极的自我对话，并能够在感到沮丧的时候也采取积极的行动吗？

这些都是自律能够帮助你做到的保持身心健康的一些方法。市面上有各种各样的健康体系和身心疗愈的配方，承诺能够帮助你减肥、增加肌肉、吃得更健康，并提升整体的健康水平，这或许包含了数百种不同的饮食和锻炼计划，然而每一个健康和福祉的教练都有一个共同点：他们会规定你必须要做的事情，不管是一种具体的实践还是一个方法或承诺。但如果你做不到他们要求你去做的事情，改不掉他们要求你改掉的坏习惯，无论计划做得多么完美，你终将一事无成。这就是“正念自律”能够发挥作用的地方。

2011年的《美国压力调查》（*Stress in America*）结果显示，27%的受访者表示缺乏意志力是改变健康生活方式的最大障碍。但事实上，或许缺乏意志力的人数远远超过这个比例，人们只是无法确定自己重蹈覆辙的根本原因而已。

有了正念自律带来的约束力，你将可以坚持健康的膳食计划、运动计划和健康的生活习惯。没有了自律，哪怕是世界上最神奇的秘方，也不可能让你改变现状。

正念自律能够给心理健康带来同样的效果。有研究表明，拥有健康的生活习惯和提高自我控制能力，是缓解焦虑和拥有更稳定情绪的基本要素。良好的习惯和稳定的日常作息也将使你能够更好地应对生活的波折和起伏，这是大多数人可以从中大大受益的事情。

无论我们是生活在富足的时代（富足年代也有其自身的挑战），还是经历又一场大流行病的肆虐，自律将使你专注在你唯一能掌控的事情——你自己上。自律给你提供了一个坚实的基础，让你无惧生活的狂风暴雨，继续朝着目标前行。

改善人际关系

在与人争吵时，你能够保持冷静和对事不对人吗？你能够在做出冲动反应之前深呼吸，并注意到自己超出常理的愤怒吗？你能否自始至终地遵守对伴侣的承诺？你是否时刻记得在人际关系中保持感恩、欣赏和同情之心？

如果你都做不到，那么欢迎加入我们，这也正是我们需要培养自我意识和自律能力的原因。我们在与家人和重要他人的关系中所面临的许多挑战，都与我们的冲动和应激反应有关。换句话说，我们有时会失去对自己的控制，被当下的情绪冲昏头脑，例如愤怒、防御性、恐惧和嫉妒等。

最后就导致我们说了一些追悔莫及的话，做了一些后悔莫及的事情。自律，加上冥想和随之而来的正念练习，将使我们能够在情绪冲动时按下暂停键，在关键的时刻冷静下来，抵制冲动行事的诱惑，咽下我们知道不应该说出口的那些伤人之语。

我的功夫师傅曾告诉我，说出口的话，就像射出去的箭，一旦离弦，就没有回头路了。有时候，话语比箭更伤人，造成的伤害也需要更长的时间才能愈合。因此，任何能够帮助你~~闭上嘴巴~~，更用心说话的方法，都将给你的人际关系带来好处（看到我在这里划掉了不礼貌的“闭上嘴巴”一词吗？这就是我们应该做的）。

如果你能够在情绪汹涌澎湃之际依然保持冷静和镇定，就证明你是一个伟大的人。人们将尊重、钦佩这一点，并将你视为更可靠的人。他们在接近你时，会感到更安全，并因此更加信赖你。

自律改善人际关系的另一种方式是促进行为的转变，这在夫妻或伴侣之间尤为显著。这是因为，任何长期稳定的亲密关系都要求我们做出改变和妥协，这意味着我们要改掉习以为常的旧习惯，拓展舒适区，探索不同的生活方式。做出这些改变，必然需要自律的力量，因为这些改变不可能一夜之间达成。

有了自律的美德，很多好处都会随之而来。

带来目标感、力量感和宁静感

自律的生活是一种有目的、有力量、宁静的生活，它赋予行动目标感，让你能够选择有价值的追求。它将提供力量，让你能够确保生活和目标朝着一致的方向前进，并最终达成所愿。自律将让你过上无怨无悔的生活，掌控自己的人生，净化头脑中无用的噪声，从而获得由内而外的平和之感。

自律的生活往往是一种没有遗憾的生活。回顾自律的人生，你可以不后悔地说："没错，我犯过很多错误，经历过无数的失败，牺牲了很多东西，但我按照自己的意愿生活，并实现了许多我真正想要实现的目标，我可以问心无愧地说，我忠实于自己。"

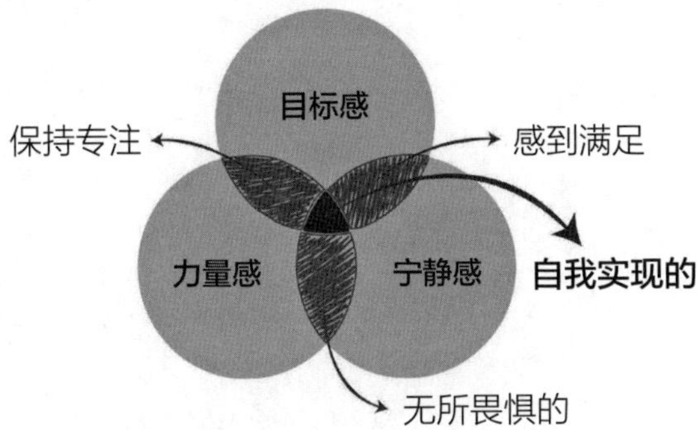

相反，缺乏自律的生活没有目标感，只有一团混乱，导致我们成为被最突出的环境因素影响的傀儡；没有自律带来的力量感将导致我们遭遇挫折，因为我们没有能力推动事情朝着理想的方向发展，任何重要的目标都将无法实现；没有自律带来的宁静感，我们的生活只剩下一团糟，因为无益的想法、自我贬低和自我限制的信念、消极的情绪将占据上风。

没有自律的生活可能仍充满愉悦感，但这种愉悦并非持久的快乐，因为你将所有的时间和精力花在很多无用的活动上，它们可以带来即时的满足感，但却没有任何意义，也不会使你成为更好的自己。你可能非常忙碌、吃得很开心、过得很舒适，但内心却十分空虚，没有获得真正的满足感。你的生活表面看来非常顺畅，但表象之下，是被深深隐藏、得不到充分挖掘的潜力。

在你的内心深处，你知道这一点，忽视这种发自灵魂的呼唤将带来很大的危险。

本章要点

自律是生活中所有领域的成长、福祉和成就的基础，自律实践能为你带来的一些关键好处包括：

- 自律可以增强个人自信，为个人赋能。它能够带给你力量，因为它推动了自我管理的实现。
- 自律使你能够实现目标。自律能够让我们一心一意地专注于最重要的目标，排除一切杂念，并在遭遇障碍和挫折的时候，坚持所选的道路。
- 自律将赋予你先人一步的竞争优势。在21世纪，“适者生存”的法则或许应该表述为“专注者生存”。
- 自律让你保持身心健康。有了正念自律带来的约束力，你将可以坚持健康的膳食计划、运动计划和健康的生活习惯。没有了自律，哪怕是世界上最神奇的秘方，也不可能让你改变现状。
- 自律能够改善人际关系。
- 自律将给你带来目标感、力量感和宁静感，它赋予行动目标感，让你能够选择有价值的追求。

第3章
关于自律的误读

没有自由的纪律是暴政。

没有纪律的自由是混乱。

——卡伦·海沃特（Cullen Hightower）

自律，是以原则而非社会压力来控制个人行为的能力。

——格伦·C. 斯图尔特（Glenn C. Stewart）

自律是自由的一种形式，是不受懒惰和昏昏欲睡操控的自由，是不受他人期望和要求限制的自由，是不被软弱、恐惧和怀疑挟持的自由。自律使一个人能够感受到自己的个性、个人的内在力量以及个人的才能。他将成为自己思想和情感的主人，而不是奴隶。

——哈维·多夫曼（Harvey Dorfman）

尽管自律是人人都需要掌握的一项基本技能，但它并不是一个流行的主题，很多人对自律有着各种各样的误解，并抵制自律的想法。作为一名专门帮助他人培养自律能力的专业教练，我工作的一部分内容就是帮助客户纠正关于自律的不正确观念，消除他们关于自身的消极自我对话。因此，本章的内容将主要围绕自律的概念本身来展开。

正念自律不是什么

正念自律是专注，而不是限制

关于自律的第一个消极信念，是认为自律就是一种束手束脚的生活方式，充满了僵硬固化的规则，规定了人们该做什么、不该做什么，人不能拥有任何灵活性和自主权，活得就像一个机器人。在人们的想象中，因为自律，他们将丧失自由、失去自发性，生活的所有乐趣将一去不返。

事实并非如此，自律并不要求你做任何违背意愿的事情。事实上，它只要求你去做你想做的事情，允许你专注于对你而言最重要的事情。没错，这就意味着我们需要充分地意识到，生活中的每一个选择都是一种权衡，即当你对一件事说“好”时，就意味着对其他一千件事情说了“不”，这就是唯一的真理，不可能存在其他的方式。

自律就是为了帮助我们专注于设定的目标，让我们能够挖掘和呈现最好的自己，并实现最好的生活状态。这就是你能够为自己而做，并需要自主践行的事情。自律意味着选择自己的价值观、选择成为什么样的人，并以成熟的心智接受这背后要付出的代价，即暂时的身体或情感层面的不适。

人们往往将自律视为限制自由的品质，但事实上，践行自律之后，你很快就会意识到，没有了自律，人生才会真正地受限。缺乏自律的人生将限制你能够实现的目标的可能性，限制你充分发挥个人潜力的能力，最终导致梦想无法成真。因为缺乏自律限制了个人的发展潜力空间，就好像在你的头顶上封上一块低矮的天花板。

没有自律，你将过着一种被动的生活，这种生活方式极大程度上受限于周围的环境和条件。你的坏习惯和依赖成瘾将成为主宰，你无法对它们说“不”，这将导致你的精力和时间被分散，使未来成为昨日的重复。

相反，有了自律，你可以过上创造性的生活，你的生活将按照个人规划的轨道前进，你的愿望和价值观将成为主宰，你的能量和精力将得到专注和集中，你的未来将由你设定的目标来塑造。

诸多的相关研究已经证实了这一点，并表明较高的自控能力通常能够带来较高的生活满意度。因此，当你开始践行自律时，你将对自己更有信心，并更容易实现自己真正想要实现的目标。所以，自律并不会扼杀我们在生活中的乐趣，相反，它能够带来更有意义的享受，并且以一种更可靠的方式带来快乐。

正念自律是有意识的，而不是压抑的

关于自律的另一个误解，是认为它意味着我们要压抑自己，扼杀自身的欲望，并认为每一次的屈服和妥协都是在自我羞辱，或认为自律就是运用意志力的鞭子，强迫我们去做自己并不想做的事情。

也许对某些人而言，自律的确会带来这样的感觉，但他们理解的自律与本书谈论的自律并不是一回事。正念自律并不是一种对自己施加暴力的行为，不提倡自我否定、压抑或惩罚，而是鼓励我们自爱和选择相信自己。自律的牺牲，意味着为了未来更长远和伟大的好处而牺牲眼前微不足道的即时满足感。

自律并不会强制你放弃对甜甜圈的渴求，而是提醒你要记住自己是谁，想要成为谁，以及当你对这种短暂的即时满足感（吃甜甜圈）说“是”的时候，真正的利害关系是什么。当你能够厘清背后的利害关系时，就无须强迫自己，因为这种即时满足的诱惑力会自然而然地减弱。

你还需要培养自我接受的能力，知道自己有时候会选择甜甜圈，哪怕心知这对你来说不是最好的选择。如果是这样，你只需要注意到自己的选择，并冷静地将自己拉回既定的目标。在这个过程中，你无须感到羞愧、内疚或自责，因为这些负面情绪只会损害你的自律性（详见第16章）。

自律本质上就是一种帮助我们避免自我控制冲突的艺术，以及在冲突无法避免时，帮助我们找到符合个人最崇高目标和价值观的解决冲突的方式。

正念自律不会以羞耻、自我否定和道德说教为基础，也不会令人窒息。相反，它要求我们设定健康的目标，并保持与自己的价值观相一致的生活。自律的存在是为了满足个人的真正需要。

事实上，每个人都有在生活中践行一些自律性的行为，比如饭后刷牙，不管我们是否乐意；比如每个工作日按时去上班，不管是否起得来；比如一个合格的母亲每天按时按点地为孩子哺乳，即使她已经严重睡眠不足、不堪重负。

我们可能已经将所有这些事情视为理所当然，但它们实际上必不可少，如果没有这些自律的行为，我们最终可能会牙齿掉光、丢掉工作或导致孩子因为营养不良而逝去。

本书的目标并不是为你设定不可能达到的标准，也不是让你成为永不失败的超人，而是提升你的自我意识和自律水平，使你能够过上更符合个人目标和价值观的生活。在实现这一理想的过程中，你可能会遭遇多次失败，这不仅是可以接受的结果，而且是意料之中的事情。在遭遇挫折的时候，你将使用从本书中学到的技巧来触底反弹，从失败中崛起，并永远不会屈服于羞耻或内疚的情绪。

正念自律是充满力量的，而不是僵化不变的

自律并不是要求你成为自己、时间或某种规则的奴隶，恰恰相反，它将给予你自由和权力。奴隶意味着不能去做自己想做的事情，而自律则恰恰相反，它将使你能够做自己真正想做的事情。

自律将让你摆脱个人欲望的诱惑，摆脱爬行动物的大脑和低级自我的控制。自律将赋予你由更高的目标和理想引导的力量，使你成为自己的主导，成为个人生活和人生的谱写者。自律将使你能够自主决定你将做什么和不做什么。

当你按下遥控器上的电源按钮时，电视就会打开，它总是如此，也必须始终如此，如果不这样，我们会认为遥控器有问题，或者需要更换新电池。是否要按下按钮是你个人的选择，但如果你的确按下了遥控器的开机按钮，它就必须要能够打开电视。

同样地，如果你下定决心践行自律，那么它将允许你始终按照自律的原则行事。将这种状态称为僵化不变不合理，因为在自律的情况下，你是做出选择的主宰。能够去做自己想做的事情，并不是一种僵化的强制，而是一种力量的体现。

在设计理想的生活方式时，你可以自主地决定生活中每一种元素的比重，实现努力和放松、工作和娱乐、追逐目标和培养人际关系之间的平衡将是一个明智的做法。如果你决定每天早上7点开始冥想20分钟，你这样做是因为你想要这样做，因为你选择这样做。你这样做，是因为这是你成为渴望成为的人的一个重要部分。而自律将使你有能力履行对自己的这种承诺。

正念自律

不是		而是
限制的	→	专注的
压抑的	→	有意识的
僵化的	→	充满能量的

如何平衡自律

自律是一种美德，而每种美德也不是完美的，也会有其负面影响，除非得到与之相反的美德的平衡与中和。你可能需要再次斟酌和思考这句话，因为这是一个不常见的洞见，我个人花了很多年的时间才意识到这个真理的深度。然而，不幸的是，大部分人仍然没有意识到这个问题。

谦逊固美，但谦逊过度只会自贬身价；精力充沛固然很好，活力过度会略显多动；仁慈是一种美德，然而过度仁慈只会显得软弱无力；耐心值得称颂，但耐心过度令人显得毫无脾性；毅力值得推崇，但毅力过度容易显得冥顽不化；专注值得培养，但过度专注容易导致目光狭隘。

有时候，我们最强大的优势可能会成为最大的弱点来源，避免这种情况的方法，不是削弱优势，而是积累如何适度利用优势的智慧，并在相互中和的优势之间取得平衡。

就自律这一美德而言，能够起到中和作用的可能是灵活性和游戏的心态。没有二者的平衡，你可能会因为过度自律而走向僵化、顽固和强迫症的极端。

基于正确的理由培养自律

在培养自律能力的时候，要注意的第一件事是，你必须出于正确的理由来锤炼这种美德。

在理想的情况下，你应该希望以个人的梦想、愿景和目标为基础，而不是你需要做得更多才能“足够好”的情绪或感觉。换句话说，正念自律的基础是自爱，而不是羞耻；是自尊，而不是自我惩罚。

如何平衡个人的自律

揣而锐之，不可长保。

——老子

如果自律对你而言，意味着连续数周或数个月的通宵达旦，执着地追求一个目标或活动，并为此牺牲生活中所有其他的事情，比如人际关系或身体健康，那么你迟早会遭遇麻烦，因为这是一种不可持续的做法，会导致你意志力的疲劳，最终导致精疲力竭。

拥有非常强大的意志力和自律性绝对是一件值得骄傲的事情，如果在此基础上，你能够在生活中添加一些健康的享受和放松，并不会因此感到内疚，那么你的计划就没有问题。但如果自律最终导致你过上了毫无乐趣的工作狂一般的生活，就会变成所谓的“好高骛远”（医学领域的专业术语为“远视”），指的是因为过度的“效率导向”或过重的“放纵罪恶感”，你总是强制自己逃避带来快乐或享受感的活动，将其视为放纵、不道德或可耻的行为。但这不是正念自律的意义所在。

平衡自律对于那些天生追逐完美表现的过度成功者而言尤为重要，因为有研究表明，随着时间的推移，这些“好高骛远者”后悔的情绪会不断累积，因为他们过于僵化，完全没有享受生活，而这反过来又会导致他们对其他人的选择做出过于苛刻和清高的判断。

对于大多数人而言，自律并不是要求我们成为苦行僧，过着一种沉闷乏味、一成不变的生活。自律事实上也要求我们照顾好自己的需求，包括但不限于：

- 获得足够的睡眠和适当的膳食。
- 安排好休息时间、休闲时间和有趣的活动。
- 偶尔的放松和放纵。
- 保持生活中的一些领域是不受约束、顺其自然的状态。
- 妥善地平衡工作、人际关系和身体健康。

- 有节制地沉溺于你最喜欢的“有罪的快乐”（但无须产生负罪感）。

预留一点容纳失败的回旋余地不仅是健康的，还能够帮助我们长期地保持自律的习惯。因为，如果我们一直对自己要求很苛刻，就很容易遭遇失败、感到失望，并最终半途而废。因为设定的标准太高了，预设的期望是不合理的。

如果你已经存在“好高骛远”的倾向，那么可能也需要制定一些放纵和奖励的纪律，为它们设定计划，将它们安排到日程表中，确保去执行这些放松和自我奖励的活动，并在这个过程中全身心、无负担地享受自己。要记得提醒自己，做不到张驰结合可能反而会令你追悔莫及，而且庆祝自己一路走来获得的小胜利也不是一件坏事。

平衡水与火的关系

为了更好地阐释平衡的概念，接下来的论述可能会有点儿偏深奥和哲学化，如果你不喜欢这种论述的调调，也烦请你稍微忍耐一下。

可以说，每个人的人格中，都存在两种相互冲突和制衡的力量。

其中一种力量像火，它是催生欲望、野心、专注和生产力的动态能量，使你对当下的现状感到不满，并为你提供驱动力，让你向前迈进、做出改变，并取得成就。你越是不满意——换句话说，你目前的状态和你期望的状态之间的差距越大——你的改变动力就越强。

另一种力量就像水，它是带来满足、放松、感激和联结的冷却能量，使你在当下感到快乐。它让我们能够接受事物的本来面目，接受自己真实的样子，遏制改变或努力的冲动。这种能量在你身上越强，你就越能感觉到内心的平和与满足，能够心满意足地活在当下。这就意味着你改变的动力会因为水之力的增长而削弱。

想要增强内心的水之力量，就要培养现实的情况已经超过期望的满足之感，而不是期望远远高于现实的不满足感。想要增强内心的火之力量，就要专注于期望和现实之间的差距；当这一差距最终被弥补时，再创造新的和更高的期望。

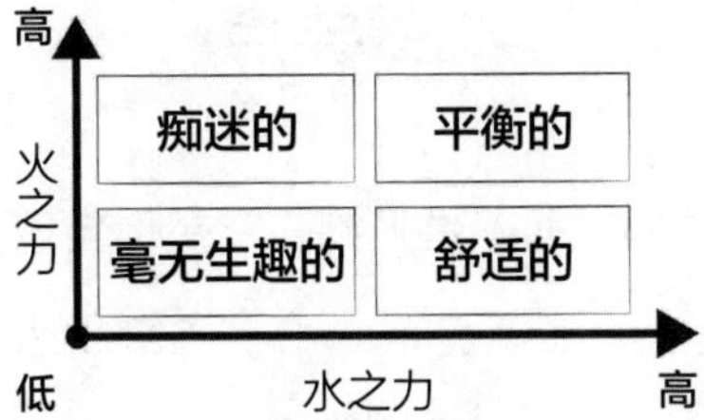

自律使你内心的火之力有了形状和现实，但请不要忘记也用它来保护你内心的水之力量。

想要过一种健康、快乐和充实的生活，你就需要在内心的火和水的力量之间取得适当的平衡。如何真正做到这一点？我自己尚未在人生中找到一个令人满意的答案。

事实上，我不认为存在一个真正的答案，因为对于不同的人而言，水与火的平衡可能意味着不同的事情，也许在生活的某个领域，你想以火为主，而在另一个领域，你想以水为主；或者也许这两种元素需要同时并存于你生活的每个领域，但占据了不同的比重。

让我们就此打住，不要扯得太远。也许你们应该跟我一样，需要带着这个问题继续生活，并在一路上不断地动态调整。只是别忘了，平衡是关键。

本章要点

- 正念自律是专注力，而不是限制，它是你自己为自己做的事情，使你能够成为你想成为的人。
- 正念自律是有意识的，而不是压抑的，它不要求你打压自己，而是强调健康的目标和自我接受。
- 正念自律是充满改变力量的，而不是僵化不变的，它使你能够遵守对自己的承诺，成为你自己生活的主宰，并强调自尊自爱。
- 要基于正确的理由培养自律（去追求理想的目标，而不是逃避负罪的享受）。
- 通过获得足够的睡眠、休闲、休息时间和保持平衡的生活方式来平衡自律，确保不要过度。
- 拥有火（目标和驱动力）和水（放松和感恩之心）能量的平衡组合。

第4章
意志力、习惯和环境

意志力是获得成功的关键。成功的人，往往通过调动意志力去克服冷漠、怀疑或恐惧等负面情绪，无论他们的感受如何糟糕，都不会停止努力。

——丹·米尔曼（Dan Millman）

任何值得去的地方，都没有捷径可走。

——贝弗利·西尔斯（Beverly Sills）

我认为自律就像一块肌肉。

你越是锻炼它，它就越强壮。

——丹尼尔·戈尔茨坦（Daniel Goldstein）

自律、自控、意志力和习惯之间有什么区别？如果我们能够通过“控制”周围的环境，更毫不费力地建立习惯，我们还需要自律吗？有些畅销书的作者说，自律和意志力是不可靠的，因为它们是有限的资源，这是真的吗？

本章的目标，就是要澄清这些问题。

关键定义

让我们为自律这个往往造成误解和困惑的概念提供一些澄清。

自我调节是一个含义广泛的术语，包括许多内部技能，如意志力、自律、自我意识和动机。它是一种由个体发起的，针对个体本人的有意识、有付出的调节。

意志力是个人在存在各种试图分散专注力的事物时，控制自身的注意力、情绪和行动的能力，它也可以帮助解决个人的短期欲望和长期目标之间的冲突。意志力包括我们延迟满足的能力，推翻不需要的想法和感觉，并转变内部状态的能力。例如：尽管心存杂念，但仍然能够专注于手头工作的能力，或者尽管一罐诱人的汽水就放在面前，但还是能够说“不”的能力。

自控力经常被视为意志力的同义词，而认为二者存在差异的研究者认为，自控力更多地局限于冲动的控制，是个体阻止自己做特定事情的能力（即“我不会去做”的能力），而意志力则同时包括了驱使自己去做某事的能力（即“我愿意/即将去做”的能力）。

自律是随着时间的推移不断应用自我意识和意志力，以按照个人更崇高的价值观生活为目标，选择与个人设定的长期目标保持一致的行为。

习惯是指随着时间的推移，得到具化的自律能力，即那些在很大程度上已经自动化和毫不费力的行为，但习惯也有可能在生活中无意识地形成。

动机是一种受到激发而去做某事的情绪状态，是对从事某种活动的渴望。

下面，我用一个简短的例子来说明这些概念之间的区别。

> 莎拉与一个大学毕业之后就没再见过面的老朋友相约一起喝咖啡。当她们见面时，老同学完美的身材、充沛的精力让莎拉感到印象深刻。朋友说这一切都要得益于健康的饮食和运动习惯，这激发了莎拉的动机，使她下定决心更加认真地对待健康饮食和规律的体育锻炼。莎拉当即下定决心，不再吃冰激凌（她个人最喜欢的垃圾食品之一），并在每个工作日下班之后跑步。
>
> 转眼到了周一，工作结束之后，莎拉并不想去跑步，经过一整天紧张的工作之后，她觉得身心疲惫，只想躺在沙发上放松片刻，这时候去跑步的驱动力为零。然后，她想起来自己做出了每周一都要跑步的承诺（自我意识），并逼迫自己去跑步（意志力）。
>
> 跑完步后，她打开冰箱，看到她最喜欢的一杯冰激凌，每天晚上跟

> 男朋友一起看电视时，她总是要吃上一份。她有一种强烈的冲动想去吃冰激凌，但她决定闭上眼睛，关上冰箱的门，拿一个苹果作为健康的零食（自控力）。过了一阵子，这种冲动消失了，她对自己感到很满意。
>
> 这个过程每周都会以这样或那样的方式重复进行。每当她练习意志力和自控力的技巧，使自己履行承诺，以确保目标的实现时，她就在练习自律。
>
> 几个月后，所有这些都变成了自然而然的行为。每个工作日的跑步对她来说是没有商量余地的，不再有任何疑问，也没有任何内部冲突需要抗争，莎拉很轻松就可以做到，不管当时的感觉如何。那杯冰激凌看起来也不那么诱人了，因为她知道自己不会去吃。在这一点上，莎拉已经形成了一个习惯。

意志力本质上就是个人做出决策的力量，意味着你有多么看重自己说出的话。每当出现障碍或诱惑时，你要对它们说“不”，并重新确认自己最初的决定，这就增强了你的意志力。因此，从某种程度上来说，意志力与决心、复原力和精神韧性相重叠。本书中关于自律的诸多论述，事实上也是在论述意志力，反之亦然。

如果我们将意志力/自控力看作线，那么自律就是将这些线编织在一起，做成一件衣服的过程，而动机则是让你动手编织的原因。

值得注意的是，尽管自律的一个好处是能够帮助培养好习惯，但这并不是其全部的功能，自律作为一种指导性力量，是确保个人能够按照既定目标采取行动的力量，其中一些行动最终可以演变成习惯，但并非全部。

举个例子，假设你的一个目标是修复与儿子之间破碎的亲子关系，那么要做到这一点，你将需要选择特定的方式与儿子相处，以期建立融洽的关系和联系，这并不是要求你养成做某件事的习惯，比如每天晚上写日记，而是要求你对儿子当下的需求做出反应，以促进亲子关系的改善。人际关系的动态性和不可预测性决定了建立习惯不可能是（唯一的）解决方案，你还需要自律能力使你能够按照某些特定原则行事。

自律包括建立习惯，但它不止于此。对于培养习惯，设置习惯的触发器和改变周围的环境是很好的窍门（详见第26章）；但就自律的其他表现形式来说，没有捷径可走，你需要意识到并根据当下的需要行使意志力。

本章接下来的内容将主要讨论意志力，它是自律的两个核心要素之一（我们将在后文中看到，另一个核心要素是意识）。

意志力是一种有限的资源吗

自律/意志力是一种有限的资源吗？即总量有限，总是应该避免过多使用，应该存储一些以备不时之需的东西？

从诸多研究结果的表面来看，意志力似乎的确是一种有限的资源——是我们应该积累和储备的东西，这就是所谓的"自我损耗理论"（Ego Depletion model），即将意志力比作一块会随着时间推移而逐渐耗尽电量的电池，或一块因为过度使用而疲劳的肌肉。但深入研究之后，我们发现，这个损耗理论看似给意志力的研究带来了重要启示，但事实上它只看到了事物的一面，而没有看到意志力在心理层面的作用和体现，即个人的信念和心态的力量。

在深入研究相关理论之前，我们先看看一个著名的现象：决策疲劳（decision fatigue）。

决策疲劳是真实存在的

尽管意志力是否为有限资源的观点仍值得辩驳，但有一件事我们无法否认：决策疲劳真实地存在。

那么，到底什么是决策疲劳呢？我们做出的每一个决策都需要耗费心力，因此也会形成一种压力。做决定的确需要一定的心理能量。事实证明，在长时间地处于决策状态后，决策的质量会下降，我们会变得疲惫不堪，无法正确地思考问题，无法进行自我控制，也无法全面地思考，这将导致我们：

- 做出冲动的决定。

- 过度地依赖认知偏见、假设和其他心理捷径。
- 能够用于自我控制的能量减少。

一项针对法官们决策情况的著名研究发现，法官所做的决定，受到他们距离上次休息的间隔时长的强烈影响。法官们刚结束休息后做出有利裁决的比例是65%，随着他们距离上次休息的时间变长，这一比例逐步下降到几乎为零，而在他们再次休息后，这一比例又会重新回到65%。

谈到决策疲劳的概念，美国前总统巴拉克·奥巴马曾在一次采访中说：

> 你会看到我经常只穿灰色或蓝色的西装，这是因为我正在努力地避免纠结于要穿什么，我不想将太多时间浪费在决定应该吃什么或穿什么上，因为还有太多其他更重要的决定等着我去做。

自我控制是大脑中一个巨大的能量消耗者。但问题在于，大脑的主要目的是为了保证生存（而不是自我实现）。为了生存，节省能量很有必要，这就意味着大脑对行使自我控制或意志力的行为存在天然的抵制。大脑更愿意选择更容易的路径（往往是即时满足的路径），以节省能量。

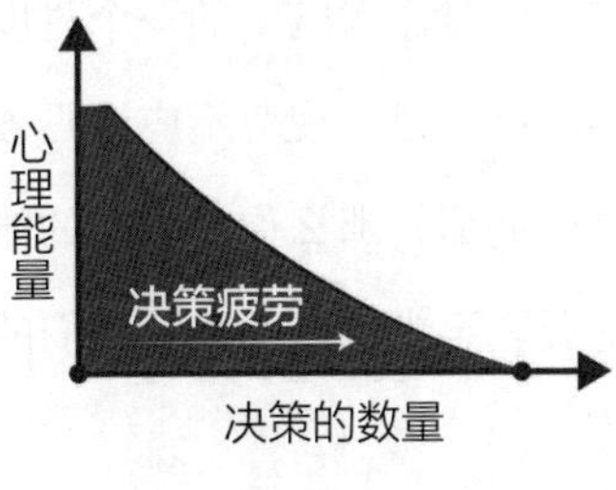

我们从决策疲劳现象的研究中能够学到的重要一课是：简单性和能量管理的重要价值。你是否想要尽可能地减少决策疲劳？你是否想要减少日常生活中消耗能量的琐碎决策的数量？不妨尝试下面的方法：

- 养成固定的日常习惯，即每天在相同的时间睡觉、起床和吃饭。

- 提前想好要穿什么衣服，不妨捐出衣柜里一半的衣服，顺势减少可能导致纠结的备选数量。
- 不要在无关紧要的选择上浪费时间，比如“我今天应该在墨西哥餐厅还是泰式餐厅吃饭？”。如果非要做出选择，不妨随机选择，比如抛硬币决定，或者直接选择其中一家，并在做出决定后不再纠结。
- 在生活的不同领域实践简约和极简主义，例如减少社交活动次数、少交几个（但更深入的）朋友、少处理一些不重要的信息、少订阅更新或少看无聊的新闻等等。
- 如有可能，把重要的决定和自我控制的挑战留在补充体力的活动之后，如冥想、小睡或听音乐等。或者在早上早些时候，经过一整晚的充足睡眠后再做决定。
- 你能够越好地控制压力，就拥有越多的意志力可以支配。这也是冥想作为一种强大的压力释放运动对正念自律很重要的原因之一。

决策疲劳的确真实地存在，并为我们更好地管理自身的能量提供了重要的经验，但这是否证明了意志力是有限的？

诺贝尔奖得主、生理学家阿奇博尔德·希尔（Archibald Hill）认为，运动疲劳有可能不是由肌肉衰竭引起的，而是由大脑中的一个过度保护的监视器引起的，它希望我们避免疲惫。希尔得出的结论是，疲劳不应该再被认为是一个生理事件，而是一种感觉或情绪。如果是这样的话，那么你对自己的能力和意志力的信念，就和你今天做了多少个决定一样重要。至少，这意味着我们的意志力并不像我们可能感知的那样有限。

每个人的意志力的真正极限，远远超出了大脑所发出的葡萄糖偏低的第一个信号。海豹突击队有一个所谓的“40%规则”，即在你产生第一次疲劳或疲倦的感觉时，你只用了实际力量的40%。对于身体上的疲劳和肌肉使用来说是这样，对于精神上的疲劳和意志力来说亦是如此。

我稍后会再详细探讨这个原则，但在此之前，让我先谈谈在解释决策疲劳的机制时得出的理论，即意志力是有限的，许多作者用这个理论来论证，我们不应该依赖于意志力，也不应该试图训练意志力或试图增强它。

自我损耗模型

葡萄糖是大脑的燃料，所有的心理活动都需要用到葡萄糖，包括行使意志力。因此，人们在某些具有挑战性的情况下，不能行使意志力的原因有可能（尽管未经证实）是由于血液中缺乏葡萄糖，这个想法还可以用来解释决策疲劳的现象。事实上，关于自我控制和意志力的长期学术讨论一直被罗伊·鲍迈斯特（Roy Baumeister）提出的自我损耗模型所主导，该模型就是以这一观察为基础。

自我损耗模型认为，意志力就像一个容量有限的电池：你越是利用它，就越是消耗得更多，直到电量耗尽，不充电就无法使用了。意志力电池可以通过休息活动——如适当的睡眠、冥想、休息——以及通过健康饮食补充身体的血糖来充电。

但这一理论受到了新研究的挑战，这些研究表明，每个人拥有的意志力的量，受到个人相信自己拥有的意志力量的影响。

是的，你没看错。你对自己的意志力的信念，影响着你的意志力的强弱。相信意志力有限的人，比那些不相信自己意志力有限的人，将遭遇更多的自我控制失败。影响个人意志力的其他因素包括个人的动机水平，个人如何理解当前面临的自我控制挑战，以及如何相信意志力的作用。因此，“自我损耗模型”并不能完全解释这背后的复杂逻辑，而且它也成为心理学中“复制危机”[①]（replication crisis）的牺牲品。

当然，我们不可能相信智能手机永远都能保持100%的电量，并以此确保它可以永远地持续运作，我们个人对其电池电量的想法或信念，并不会影响到其实际状态，但我们对于意志力电量的信念，却可以施加影响，产生作用。所以，意志力并不是一块会耗尽的电池，每个人的意志力瓶颈——也就是个人的自律能力——更

① 复制危机指许多科学研究，特别是心理学研究和医学研究难以被复制或无法被复制的情况。——译者注

有可能取决于头脑的力量，而不是葡萄糖水平的高低。

关于意志力的一个更准确的理解，是意志力像肌肉一样运作，这意味着：

- 我们可以通过锻炼意志力来增强它，而长期不使用意志力则会削弱它（即要么使用，要么失去）。
- 在剧烈的锻炼后，它会立即变得暂时虚弱。
- 在恢复后，它变得比以前的能力更强[①]。

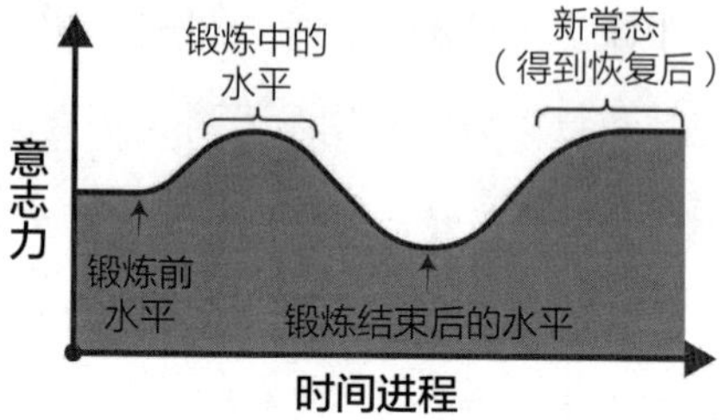

因此，意志力并不是一块不管我们如何努力挽留都终将耗尽的电池，它是一种需要定期锻炼的肌肉，锻炼得越多，它就越强大。尽管意志力的强度与人体血液中的葡萄糖水平有所关联，但我们依然有很多方法来锤炼和增强意志力，或者至少更进一步地挖掘自身意志力的潜力。

意志力的强弱取决于个人信念的强弱

重要的是，要充分理解自我损耗模型的研究结果，就得注意到其研究的对象是普通人，而不是那些相当自律的人群。这就好比通过研究那些不举重的人，来试图了解肌肉的性质和极限一样，这种研究只能获得对真实情况一知半解的结论。

斯坦福大学心理学教授卡罗尔·德韦克（Carol Dweck）在畅销书《终身成长：重新定义成功的思维模式》（*Mindset: The New Psychology of Success*）中对二者之间的差异做了清晰的说明，德韦克观察到：

> 虽然决策疲劳确实会发生，但它主要影响那些认为意志力会很快耗

① 这被称为超级补偿（super compensation）。

> 尽的人。……只有当人们认为意志力是一种有限的资源时，他们才会在一项艰巨的任务后感到疲劳或枯竭，但当他们认为意志力并不那么有限时就不会。……在某些情况下，相信意志力不那么有限的人在完成一项艰巨的任务后，会有更好的实际表现。

由于大多数人认为个人意志力是一种稀缺资源，决策疲劳的现象似乎也成了一个得到普遍接受的现象，但这仅仅是因为大多数的研究并没有区分持有不同信念的人。这些试图尽快得出关于人性普遍真理的研究忽略了研究过程中的异常值，只关注平均数的表现。然而，平均数只反映了现状，揭示了什么是普遍存在的现象，但异常值却表明了什么是有望实现的。

话说回来，血液中的葡萄糖水平到底有什么作用或影响？它当然决定了人们可以行使意志力的常规上限，不是吗？德韦克再次提出了有别于历史研究结论的见解，并证实了那些接受过意志力系统训练的人获得的不同经验：

> 我们发现只有相信意志力有限的人可以因为葡萄糖的摄入而提高自控力。……我们认为，相信意志力有限的人，总是在关注自身的疲劳程度。如果他们感到疲劳，他们就会表现出自控力不足的样子。如果你给他们补充了葡萄糖，他们获得了能量，这种不足就不存在了。

如果意志力就像罗伊·鲍迈斯特最终提出的那样，是一块可以训练的肌肉，那么这意味着葡萄糖并非唯一的决定因素。定期进行加强意志力的活动——如冷水浴、禁食、冥想、行为改变和习惯培养——当然不会提高你血液中的葡萄糖水平，但它确实能增强你的意志力。鲍迈斯特教授在一次采访中告诉我，他能够在实验室中复制这些发现（避开“复制危机”的陷阱）。他解释说，事实上，在进行这些意志力强化训练的活动时，我们也在训练自己利用更深层次葡萄糖储备的能力。但实际上，发挥作用的东西可能并非葡萄糖，而是意志力，因为正如德韦克提出的那样，我们的心态和信念与此有很大关系。

那么，看起来自我损耗理论和心态理论都是正确的，它们各自描述了一半的真相，也就是说，意志力是一种具有生物基础（葡萄糖水平）的心理力量。你可以通过提高血液中的葡萄糖水平，或通过对自己的能力形成更积极的信念来增强它。因此，同时关注这两个事实是明智之举。在实践中，这意味着你既要管理你的意志力储备，又要通过每天锻炼意志力和培养一种有能力的心态来增强你的意志力。

在前文论述的基础上，如果你真的想增强个人的意志力，那么我建议你从强化心态入手。为什么？因为如果不先强化心态，你就会更多地专注于自身的局限性，这将导致你产生不看好自身能力的信念，而这个信念最终会成为一个自我实现的预言。如果你相信自身的意志力有限，这会限制你可以挖掘的意志力的总量，因为它关闭了你进入更深层次的意志力储备的通道，使你在“对不起，我体内的葡萄糖供应不足”的借口下，过早地接受失败的结果。正如作家理查德·巴赫（Richard Bach）曾经写道的：“如果你总是只为自身的局限性辩解，那你显然已经受限于这些局限性。”

因此，我们可以说存在两种不同类型的人。

第一种人坚定地认为，意志力是有限的，并且像一个终将耗尽的电池一样，会随着时间的流逝不可控地消耗殆尽。因此，他们完全依靠习惯和环境来确保自己处于最佳状态，以做出好的决定——如果做出了糟糕的决策，他们也能找到很好的生理层面的借口，来证明自己的局限性。他们强调自我控制的生物极限，不试图锻炼自己的意志力，并认为“意志力没有任何用”。

第二种人认为，意志力主要受制于自身的思想。他们把它看作一种需要增强的肌肉。他们会主动寻求有利的环境，养成有利的习惯，以节省时间和防止决策疲劳，但他们并不害怕随时随地锻炼这一核心技能。他们在多次行使自我控制后也会感到疲惫（就像“有限理论”的支持者们一样），但他们不认为这些感觉是他们已经耗尽了有限的资源，无法再继续下去的标志。他们无畏挑战、无惧压力，在遇到阻力时不仅不会垂头丧气，反而感到精力充沛。他们对自己的决定承担全部责任，并相信自己拥有巨大的潜力。

你将选择成为哪种人?

你没看错，这是个选择。你可以选择专注于意志力的生理极限，或者可以选择关注其心理层面的可塑性。这对你的生活态度，以及你与你的意志力的关系有着深远的影响。你认为哪种人最强大：是尽可能避免使用他们的肌肉，因为他们认为自己注定会失败的人，还是那些相信自己强大并系统地锻炼肌肉的人?

更明智的做法，是相信你可以训练自己的自制力，挖掘自己内心深处的意志力来源，从而在日常生活中体验更多的能量和意志力。这并不意味着你只要相信自己有意志力，就会立刻拥有无限的意志力。但你会比那个相信意志力是有限资源且对此无能为力的邻居拥有更多的意志力。

实用的结论

你想要过上更自律的人生吗?如果答案是肯定的，就要相信你可以锻炼自律的能力，并训练自己挖掘内心无穷无尽的意志力源泉。当然，你还需要实事求是，并在生活中做出必要的改变，才有可能实现自律的目标。

首先，最重要的是意志力的锻炼（就像锻炼肌肉一样）。认真地对待意志力，依赖你的意志力，就好像生死存亡取决于意志力是否足够强悍一般——因为从某种程度上说，的确如此。相信自身的力量，每天锻炼它，不断地增强它。

其次，妥善地管理自身的能量。首先要意识到的确存在决策疲劳现象，并围绕它安排日常的工作和生活，这就意味着将最消耗意志力的任务放在一天的开始之时，减少每天需要做出的琐碎决策的数量，并学会管理压力。

再次，优化你的生活方式。就像身体肌肉一样，如果你不注意休息，不随着时间的推移增强力量，你的意志力肌肉也会超负荷运转。没错，我们要致力于定期锻炼意志力，但同时也要养成一种支持意志力强化的生活方式，包括良好的营养摄入和充足的休息。健康饮食、定期进行体育锻炼、充足的睡眠以及每天练习冥想等都会有很大的帮助。

最后，培养耐心和毅力。就像肌肉不会在一夜之间从松弛变为健美那样，意志力也不会一夜之间增强。在这之前，你必须付出大量的时间和努力，如果你期望能够获得一夜转变的效果，很可能你会感到失望并迅速放弃。如果你认为在读完这一章的内容后，就可以让自己有超人的意志力……那你只会收获失望。

所以要相信自己的能力，但对实现能力的过程要有耐心，你的目标应该是日复一日地持续获得意志力增强方面的小胜利。这将帮助你进一步相信自己，从而扩大你的能力范围（详见第21章、第28章和第31章）。

综上所述，培养意志力将涉及以下四个方面：

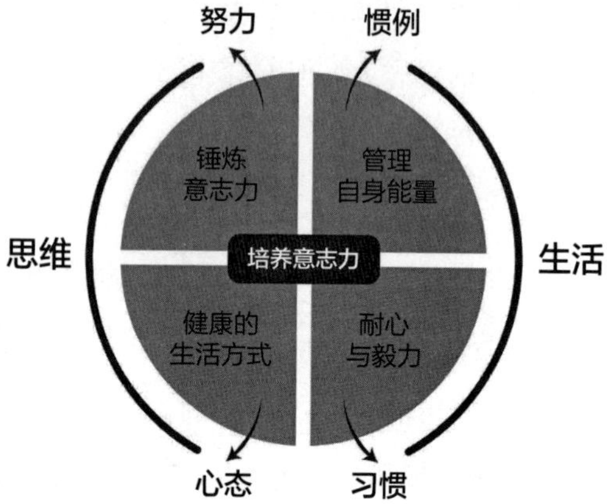

习惯是必需的，但仍不够

如今，以“意志力已死”或“自律的谬误神话”为标题写文章仿佛成了一种潮流，你可以在网上看到很多博主拥抱这种趋势，尽管有些想法的出发点不错，但却极具误导性，甚至可能传递有害的信息。

没错，意志力的确需要花费时间和精力去培养，而自律的确是一件苦差事，且习惯一旦养成，几乎就可以自动且毫不费力地执行，这些都是正确的观点，但这并不意味着你可以通过培养各种习惯，来取代生活中各个领域对意志力的需求。

第一个原因是，好习惯的培养从一开始就需要意志力。哪怕你可以让自己尽可能轻松地养成某种习惯，并真正从小事做起，但这依然需要行使意志力。我们在上文中提到的莎拉想坚持跑步和戒掉吃冰激凌的例子就充分说明了这一点。

在试图养成良好习惯的过程中，你可以而且应该调整周围的环境，并使用提醒手段来促使习惯的养成变得更容易，这些都是有用的工具和方法，我将在第26章中进一步论述。然而，它们也是训练意志力的工具，如果你甘心盲目地受它们的驱使，那就是在给自己的人生设限。

习惯只会将你带到健身房，而意志力则会在你已经感到精疲力竭的时候，促使你继续拉动砝码，再来一轮举重训练；习惯会让你维持一段人际关系，而意志力则会促使你改变自己深层次的模式，使自己在人际关系中茁壮成长；习惯会阻止你在去杂货店购物时买巧克力蛋糕，而意志力则能够让你在其他人将美味的糕点放到你面前时坚定地说“不”；习惯使你每天早起去洗冷水澡，而意志力则帮助你拧开水龙头。

习惯不能完全取代意志力和自律的第二个原因是，生活是动态和不可预测的，这就决定了我们不可能通过试图把所有事情都变成习惯来确保行为总是与价值观和目标保持一致。生活会向你抛出曲线球，它将使你措手不及，将要求你控制自身的冲动，并要求你在最意想不到的时候做出艰难的决定。

例如：当你需要去工作，但又不想去的时候；当你想做出暴力的回应，但又知道不应该的时候；当你迫切需要睡觉，但你的孩子却不停地哭闹的时候。能够让生活正常持续的因素，是意志力而不是习惯。

我们都曾有过崩溃的时刻，或许每天都需要经历这种崩溃，在这些具有挑战性的情况下，自律——也就是按照个人的最高目标和价值观行事的能力——就会成为我们的救赎。如果你已经开发了它，它就能够帮助你解决生活中的麻烦。如果你没有，那么你就会迷失在一时的冲动情绪之中，无法做出理性的选择。

习惯自然是必不可少的，但还远远不够。它们是练习自律和意志力的结果，而不是替代物，正念自律既要求我们养成良好的习惯，也要求我们增强和锤炼意志力。

打个比方，如果你需要做的事情只是把一个沉重的箱子从A地搬到B地，那么请使用车轮，而不是你的肌肉。但如果你的目的是要变得更强壮，那就放开那些轮子，调动全身的肌肉去推动那个箱子，或者为此去健身房做重量推拉训练。同样，你的意志力也是如此：如果你想增强它，你就需要利用它。就像任何其他肌肉一样，我们增强意志力的唯一途径，就是通过摩擦和阻碍来锤炼它。

如果你正在努力改变不良的饮食习惯，或试图开发第二职业，或尽可能早睡，那么可能首要任务是养成习惯，无论付出什么代价。但最终，你依然需要采取行动来增强意志力，因为人生的各个方面都需要意志力发挥作用，特别是当你在寻求实现困难的目标时。对于这些事情，没有捷径可走，只有持之以恒的努力。

你是否想要超越职场和个人生活的极限，实现更伟大的发展？那么你将需要每天都行使意志力，因为仅仅拥有习惯是远远不够的，习惯只能够让你与众不同，真正的出类拔萃只有依靠意志力。

一言以蔽之，请充分利用本书提供的习惯培养原则，以最简单的方式养成好习惯，但不要逃避锻炼意志力。科学研究表明，意志力是确保生活成功的唯一最有效因素，不管处于人生的什么阶段，你都需要它。

环境是必需的，但仍不够

“意志力没有用”的支持者们认为，意志力最终总是输给不可抗拒的大环境。因此，他们的观点是，想要有所成就，我们就应该致力于改善环境，而不是锤炼自身的意志力。

这种想法的缺陷在于，它将我们平均到人类的最低标准，这是令人难以置信且无法接受的。此外，试图通过寻求在周围创建一个完美的支持性环境来逃避在生活中行使意志力，这同样也行不通。这种做法大多数时候不仅不可能，也不可取。举个例子，你想要停止每天吃冰激凌的习惯，但将冰激凌从冰箱里丢掉并不是一个可取的做法，因为你的伴侣是一个冰激凌狂热爱好者，这时候你该怎么办？

认为“意志力没有用”的人，从“通常发生的情况是……”，即制约条件的角度论述，而我选择从“你有可能做什么……”，即个人潜力的角度来论述。正念自律并不强调因为环境的限制我们只能成为什么样的人，而是强调我们有可能成为什么样的人。也就是说，正念自律强调个人的潜力开发，而不是当前的现实限制。

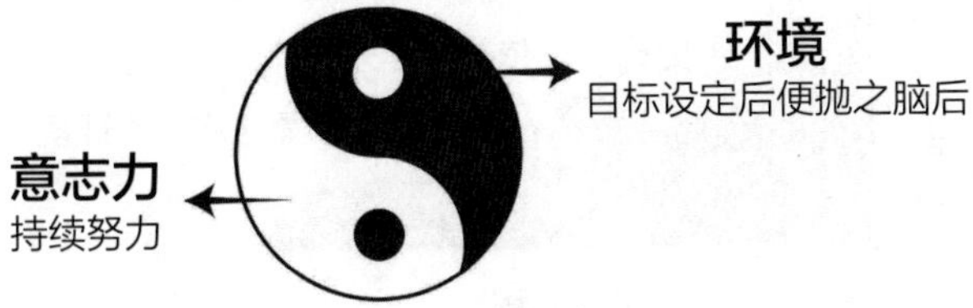

有些人会说“意志力没有用”，那是因为他们的意志力还没有发展起来，所以对他们而言，意志力并不可靠。按照同一个逻辑，考虑到现代生活中数字产品导致的分心越来越多，很快未来的几代人就会开始说“专注力也没有用”，因为没有人能够集中注意力了。环境固然重要，但它同样只是影响因素的一部分，而且是我们较难控制的那一部分。

你将永远需要依赖意志力

只要我们不是完美的人（没有任何的内部冲突），没有生活在一个完美的环境中（周围的一切都完全支持我们的目标），我们总会遇到某种形式的阻力或障碍，特别是当我们试图发展自己，超越目前的极限，或实现任何困难的目标时，障碍就会出现。

人生不可能一帆风顺，这是一个不可否认的事实，而当我们确实遇到障碍时，我们将需要意志力来克服它们。我们需要依靠自律来做出困难的选择，做出与外部环境促使去做的事情相反的选择，或者与我们的内部环境（冲动）推动我们去做的事情相反的选择。

当然，把重点放在解决内部冲突上也是一个好主意。当我们内部人格的理性或感性或各个方面都想要同样的东西，并且不存在自我破坏或内部矛盾时，就会更容易取得进展。有许多工具能够帮助我们达到这种内部和谐的状态，如冥想、自我反省、治疗、心理辅导等。为我们的目标寻求最合适的外部环境，也是一个好主意，或者尝试塑造和改变我们现有的环境，使之尽可能地推动目标的实现。如果的确存在一条更容易走得通的路，我们也没有必要非选择逆流而上。

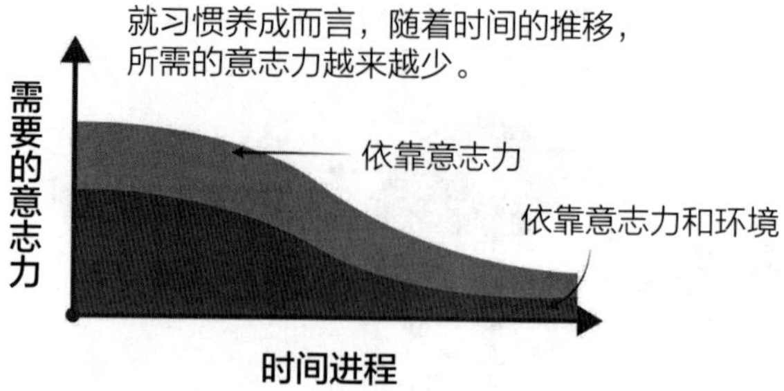

尽管如此，我们在实现目标的过程中总会遭遇各种各样的阻力，当遭遇困境时，我们就需要意志力的作用。仅仅是因为想要逃避行使意志力的痛苦，而试图过上一种不需要意志力的生活，不仅是徒劳的，也将使生活变得一成不变、缺乏成长。

为此我们都要锻炼自身的意志力，以不断地强化它。如有可能，充分地利用内部和外部的环境，使目标的实现变得更容易，但不要过于依赖这种“天时地利人和”的想法。

意志力可能失败——那又怎样

强调意志力是一种可耗尽的资源，并认为“人不可胜天”，大环境最终会赢，就好比说身体的肌肉是一种可耗尽的资源，最后重力（砝码）总会获胜。即使这是真的，也不意味着锻炼是徒劳的，最重要的是我们在这个过程中改变了自己。

也许，人类头脑中意志力的自然趋势是最终耗尽自己，哪怕这种说法是真的，那又怎样？

人的身体会变脏、会生病，这也是自然趋势，但这是否就意味着我们不应该洗澡，并试图保持身体健康？这是否意味着医疗保健起不了任何作用？

爱情会随着婚姻生活的多年延续而变淡，这也是一种自然趋势，但这是否就意味着我们不应该保持爱情的活力？或是否意味着我们根本无须追求爱情？

人类的思想天生有着分心的倾向，这是否就意味着我们不应该行使专注力？或是否意味着专注力根本就是无用的？

生活中许多最有价值的东西，需要我们积极努力地去实现，然后保持其状态，我们的努力追求不一定成功，但这个过程是值得的。此外，放弃锻炼我们的意志力、自我照顾、爱和专注的代价要更加昂贵。

自力更生是一种进化标志

能够选择身处的环境或改善它，这是进化的一个标志。但能够适应现有的环境，并在其中茁壮成长，也是一种进化的标志，因为我们总会遇到对我们不利的环境。

让我们看看大自然和物种的进化。进化程度越低的动物，越是依赖于环境来决定其生存或死亡。人类是最有能力在不同环境中生存的动物，因为我们足智多谋，我们可以创造工具和方法来掌控所处的环境，而且我们拒绝被环境控制。

能够不受环境影响而茁壮成长，是一种伟大的力量，也是一种急需的力量。它邀请你关注你能控制的东西（你的选择），而不是关注你最多只能影响的东西（环境）。自律的锻炼使我们能够不断地控制自身的内在环境，使我们在存在环境因素作用的情况下仍能按照自己的目标和愿望行事，让我们即使在困难重重的情况下也能取得成功。

著名的斯坦福大学棉花糖实验完美地说明了这一点。在这项发表于1972年的研究中，一个孩子被单独留在一个房间里，手里拿着一块棉花糖，她有两个选择：一是直接吃掉那块美味的棉花糖；二是可以等到研究人员回来后再吃，并可以得到两块棉花糖作为奖励。这个实验其实就是在立即获得奖励和使用意志力来延迟满足并获得更大奖励之间的抉择。

在后续研究中，研究人员发现，能够延迟满足的儿童最终会过上更好的生活。他们考出了更高的分数，掌握了更好的社会技能，赚到了更多的钱，出现药物滥用、肥胖等问题的可能性更低，能够更好地应对压力，并且整体身体和心理健康的程度都更高。

所以说，意志力和自律对每个人的生存和幸福至关重要，我们已经生活在适者生存的时代，而且是一个“专注者”生存的时代。

充分利用周围的环境，但不要过度依赖它

充分利用周围的环境来帮助自己建立习惯，例如将诱惑物从环境中移除，或在周围放置提醒标示，这些都是培养习惯的好方法（详见第26章）。当然，这是一个捷径，我们都喜欢捷径，因为我们生活在一个痴迷于各种捷径的社会中。

问题是，当我们过度使用捷径时，就会对其产生依赖，以至于沦落到没有捷径就无法完成任务的地步。又或者，我们可能会尝试通过可行的捷径来追求新目标的实现，并在失败后迅速放弃，因为我们已经丧失了依靠自身和行使意志力的能力。

如果你专注于创建利好的环境因素，你将能够建立一些好的习惯。但如果你同时关注环境和自身的意志力，就可以同时养成良好的习惯和强大的意志力，这不仅充满乐趣，还是很有效的方法。

这就是为什么我很少跟其他自助领域的大师们一样，过分地强调环境的作用。当然，将其作为一种辅助手段是好的，有利的环境的确是有用的捷径。

但与此同时，你需要做好迎接真实生活的准备，因为在生活中，很多时候我们无法控制自己周围的环境。因此，我们需要能够坚持自身的目标和价值观，不管环境是有利还是有害。这种能力只有通过在不利条件下发挥意志力才能够获得。

没错，我同样也会利用环境来推动人生目标的实现，但我也每天锤炼自身的意志力：是环境让我的闹钟每天凌晨2:30响起，但只有意志力能够驱使我立刻起床；是习惯让我每天起床后去洗冷水澡，但我需要意志力才能够打开水龙头。

如果你从未锻炼过自己的意志力，它很难发挥作用，但如果你有幸锻炼过，就能够享受它带来的好处。

与爱情、专注力和健康一样，意志力需要我们主动且努力地培养。

即使你可以掌控生活，确保每一个环境都完全支持你的目标，但也请不要这样做，因为这就好像在做重力推举训练时，永远不让自己尝试举起超过五磅重的东西一样，这的确是一种很舒适的状态，但这并不会令你变得更强大，而你迟早都要用到通过重力训练得到的肌肉！

总结：我们可以充分利用周围的环境来帮助自己坚持好的习惯，但不要完全依

赖它，要不断地寻求机会拓展自己的边界，遭遇阻力时不妨将其视为锻炼自己意志力的机会，这就是真正的伟大和内在力量的诞生方式。

练习：如何增强意志力

要练就一块肌肉，就要对其施加阻力，接受痛苦的训练过程，并坚持下去。同样地，意志力和自律能力的锤炼也是如此，它们需要在逆境和阻力下成长起来。所以，大胆地拥抱这种痛苦，而不是抱头鼠窜！

还记得我在第3章中关于内心水与火之力量的论述吗？朝着既定目标的方向，锻炼意志力，将会增加内心的火之力量，因为阻力会带来能量。当你在锻炼肌肉时，这是一种物理层面的热量；当你锤炼意志力时，这是心理层面的能量。

只有趁热打铁，你才能把一块铁塑造成想要的形状。同样，每天锻炼你的意志力会产生所需的内在热量，使你能够按照自己的意愿，塑造人生和自我。

不要逃避这种内在的热量，应该主动迎接它的到来，为它的存在感到高兴。在你生命中的每一天，都要尽可能以这样或那样的形式寻求锻炼意志力的机会。

我们要如何做到这一点？首先，依据设定的目标和愿望进行自律练习，这是锻炼意志力的一种自然方式（这也是本书后续章节论述的重点）。

其次，专注于锻炼意志力肌肉本身，每天有意识地选择做一些困难的事情。这件事情是大事还是小事并不重要，只要它能产生心理上的热量，延伸你个人的边界，它就是一种改造自我的形式。

例如，你可以每天早上选择一个不那么重要的承诺——一件对你来说有意义和有挑战性的事情——并在一天中坚持下去，无论发生什么情况。下表列出了一些具有挑战性的日常练习的例子：

今天我会……	今天我不会……
洗五分钟的冷水澡	抱怨任何事情
练习间歇性禁食18小时	说脏话
每当我说“谢谢你”时，充满感激之情	懒惰
培养满足感和乐观精神	喝咖啡
遭遇不公正的事情时，大声地说出来	吃糖果
解锁手机之前深呼吸	进行毫无意义的争论
晚上10点准时上床睡觉	使用任何社交媒体应用程序/网站
进行一次艰难的谈话	打断别人的发言
干完一直拖着没做完的事情	看电视或玩游戏
比平时多运动30分钟	在白天打瞌睡
与人保持眼神交流	吃垃圾食品
在需要拒绝的时候坚定地说“不”	咬手指甲/嘴唇
对遇到的每一个人保持友好	在工作时间之外查看工作电子邮件
话说出口之前要三思	查看或发送短信
勇敢地去做一些此前一直逃避去做的事情	八卦
每件事都按时完成	放任自己沉迷于负面的情绪
在任何时候都要说好话、说实话	口出恶言

表格中的示例仅供参考，希望诸位能够从中获得灵感。其中一些要求，或许对你而言根本算不上挑战，所以并不是练习的好选择。你需要根据个人的具体情况，设置一些既具有挑战性又有意义的事情。建议以21天为周期，每天专注于前述表格上的一个挑战（或自主设计的挑战）。这个简单的练习，不仅可以锻炼你的意志力，还可以锻炼你的自我意识控制能力。

在练习的过程中，你可能会发现自己想要刻意回避已下决心不纵容自己做的一些诱惑，以确保你能够更轻松地完成日常承诺的挑战，但这是一种自欺欺人的行为，这违背了这个练习的初衷。相反，你可以像平常一样地生活，并在挑战来临时迎接它们。或者，如果你个人对此充满了野心，也可以有意识地让自己暴露在更多的诱惑之下，以此加大练习的难度。

21天的练习和坚持之后会发生什么？你将收获更可靠的意志力，然后调动意志力来改变你想要转变的任何特定行为。或者你可以再次回到这个清单，挑选5个主要挑战，每个挑战坚持21天。

最后，如果你在制定清单时，感觉自己不可能完成挑战，也不用过度担心，因为练习的重点并不是你完成得多么完美，而是锤炼意志力的肌肉，让你知道还有什么是可能实现的。本书后续章节的内容，将为你提供很多实用的练习工具，让这个过程变得更轻松。

本章要点

关键定义

- 意志力指能够克服争夺我们注意力的各种刺激因素，进而控制个人的注意力、情绪和行动，以及解决短期欲望和长期目标之间的冲突的能力。意志力包括延迟满足的能力，推翻不想要的想法和感觉，以及改变个人的内部状态的能力。“自制力”经常被用作意志力的同义词。
- 自律是随着时间的推移不断应用自我意识和意志力的能力。本书中关于自律的许多内容也是关于意志力的，反之亦然。
- 习惯的养成是自律的一个主要功能，但不是自律的全部内容，且并非所有促进目标实现的行动都能变成一种习惯。

意志力的本质

- 要明白，决策疲劳是真实存在的，因此要简化日常生活，使自己需要做出的决定变少，将压力控制在适当水平，并遵循规律的生活。
- 强调自我控制能力有限论的人，比那些不相信意志力是有限的人，将经历更多失败的自我控制。你对自己能力的信念，会成为一个自我实现的预言。如果你相信意志力是有限的，这就会限制你可以利用的意志力的总量。
- 意志力的作用就像一块肌肉，这意味着我们可以通过锻炼来强化它，而长期不使用意志力则会导致其衰弱（即所谓的“要么使用，要么失去”）。就像肌肉一样，意志力也会在剧烈运动后立即暂时变弱，但恢复后会比之前的能力更强（超级补偿原则）。
- 意志力是一种有生物基础（葡萄糖水平的高低）的心理力量。你可以通过提高血液中的葡萄糖水平或对自己的能力形成更积极的信念来增强它。
- 想要增强意志力，就要经常锻炼它（就像肌肉一样），要有耐心和毅力（肌肉不会在一夜之间长成）。此外，保持良好的饮食、体育锻炼和良好的睡眠，培养高水平的能量也能够增强意志力。

- 相信自己的力量；每天锻炼它；每天强化它。

习惯是必需的，但仍不够

- 我们不可能仅依靠习惯的培养，来取代生活中每个领域对意志力的需求。不是所有需要纪律的事情都能变成习惯。此外，即使我们调整了环境，使其有利于目标的实现，在建立习惯的初期，仍然需要一定程度的意志力。
- 习惯使你与众不同，而意志力才能使你出类拔萃。

环境是必要的，但仍不够

- 我们不能指望建立完美的支持性环境来避免在生活中行使意志力的需要。环境固然很重要，但它只是故事的一面，而且往往是我们几乎无法控制的一面。
- 我们总是需要依赖自律才能做出困难的选择——做出与外部环境促使我们去做的事情相反的选择，或者与个人的内部环境（冲动）推动我们去做的事情相反的选择。
- 如果你没有训练过意志力，它就无法发挥作用，但如果你训练过意志力，就能收获它带来的好处。
- 可以充分利用有益的环境来帮助自己坚持好的习惯，但不要完全依赖它。我们要不断地寻求机会延伸自我。在遭遇阻力时，将其视为锻炼意志力的机会，这就是真正的伟大和内在力量诞生的方式。

练习：如何增强意志力

- 要练好一块肌肉，就必须对这块肌肉施加阻力，接受痛苦的训练过程，并坚持下去。同样，意志力的锤炼也是如此，它需要在逆境和阻力下成长。

- 这种阻力会产生一种内在热量，使你能够按照个人的意愿来塑造人生和自我。

- 在你生活的每一天，都要以这种或那种形式致力于意志力的锤炼。通过发展与目标有关的自律能力，以及选择每天做一些困难的事情来做到这一点（详见21天意志力挑战的例子）。

第5章
正念自律的三大支柱

这三大支柱是正念自律的核心内容，它们包含了我们在生活的各个领域成为自律者所需要知道和做到的一切。它们是志向、意识和行动。

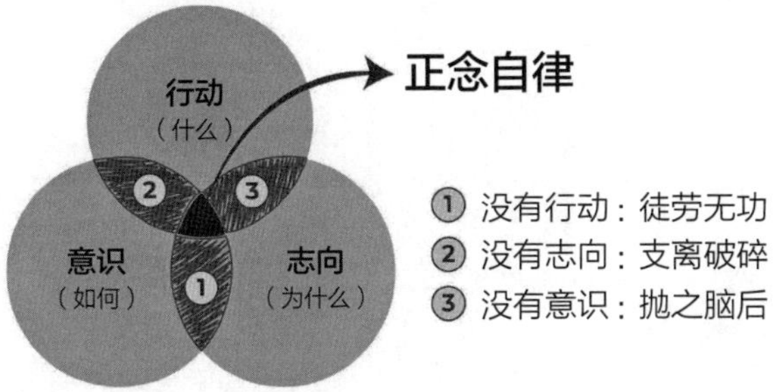

这三个支柱都是我们需要的，无论缺少了哪一个，你的自律都将受到影响。我个人建议诸位按照顺序学习和练习这些支柱，但同时首先应该关注自己最薄弱的环节。

与自律的三个支柱（英文字母均以A开头）截然相反的，是三个以F开头的英文字母，它们代表了混乱的状态，分别是支离破碎（Fragmentation）、抛之脑后（Forgetfulness）和徒劳无功（Futility）。自律是一种可以通过学习掌握的技能，当你第一次为想要养成的习惯经历整个过程时，可能会感到烦琐、困难和刻意，但在此之后，每增加一个新习惯，这个过程的难度就会减轻一点，最终成为你的第二天性。

接下来的几个章节将分别深入探讨这三个支柱中的每一个，你将学到所有需要掌握的概念以及各种练习方法，请不要因为新信息过量而感到不知所措，你不需要理解所有的东西，也不需要完成所有的练习，你只需要找到自己在哪个支柱方面最薄弱，然后挑选出最有希望完成或感觉最有用的一两个练习开始即可。

第二部分

支柱1：志向

第6章
自律旅程的起点

灵感源于远大的抱负。

——拉宾德拉纳特·泰戈尔（Rabindranath Tagore）

对大多数普通人来说，更大的危险不在于把目标定得太高远而落空，而在于把目标定得太低，并在达成之后心满意足。

——米开朗基罗·博那罗蒂（Michelangelo Buonarroti）

一个没有目标的人，就像一艘没有舵的船。

——托马斯·卡莱尔（Thomas Carlyle）

志向就是每个人的人生目标、梦想和努力的原因，它是促使我们采取行动的目标、远大的抱负或野心，也是我们想要实现、体验或成为的东西（在本章的后续部分内容中，我将交替使用“志向”和“目标”这两个词）。

欲望能够驱使行动，它能够创造一种不满足感，并设想一个能够完美地填补空虚后给予的奖励。对个人而言，这种内心的缺失感越大，换句话说，志向越远大，可调用的燃料就越多。

这种燃料对你克服最终会遭遇的各种挑战而言至关重要。可能出现的挑战包括：事情没有按照预期进行、自我怀疑、拖延症、困惑、他人的批判或拒绝等等。正如哲学家弗里德里希·尼采所说：“一个有了努力原因的人，可以承受任何形式的挑战或逆境。”

你的志向就是你的燃料

追求志向是我们开启旅程的根本原因。没有志向，自律要么彻底失去意义，要么变得难以为继。如果没有一个很好的理由，我们不可能愿意承受痛苦、不适和牺牲。志向就是一个绝佳的理由。

让我给你举一个我个人生活中的简单例子：我妻子坚持鼓励我每天晚上睡觉前使用面霜，预防早衰和皱纹。妻子提醒我，我经常出现在视频里，见客户，接受采访，这些场合都要求我保持良好的外表。同时她还指出，我们家族里其他男性成员，总是很年轻的时候脸上就有了皱纹，所以这可能是家族遗传，因此有必要提前预防。此外，她还说："涂面霜不费什么时间，只需要2分钟。"

然而，所有这些正当的理由，都没有在我的心中留下任何印象，我依然丝毫不在意。所以虽然妻子创造了十分便利的环境（面霜就放在我的床头柜上，触手可及），但我最终也没能坚持几天。这是因为涂面霜与我的任何更深层次的人生志向毫无关联。

如果你试图建立的习惯，或你试图做出的改变，与人生更深层次的追求（原因）无关，那么你就会感到自律是一种被他人胁迫的行为，是一件苦差事。但如果自律与一个发自内心的目标相关联，自律就会令你感到兴奋、有意义和充满希望。

比方说，我们想鼓励公司的高管马克开始练习冥想，如果我只是简单地告诉马克，"每天静坐10分钟，专注于自己的呼吸"，因为"这样做对你有好处"，他不太可能会遵循这个习惯。又或者，即使他尝试做了，他的冥想练习也会缺乏足够的深度和活力，因而不会带来任何显著的变化。

换个方法，如果马克清楚地知道，对他来说最重要的事情是掌握自己的思想，这样他就可以尽可能地降低生活的焦虑，不需要依赖安眠药也能入睡，并开始探索自己作为一个企业领导者和一个独立个体还可能具备哪些更深层次的潜力，然后让他放大这种感觉，唤起他更深层次的理解，即如果他不能领导自己，就永远不可能成为公司的真正领导者，并且只有在日常生活中变得更加平静、集中注意力和专注，他才能带来持久的影响和贡献。同时向他展示一颗骚乱的内心和一颗平静的内心能够在生活和领导力方面带来多么显著的区别，并明确地告诉他，冥想就是支持这种转变的有力工具，然后再鼓励他进行冥想的练习，那么这一次成功的概率有多高?

你能够看出这两种方法之间的差别吗?

每一项能够与更深层次目标建立联系的活动，都将被赋予意义和活力，而这将带来革命性的变化。事实上，研究已经证明，拥有更强目标感的人将：

- 活得更久。
- 患上抑郁症的概率较低。
- 有更强悍的免疫系统。
- 在工作中更加投入。
- 较少发生心血管疾病和阿尔茨海默病。
- 在亲密关系中感受到更多的爱和联系。
- 在生活中体验到更大的富足感。

我们都需要渴望获得一些东西，并感觉朝着某个地方前进，否则生活就会充满无聊感，日常的生活将会令人感觉乏味、没有吸引力，最终导致我们受到坏习惯的诱惑和吸引，养成不良的习惯以寻求刺激或解脱，例如毫无意义的娱乐、新闻、社交媒体和游戏等。

当你设定了一个目标时，你就不再处于坐等事情发生的状态，而是转变为通过积极的行动推动事情的发生。你不会等待一个“可以开始做事”的契机，而是无论感觉如何，都开始行动，因为这是定义你是谁的关键。

个人的志向就是动力和承诺的来源。它是火花，是旅程的燃料，如果没有它，你将很容易分心，屈服于诱惑，忘记什么是重要的，并追逐下一个昙花一现的所谓潮流。

尽管志向对生活和未来的发展极为重要，但大多数人并没有什么深刻或远大的志向。眼前的忙碌、物质主义和愤世嫉俗的大环境和氛围也加剧了这一现象。我们整个社会正处于丧失生活意义的危机之中。维克多·弗兰克尔（Viktor Frankl）博士将其称为“存在空虚”（existential vacuum），他认为这是造成侵略性、成瘾和抑郁症这三大社会弊病的原因。弗兰克尔的书《活出生命的意义》（*Man’s Search for Meaning*）就是一部关于目标这一主题的杰作。

> 大量的人过着平静而绝望的生活，走进坟墓时心中的歌还没有唱出来。
>
> ——亨利·戴维·梭罗（Henry David Thoreau）

没有目标感会从内心一点点地扼杀我们的活力，甚至在我们没有注意到的情况下。如果我们感到自己不被需要，不能做出贡献或改变，没有使命感……那么生活将只剩下空虚。我们可能试图以即时的快感、金钱或无意义的享乐来填补这种空虚，但永远也得不到满足，除非我们触及那些隐藏于内心深处的更深层次的痛苦或欲望。

每个人都需要一个高尚的志向，一些能够拓展人生边界、令我们沉迷其中不可自拔、对人生有着深刻意义的事情。如果你能够将这个志向与一个超越自身的崇高理想联系起来，那就再完美不过了，二者的结合，将使你获得比自身更强大的力量。

志向支柱的步骤

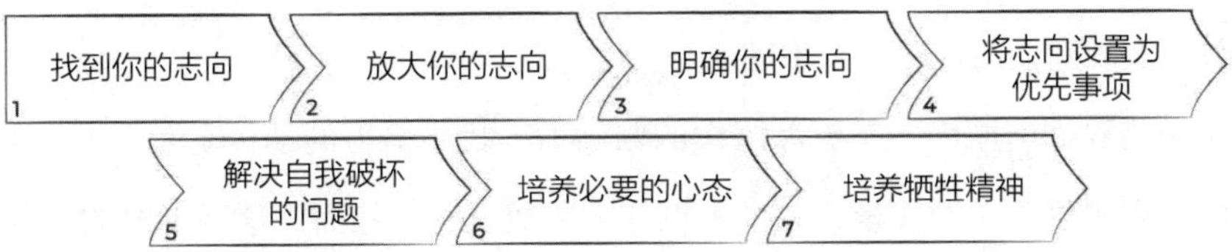

这时候，你可能会说，“乔凡尼，我看这本书，只是因为我需要开始运动锻炼、开始储蓄、停止吃甜甜圈，我可不喜欢这些自我反省的东西”。如果你恰好抱有这

种心态，那么你可能需要跳过本书志向支柱中步骤1和步骤2的相关论述内容，直接从步骤3（第9章）开始。

目标与志向

首先，让我们花点时间来澄清一下目标和志向之间的区别。在下面的表格中，我们从目标开始，因为目标更加具体，并且通常是人们能够意识到的存在。然后，我们再介绍一个可能位于该目标背后的志向的例子，以及一些可以用来实现它的策略。

具体目标	志向	可用的策略
减重40磅	感觉年轻、健康、充满活力；有足够的精力从事我关心的活动	每天在跑步机上跑步30分钟，间断性使用以低碳水化合物为主的间歇性禁食
将生意规模翻一翻	实现成为成功企业家的愿望，并体会到财务层面的富足	聘用专业的市场顾问，改进运营系统，推出新产品
掌握烹饪技术	为享受我做的美食的人更好地表达我对他们的爱与关怀；让他们感受到我的用心	找到一本好的烹饪书，购买原料和厨房用具，每天尝试新的食谱
每日冥想	降低冲动行事的概率；使精力更加集中；探索生活的精神层面的可能性；掌控自己的思想	每天练习3分钟，然后逐渐延长冥想的时间；加入一个冥想的小组或社群
提高工作效率	使自己感觉正在充分地利用自身的技能；不断挑战自我，展示出自己最佳的一面；更好地使用各种工作工具	实施行动管理执行方法（Getting Things Done）体系；妥善地规划工作时间，确保能够心无旁骛地投入工作

各种具体的目标是实现志向的载体，而策略则是实施具体目标的载体，两个有着完全相同目标的人，或许有着不同的志向，又或者他们有着相同的目标和志向，然而计划实现它们的策略完全不同。

志向是我们的原因，是更深层次的驱动力，找出努力的动机（为什么）将能为努力的过程提供巨大的能量，并带来更伟大的成就感。然而，这种重要的寻因步骤在大多数自助类书中往往被忽略，因为它们更专注于具体的操作方法或策略。

如果将人生比作一次乘船旅行，那么策略就是一张地图，而最终目标就是目的地，志向就是你要前往这个目的地的根本原因。如果目的地不明确，你可能会不断地受到诱惑，在中途更换目的地和航线，并可能在遭遇阻碍时，心满意足地半途而废，在某个中途地点停下来（岛屿）。

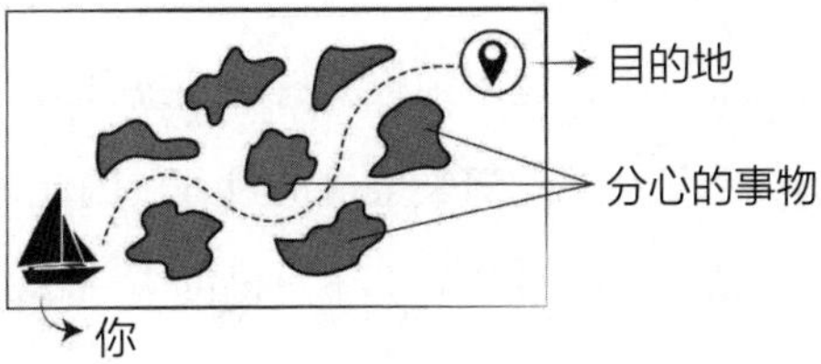

事实上，在本书中，我完全可以只给诸位提供一个行之有效的自律框架——包含所有可用的工具、技巧和练习，这样诸位可以实现追求的任何目标，但这不一定对你有用，因为你设定的具体目标不过是故事的一半，更重要的另一半可能是你尚未触及的志向。

所有具体的目标都应该成为志向背后的适当载体，然而对于大多数人来说，二者之间存在脱节，这可能是因为：

- 这些具体目标由其他人设定，也许有人告诉你，这就是你必须要追求的东西，或者这些目标体现了你的父母、社会或媒体暗中强加给你的价值观。
- 你不知道自己有什么志向，或你无法选择一个与之匹配的具体目标，这又会使你倾向于借鉴其他人的目标和世界观。
- 你意识到自己有志向，但缺乏足够的勇气或支持条件，导致你无法追求它；又或者你认为追求这些志向是不对的，或将其视为“不切实际的”，或错误地认为自己“不够好”，没有资格追求它。

不管具体的原因是什么，当你的目标与更深层次的志向不一致时，即使实现了目标，你可能依然感到不满足。你或许成功地爬上了一个梯子的顶端，但实际上你根本无须攀爬这个阶梯，再多的金钱、喝彩或利益，也无法弥补你内心的空虚感。

自律将使你有能力实现人生的目标，而正念自律将使你有能力通过实现正确的目标，来推动志向的实现。

“想要”实现的目标与“必须”实现的目标

你的目标，是“必须”实现的目标，还是你“想要”实现的目标？

你想要入手一辆新的宝马车，是因为你所有的朋友都有，而你认为自己已经落伍了？还是因为你从小看到父亲享受驾驶宝马的过程，因此梦想着拥有同样的自由和独立的感觉，并坚定地认为，一旦你开上了自己的宝马车，也能够体会到同样的感觉？

在第一种情况下，你的目标就是“必须”实现的目标，且只有在你能够炫耀新车的时候，这个目标才有意义，如果没有人知道你拥有了一辆新宝马，它就失去了存在的意义。在第二种情况下，这种驱动力更加内在，无论人们是否知道你入手了新宝马，你都会喜欢拥有它，这就是一个“想要”实现的目标。

你每天洗澡，是因为你“应该”这样做，还是因为你“喜欢”身体洁净的感觉？你想要获得博士学位，是因为它带来的身份和地位，还是因为你只想让自己的研究技能和事业更上一层楼？你坚持健康的饮食，是因为你别无他选，还是因为你清楚地知道健康饮食对你有好处？

关于自控力的相关研究表明，具有“必须”去做动机的学生，比具有“想要”动机的学生，经历了更多的障碍和诱惑，因此他们不得不付出更艰苦的努力，并且更容易耗尽原本就不多的意志力。

真正志向的载体——目标、习惯或活动，将是你个人想要去做的事情，而不是你“必须做”的事情。这种需求将来自你的内心，而不是来自其他人或社会。它将符合你对自己的深切期望，而不是因为你被其他人或社会要求去这么做，或因为人们期望你这么做，或因为地位利益而做。

但如果你目前的目标感觉像一个“不得不做的”目标，该怎么办？你有三个选择：

1.改变你对这个目标的态度，这样你就可以为了这个目标本身而想要去实现它。

2. 找到一个不同的策略来实现同一目标，这样你就可以享受这个过程。

3. 选择一个新的目标。

第一个选择是告诉自己关于这个目标的不同含义或意义。例如，如果你需要开始吃更多的沙拉，但你却很讨厌沙拉，那么就试着调节你的心态，去享受它。或者告诉自己，吃沙拉不仅仅是为了享受美味的食物，而是为了拥有你想要的健康和能量水平（有关这两种策略的内容详见第19章）。

有时候，将自我对话从“我必须”切换到“我可以”模式，也有助于心态的转变。比如说，“我可以每天晚上都跟孩子们待在一起”与“我必须每天晚上都跟孩子们待在一起”的说法带来的感觉截然不同，不是吗？

第二个选择是要找到实现同一个目标的不同方式。例如，假设你需要锻炼，但很讨厌去健身房或跑步，可以尝试网球或其他你可能更喜欢的运动。如果你想要拓展业务，但讨厌使用社交媒体，还可以尝试广告或合作。当促进目标实现的活动令你感到愉快时，你就会更容易为了目标本身而努力。

如果第一个选择和第二个选择都不奏效，你可能需要诉诸第三个解决方案——改变一个目标。否则，自律的过程将令你感觉像是一场战斗，你需要付出很多的努力，并且要不断地与自己的逆反心理做斗争。而且最终即使你能够实现目标，你的满足感可能也远远低于预期。

本章要点

- 志向是自律人生的燃料，是动力和承诺的来源。目标感越强烈，就越容易坚持自律。因此，不妨先花一些时间明确和放大人生的目标。
- 目标和志向是不同的东西。志向是你努力原因背后更深层次的驱动力。具体的人生目标是志向的载体，因此需要与之同步。当设定的目标与更深层的志向不一致时，实现目标很可能依然无法令你感到满足。
- 确保你的目标是“想要”实现的目标，而不是“必须”实现的目标。如果不是，你就必须改变你对目标的态度，或者找到不同的策略来实现它，或者选择一个新的目标。

第7章
“志向”步骤1　找到你的志向

志向支柱的步骤

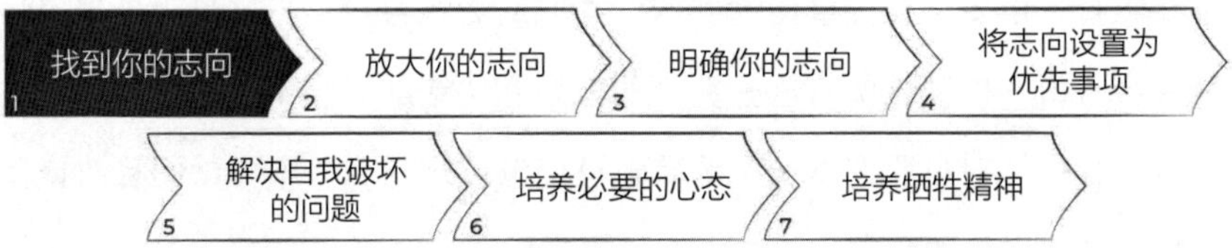

也许，关于希望实现什么样的目标，你已经有了很好的想法，可能是减重40磅、让业务规模翻倍、改掉一个坏习惯、每天冥想、控制怒气、重塑自己、写出一本书、改善人际关系或掌握一项新技能，然而，所有这些事情，实际上都是具体的目标，而非志向。

每个人的内心深处，都有一个志向等待着被发现、被拥有和被实现。

如果我们的人生没有以这个崇高的志向为导向，就会产生很大的痛苦，但大多数普通人最终将与之失之交臂，因为我们已经被日常的忙碌，以及美食、互联网、游戏、性、金钱和其他事物带来的即时满足感干扰，从而忽略了这种隐藏在深处的痛苦（因此也忽略了实现它的巨大能量和燃料），这最终将导致我们过着一种华而不实的人生。

这种更深层次、关乎生存价值和意义的志向通常：

- 与我们经历的一些更深层次的痛苦有关（通常来自人生早期的生活经历）。
- 是我们核心价值观和生活驱动力的表达。
- 是多年来积累的生活经验和洞见的结果。
- 受到我们崇拜之人的启发，或受到触动我们的理想的启发。

有些人表示，要搞清楚这种隐藏很深的志向太困难了，但从我个人在自我发展和引导领域的多年经验来看，我可以肯定地告诉你：每个人都已经知道它是什么，也许我们只是没有给予它足够的关注，或我们主动地逃避寻找它，因为我们害怕新的发现要求我们做出太多的改变，或者只是因为我们不喜欢这个志向。

本章提供的练习，是帮助诸位开始寻找这个志向的一个起点，在开展这些练习时，不要想着一定要将某件事作为志向，并以此为练习目标，这只会带来恐惧、依赖感和社会身份的枷锁，所有这些负面的思想和情绪都只会干扰练习的过程。只要致力于内省，保持对自我的诚实，看看自己能够发现什么，不要试图篡改或隐瞒自己的发现，保持平静的心态，接纳它们的出现即可。

但有时候，接纳志向可能会令人感到风险很高。我们内心都知道，一旦我们发现了这个志向，就没办法假装看不见或不知道。你可能会觉得，过“中规中矩”的生活和追求得到社会认可的目标会更好，也就是做那些能得到大家认可的事情，因为这就是所有人认为大家应该做的事情。

我将之称为“温水煮青蛙”一般的生活，这种生活是安全的，甚至是令人愉快的，没有什么刺激性，没有深刻的意义，也缺乏目的性。

意识到什么东西能深深地打动你，比假装不知道或敷衍地生活要好得多，你不可能在温水一样平淡的生活中找到真正的满足感。

下面让我们一起进行4个头脑风暴练习，帮助你明确自己的志向。每项练习都需要30分钟到2个小时才能完成，如果你现在时间紧迫，可以先做了解，之后再详细阅读和操作。

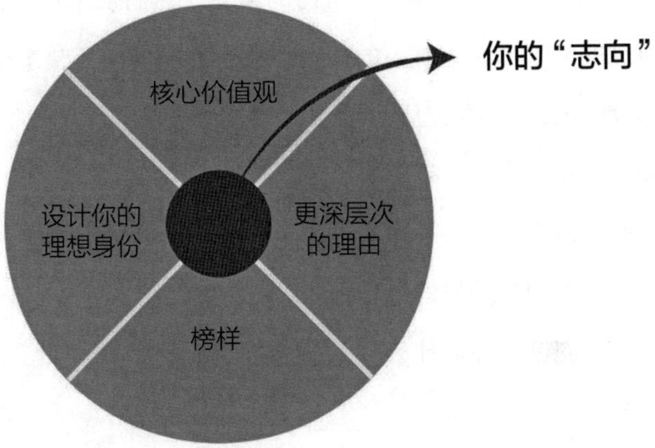

练习1 找到你的核心价值观

马克·吐温曾经说过："你生命中最重要的两天，是你出生的那一天和你明白为什么来到世上的那一天。"而发现你的核心价值观，就是找到个人的人生理由的一个好的起点。

你的核心价值观应该是你在生活中最在乎的感觉、经验和活动。它们是你想更多地体验的东西，是你想成为的样子，是构成你的志向的东西。下面是一些价值观的例子（当然，这个清单可以无止境地延续）。

野心	魄力	美貌	享受	探索心
家庭	忠诚	自由	友谊	工作效率
繁荣	目标感	尊重	安全感	有趣
沟通	同情心	自信	意识	控制
创意	好奇心	成长	幸福感	健康
长处	荣誉	幽默	独立性	创新
智慧	直觉	快乐	领导力	逻辑
爱情	精通	服务	技能	精神满足
赋能	能量	完美	意义	秩序
原创性	激情	和平	轻松心态	真理
认可	艺术	知识	归属感	深远影响

仔细阅读上面的清单，或者阅读你自己的清单，然后从中选出你最重视的五大价值观。然后通过回答下面这些有力的问题，看看你的答案反映了哪些其他价值：

1. 你的大部分时间是如何度过的（除了工作之外）？

2. 你把大部分钱花在哪里（除了生活必需品之外）？

3. 你自然而然地最重视、最可靠或最有纪律的生活领域有哪些？

4. 你最常思考、渴望和梦想的是什么？

5. 你喜欢学习、阅读和探索什么？

6. 什么最能激励你？

7. 什么类型的不公正现象真正让你生气？

8. 你最钦佩的是什么美德？

9. 熟悉你的人认为，你天生就适合干什么？

10. 将你的生活快进十年，然后回头看，如果你将为一件事的达成而感到自豪，那会是什么事情？

11. 想一想你生命中的三次顶级体验，当时的你处于人生的最佳状态，那个时候发生了什么？你的价值观是什么？

12. 什么人际关系或人对你的目标感影响最大？他们是如何激励你的？

13. 如果你有无限的资源（时间和金钱），你会想要着手做什么？

14. 如果你的努力不会失败，你会选择做什么、成为什么、拥有什么或实现什么？

15. 如果你只有两年的生命，在这段有限的时间里，你会做哪些最重要的事情？

16. 假设你生命中的每一次经历，包括所有的失败和成功，都是为了让你做好准备，更好地迎接命运的安排，那么你认为自己的整个人生都是为什么而准备？

回答所有这些问题之后，从你提供的答案中寻找共同点和模式，它们都指向了特定的几个价值观，它们是什么？请将类似的价值观归纳成主题，并将这些主题按照从最重要到最不重要的顺序进行排序。

这是一个需要专注力和仔细思考的练习，如果你打算在短短十分钟内匆忙地完成，那么可能从中获得的价值也十分有限。不妨给自己多留一点时间和空间，深入地探索这些问题。如果你在寻找清晰的思路方面存在困难，那么请找一个真正了解你的人或专业的自助教练帮忙。

这个练习的结果将使你真正了解自己关心什么事情。总的来说，练习的结果应该成为你的指南针。你在生活中所追求的深层次志向，将始终是这些价值中的一个或多个的具体表达。

明确自己的核心价值观，并以此为依据制定志向和具体的目标，这是一种自上而下的方法。下面，我们将探讨一个自下而上的方法，即从当前设定的具体目标入手，找出它们背后深层次的动机。

练习2 发现目标背后更深层次的理由

现在你想要增强自律性，或许你已经清楚地知道自己想要实施什么样的行为、掌握什么样的技能、完成什么样的任务，或者成为什么样的人，但你为什么要这么做呢？

有时候，搞清楚自己的价值观或志向并非易事，但你很清楚自己的具体目标。在这种情况下，你可以从当前设定的具体目标开始，试图找出其背后潜在的价值或志向。要做到这一点，你需要问问自己，为什么这个目标对自己而言很重要，然后根据需要，回答尽可能多的“为什么”的问题，并从答案中寻找蛛丝马迹。这个练习的灵感源自乔希·考夫曼（Josh Kaufman）的“五重原因”（Fivefold Why）练习。例如，假设你的目标是“减重20磅”，那么用于审视内心的几个问题可以是：

1. 我为什么要减掉20磅？因为我想变得更瘦。

2. 我为什么要变得更瘦？这样我对自己的身材更有信心。

3. 为什么我想对自己的身材更有信心？这样我就会感到更加自信。

4. 为什么我想感觉更有信心？因为我想让自己更有信心。

在这种情况下，自信和有力量的感觉成为健身目标背后的核心价值观或志向。了解这一点很有帮助，因为它使具体的目标（健身）更有意义。而且，它还会使我们想到其他的方式来实现这一核心需求或愿望。

你可以选取一个希望通过自律养成的习惯，或想要实现的目标为例，对自己提问，并在给出答案之后，继续针对答案提出一个“为什么”的问题，直到你找到终极的答案。你可能需要提问好几次，直到无法再继续回答，你就得到了一个内在的价值，这就是你设定的具体目标背后的志向的真正含义。

如果你当前设定的目标集中在积极心理学中所谓的“外在价值”（extrinsic values）上，那么这个“刨根问底”的追索过程就显得尤为重要。外在价值通常指类似金钱、名声、美貌和权力这样的东西。这个过程可以让你看到在这些表面目标之下可能存在的“内在价值”。

你的策略就是具体行动的理由，你的目标则是你选择策略的动机，而你的志向就是你设定的目标背后的原因。所以，询问“为什么”是一个非常有效的方法，它可以帮助你找出隐藏在具体选择和愿望之下的、更深层次的意义。

练习3　寻找你的榜样

> 谱写激情燃烧的岁月，
> 寻找那些点燃你心中火焰的人。
>
> ——鲁米（Rumi）

你想让自己变得更有动力，对自己的目标更加“热血沸腾”吗？那就花时间与那些同样正在为自己的目标激情澎湃的人在一起，直到你可以找到一些引起共鸣的东西。因为一个人的激情将点燃身边人的激情。

在你追求实现目标的领域，寻找榜样，聆听他们的声音、阅读他们的自传、了解他们的日常工作，找出是什么激励了他们的追求，看看这些东西是否也能够打动你。如果没有，就去了解其他人。这是一个非常简单的练习，而诗人鲁米已经在前述引言中非常完美地将其总结出来了。

在寻找榜样时，不妨将目光放得更高远，不要将他们的结果（现在的成就）与你的奋斗过程（你现在的处境）去做对比，并借此得出结论说自己永远也不可能成功。你的目标并不是成为他们那样的人，而是从他们身上获得启发。你最后可能会选择与他们完全不同的路径，但依然有可能从他们身上找到开启梦想的灵感。了解这些动机将能够帮助你搞清楚自己的志向是什么。

此外，知道哪些人能够成为你在生活中不同领域的榜样，对本书其他章节提供的练习也同样重要，所以不妨在这里花一点时间搞清楚这个问题。

练习4 设计你的理想身份

每一个志向归根结底都是关于自我转变：成为一个全新的人，过一种全新的生活。我们之所以需要自律，是因为我们想要实现一个目标、到达某个地方、改掉一个坏习惯、改造自身、活得更好。换句话说，我们想要获得一个新身份，成为一个更好的自己。

我们可以将之称为“最好的自己”“理想的自己”或“理想的身份”，这就是你想要成为的人，也是所有目标背后的根本原因。一旦你成功地在某种程度上实现了这个志向，你就可以抵达这个地方，也就是你期望中的生活。在某种程度上，你的理想身份既是志向的结果，也是其驱动力。

“理想身份”的概念是正念自律的关键内容。在本章中，我们将利用这个概念帮助你明确你想要成为什么样的人，然后找出真正的志向，因为志向就是这种人生终极状态的自然表达。这个概念很简单：你决定想要成为什么样的人，然后确定为了达到这个目标需要弥补什么样的差距，而弥补这些差距的动力，就是你的志向。

1. 回顾从本章的前三个练习中获得的见解。

2. 看看出现了什么模式。问问自己：“所有这些事情到底都关乎什么？如果我实现了这些价值，实现了目标背后最深层的原因，并接近于我选择的榜样能够激励我的东西，我将成为谁？”

3. 向自己描述你的理想身份。

（1）你有什么感觉？

（2）你生活中普通而正常的一天是什么样子的？

（3）人们最欣赏你身上的什么东西？你因为什么东西而被人们认识或记住？

4. 现在看看你目前的身份，找出你现在的身份和你想成为的人之间存在巨大差距的三个方面。比如说：“在我的理想身份中，我已经掌握了唱歌的技巧，我因工作的成就而闻名，并能够靠薪水养家糊口。”

5. 这些差距中的每一个差距背后，都可能存在一个潜在的志向。在上述例子中，“掌握歌唱技巧”可能是主要的志向。

练习5 借助直觉的力量：冥想练习

迄今为止所涉及的四个练习都是非常具有分析性的，它们帮助你通过理性和自我反省来明确你的志向。

但还有另一种方法来帮助确认你的志向：通过直觉。在你的内心深处，你已经清楚地知道自己是谁，以及你想成为什么样的人。直觉会告诉你，什么是重要的，什么只是在浪费精力。这种内心的直觉，不需要通过B和C来到达D，它是直接的知识。

分析：A → B → C → D
直觉：A ——————→ D

我们之所以很少能够挖掘这种认知模式，是因为我们很少聆听内心的声音，我们的大脑总是忙于处理外部输入的思想和信息，我们倾向于过分依赖于分析性思维，所以经常与内心的直觉或第六感脱节。

你同样也可以利用冥想来帮助自己暂时关闭大脑的理性思维，然后依赖于直觉来探索“我内心深处真实的愿望是什么”这个问题的答案。你可以先向自己提出这个问题，然后拒绝依赖分析性思维给出的答案，保持安静和开放的心态，通过冥想来倾听直觉给出的回答。

如果你没有找到志向……

如果你已经完成了上面的练习，但仍然觉得没有找到一个强有力的原因，也请不要惊慌。这是一个过程，可能需要一些时间。

我们对什么是真正重要的事情的理解，会随着时间的推移而不断深化。在这个过程中，自我反思尤为重要，也是一个很好的出发点。但有时候，只有通过实际的行动，尝试一些新的事情，看看自己的感受和反应，才能够获得更清晰的认知。因此，完全没有必要在继续前进之前，纠结于生成完美的目标，或找到“一个真正的人生志向”。我们可以设定一个还不错的目标作为出发点，并匹配完美的执行能力（自律），这比徒劳地设定一个崇高的目标但最终没能取得任何进展要好得多。

如果你关乎自身生死存亡的重要志向尚不明确，不妨就从现在的位置出发，在生活中确定一个或多个你希望自己能够变得更加自律的领域。想一想为什么它（它们）对你来说很重要，以及在实现这些目标之后，你会开发什么全新的可能性。利用这种目标感去完成后续几个章节中讨论的其他练习步骤。

作为出发点的目标是否伟大并不重要，任何类型的目标都是自律的良好训练场。随着个人意识和意志力的不断强化，以及一部分现有目标的逐步实现，你个人更深层次的志向将渐渐地浮出水面。

请真诚地按照建议完成这些练习，为它们付出一些时间和思考。如有需要，可以寻求专业自助教练的指导，但不要停留在分析的过程中裹足不前。采取行动，培养自律的能力，朝着你现在觉得有意义的目标前进，这将给你带来动力。而随着时间的推移，你更深层次的志向也将变得更加清晰。

本章要点

- 本章让你了解了下面的内容：
  - 你的核心价值观
  - 更深层次的理由
  - 起到激励作用的榜样
  - 如何设计你的理想身份
  - 深入而持久的冥想

- 你不需要完成所有练习，练习1和练习4是最重要的两项练习，其他则可以根据个人情况自主决定是否需要练习。

- 不要因为陷入分析思维的误区而裹足不前。不要纠结于找到一个完美的目标，或一个“真正伟大的人生志向”。如果你关乎生死存亡的重要志向是什么还不明确，就可以从当前的位置出发，在生活中确定一个或多个你希望变得更加自律的关键领域，然后将它（它们）作为目标去努力。

第8章
“志向”步骤2 放大你的志向

志向支柱的步骤

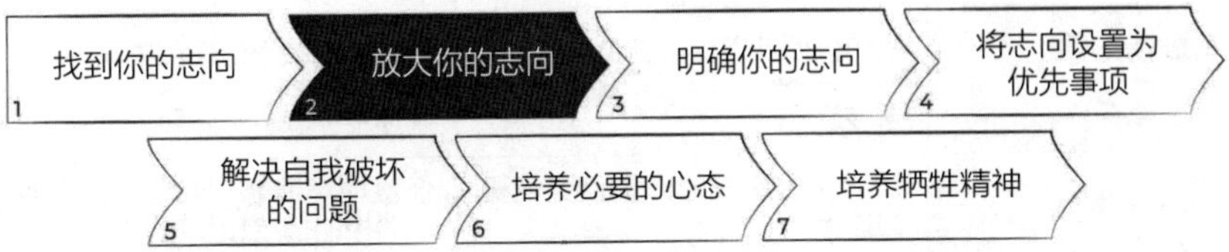

通过上一章的练习，你找到了自己的志向，下一步就是放大这个志向，因为更伟大的抱负将意味着更大的驱动力。

那么，我们应该怎样做才能放大志向？答案是通过提升对未能在生活的各个领域实现志向的痛苦，或成功实现志向之后的巨大回报的认知来放大。你越能够将更多的回报与实现志向关联起来，效果就越好。同理，你越能够将未能实现志向的痛苦与其关联起来，你就会越有实现它的驱动力。

因为在人类大脑的深处，所有行动的核心驱动力都是为了逃避痛苦或获得快乐。当你放大对与这个志向相关的痛苦或快乐的感知时，它就会在你的身上留下更深刻的印记，更能够引起你的关注和共鸣。

下面，让我们进入实操练习的环节。我们将以保持长久的平静和专注以及坚持冥想的目标为例，通过将它与你生活中8个不同领域的痛苦或快乐联系起来，你就能够增强人生的目标感，从而为其产生更多的动力和能量。

“永远都能够控制我的情绪，保持冷静和专注”（冥想）	实现这个志向的正面影响（快乐）	忽视这个志向的负面影响（痛苦）
健康	我的免疫系统变得更强，获得精神的健康并延长寿命	体内有害健康的荷尔蒙增加，健康状态不佳
事业	人们将我视为天生的领导者，我变得更值得依赖、更专业	总是因为一时冲动，做出事后会后悔的决策
财富	我能够存下更多钱	存在发泄性购物的习惯
爱情生活	我的伴侣获得更多安全感	彼此之间缺乏信任和关联
享乐	未涉及	未涉及
家庭和朋友	我能够为所爱的人提供更积极的体验	任意地宣泄恐惧和怒气，因此导致了消极的情绪和反应
社会贡献	我有能力和能量去做出最好的贡献	履行社会职责令我感觉疲惫不堪，更像是一件苦差事
自我成长和精神生活	我能够强化自己的精神力量，保持平和的心态，并真正地应用学到的东西	我总是重蹈覆辙，看起来我没能践行自己相信的东西

下面，轮到你来完成一个类似的练习了：

1. 画一个三列九行的表格，可以画在纸上，也可以使用电子表格。

2. 在左上角写下你的愿望（每一个愿望就是一个表格）。

3. 在左边第一列的八栏中写下生活的八个方面。如果你愿意，还可以给每栏的内容一个不同的比重（数字1—5），代表不同的重要性等级。

4. 在第二列中，问问自己，如果实现这个愿望，这会如何帮助你更好地实现或享受某个领域的生活。想一想你将从这个目标的实现中获得什么好处，感受到什么喜悦、兴奋和满足感，尽可能真实地描述。

5. 在第三列中，想一想为什么如果不能实现这个愿望，你在这些生活领域的目标将更难以实现，思考可能出现什么遗憾、错过什么机会和挑战，感受到什么痛苦，等等。

6. 在第二列和第三列中，尽可能多地写出项目，以每一列写出三到五个项目为目标。

7. 为了强化这个练习的效果，你可以在左边添加一列，描述你现在的状态（受限于环境的当前状态），在右边添加一列，描述你期望中的身份（想要实现的生活）的状态。

8. 填完所有内容之后，花点时间再思考一下，体会这个愿望对你而言有多重要。如果这个练习的效果不错，那么这时候你应该会感受到努力去实现这个愿望的动力。

现在，你找出了目标背后那个明确的志向，并且通过加强对实现它或不实现它的后果的认识，放大了这个志向的重要性，那么你获得成功的概率实际上已经比刚翻开这本书时高很多。

最终你将体会到志向带来的牵引效应：你的内心将会有某些东西受到强烈的吸引，想要去追求志向的实现，而这将自然而然地使你在整个过程中变得更加自律。这个志向将成为你人生的头等大事，使你更容易在日常生活中做出决定，帮助你朝着志向迈出步伐，而不是与之背道而驰。这个志向将给予你一些值得为之奋斗的东西，一些使你充满活力和驱动力的东西。

有了所有这些，坚持自律将变得更容易，做出承诺也更加自然，保持专注也将成为“水到渠成之事”，这些方法甚至可以将那些“必须”实现的目标转变为“想要”实现的目标。

深刻地内化你的志向

在瑜伽的智慧传统中，有一种特殊的冥想方法叫念想（sankalpa），它能帮助你将你的志向以决议的形式深深地印在你的潜意识中，这将增强所设目标的力量，并给予你信心，让你相信，你一定可以实现设定的目标。

这种方法也被称为瑜伽休息术（Yoga Nidra），它有许多不同类型的具体操作，其中一些更强调身心的放松和睡眠，其他一些则注重自我实现。你可以寻找一个强调承诺能力的瑜伽休息术，然后每天练习，坚持几周时间，直到你的意图得到彻底的内化。

本章要点

- 提高你个人对没能在生活的各个领域实现既定愿望的痛苦和实现它可能带来的回报的认识。
- 考虑将志向作为一个承诺，练习瑜伽休息术，以加强你的目标感，并将其深刻地内化到潜意识中。

第9章
“志向”步骤3　明确你的志向

志向支柱的步骤

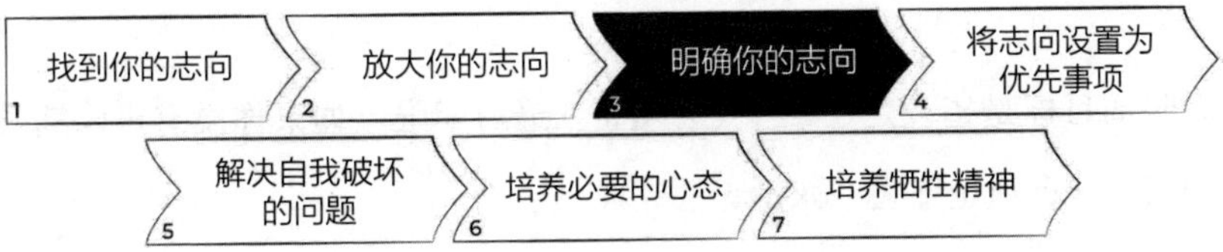

到了这个步骤，你已经清楚了自己的志向是什么，并通过上一章的方法放大了其重要性，相信它们是值得为之奋斗的东西。下一步就是在此基础上制定有效的具体目标。在设定目标方面，最有效的一个框架就是SMART目标框架。

依据SMART原则（S=Specific，M=Measurable，A=Attainable，R=Relevant，T=Time-bound）设定的目标，是一个具体、可衡量、可实现、相关的和有时限的目标。

“具体”意味着目标足够详细，你知道成功是什么样子。“我想变得健康和精力充沛”是一个愿望，但它并不具体，你无法知道你什么时候实现它，也不知道接下来的合理操作步骤是什么。将此转化为一个具体的目标可能会是：“减掉30磅体重，每天晚上睡七到八个小时”（这个目标以后会被转化为习惯，我将在第25章中进一步论述）。

“可衡量”的意思是，成功的内容或进展是可以量化的，这样你就能够跟踪具体的进展并保持专注。问问你自己：“我怎么能确定自己正在靠近设定的目标？”你要衡量的可能是一个单一的变量（例如，省下的钱、减去的体重、练习的时间、接触的人）；或者，对于更复杂的目标，你需要把它分解成不同的里程碑事件。

“可实现”的意思是，你的志向需要被表述为一个对你来说现实的、可以做到的目标。你需要觉得自己可以做到，否则你很快就会失去动力。问问你自己：“我能够采取哪些步骤来实现这个目标？”想想你需要什么样的态度、技能和资源来实现它。如果这个目标无法实现，要么获得你所需要的资源，使其可以实现，要么设定一个不同的目标。

在正念自律的背景下，“相关”是指目标是否与你的价值观和志向一致。如果目标能使你朝着你的志向前进，那就是相关的；如果不能，那就是不相关的。目标还需要有点挑战性，使你感到压力，否则你会因为感到太容易实现而使它失去重要性。

有时限的目标是指设定了一个（现实的）最后期限。如果你没有设定期限，你最终可能只是永远拖延下去，永远无法完成。

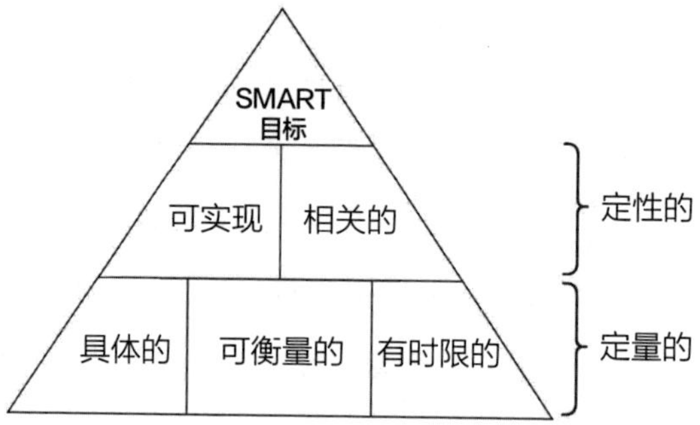

SMART目标是明确的目标，有了明确的目标，就会有力量、信念和动力，使你能够在选择的人生道路上保持自律。如果你的目标不是SMART目标，那么你可能很难实现它。

关于个人成长、人际关系和精神方面的志向可能更难转化为SMART目标，但不要让这一点阻止你。你也可以创建与这些抽象的志向相关的具体和可衡量的目标，这同样是必要和有益的。例如，如果你的个人成长目标是变得更加积极和乐观，你可以记下自己每天抱怨或产生不必要担忧的次数，然后设定一个具体的目标，比如将其减少到某一个具体的数字。

我们很容易在树立了一个崇高的理想之后就开始躺平，而且这个愿望越崇高，我们就越容易躺平。这是一种自我破坏的形式，但很少有人意识到这点。为了防止这种情况的发生，请将这个崇高的愿望转化为几个具体的SMART目标，让自己负起责任，这样你就不能再逃避努力，就会清楚地知道你应该做什么，以及你是否已经走上正轨。

写下你的SMART目标

想一想你人生中最重要的志向是什么——最好不超过三个，以便你保持专注。为每一个志向设定一个SMART目标。

志向1：______________________________

SMART目标：__________________________

志向2：______________________________

SMART目标：__________________________

志向3：______________________________

SMART目标：__________________________

请不要只想不做，写下之后还要记得采取行动。明确地写下你的目标是非常重要的步骤，这使它们更加“正式”，对你的大脑来说，它们也将变得更加真实。

美国加州多明尼克大学的心理学教授盖尔·马修斯（Gail Matthews）博士进行了一项关于目标设定的研究，他发现写下目标的人实现目标的可能性要比没写的人高42%。将目标写下来，将使它们变得更有意义、更真实、更有驱动力。

如果你想充分利用这个原则，获得最大的好处，那么不要只是把它随便写在某张纸上，要让它随处可见，把它放在一个你会经常看到的地方。如果需要的话，把它贴在你卧室的墙上，或者把它作为你手机的壁纸。

你也可以用一个符号、物体或图像帮助你把目标牢记心间。

总结：

- 没有设定具体目标的志向只是一个空想而已。
- 未遵循SMART原则的目标不是真正的目标。
- 没有写下来的目标，也不是可实现的目标。

应专注于目标还是专注于过程

我们是应该专注于想要实现的目标（最终目标），还是专注于实现这个目标的过程？事实上，我们需要二者兼顾，并保持健康的平衡。

我们知道，专注于最终目标很重要。然而如果过度狭隘地专注于这个终点，并不断地以此为标准衡量采取的每一个步骤是否取得进展，那么最终可能反而变得不耐烦和气馁。

因为这种不断地监测过程和进展的状态将很容易令人感到紧张和倦怠，或导致你怀疑自己或怀疑选择的道路是否正确，这些想法可能使你很想半途而废。这就好像种下一棵植物，然后每天都将它从土里拔出来，看看是否在生根发芽；又或者在烘焙的时候，每分钟都要打开一次烤箱，看看蛋糕的烘烤进度，但每当你这样做时，烤箱里的热量就会散出，反而无益于蛋糕的烘焙。

另一个极端是仅关注过程而无视最终目标。在设定的目标尤为高远时，关注过程的确很重要。在这种情况下，最好是将日常的工作本身作为目标，因此，你可以将"写出一本书"这个远大的目标变成"每天上午写500字"，或将"减重50磅"的目标拆分成"每周6天按照健康食谱吃饭，每天锻炼20分钟"。在这种情况下，你依然设定了一个目标，但不会一直因此而纠结，不需要担心自己还要努力多久，还需要多长时间才可以达成这个远大的目标，你只是每天朝着正确的方向迈出一步。这些具体的小目标能够帮助你走在正确的轨道上，使你不会放弃。

然而，就像只关注最终目标是不健康的，只关注过程也是不健康的。如果你太专注于过程，你可能会陷入一种状态，即不带任何情感地完成所有规定任务，但不会停下来分析什么是有效或无效的行动。你已经养成了习惯，但也许失去了追逐志向的激情，这只会导致你最终缺乏驱动力，缺乏努力的能量。

用驶向目的地的一艘船来比喻这个过程或许更形象。

最终目标是你要去的目的地，过程就是我们为了到达这个目的地所做的工作。如果你没有定期地检查航线，确保船朝着正确的方向（关注目标）航行，你可能最终无法抵达预期的彼岸。但反过来说，如果你总是忙于检查方向，盯着地图，而不是真正地驾驶船只往前走，那也无法到达目的地。

所以我们要实现二者的健康结合，在关注最终目标的同时，也关注船只前进的过程。

本章要点

- 将你的愿望转化为SMART目标：具体的、可衡量的、可实现的、相关的、有时限的目标。
- 如果你的目标不是SMART目标，你可能很难实现它们。毕竟，躲在不具体的、不可衡量的和没有时限的目标后面偷懒，是很容易和轻松的。
- 明确地写下你的目标，把它们放在一个你能经常看到的地方，把它们放在心上。
- 在目标导向和过程导向之间取得平衡。专注于过程、享受过程，但仍需确保过程与最终目标相联系。

第10章
“志向”步骤4　将志向设置为优先事项

志向支柱的步骤

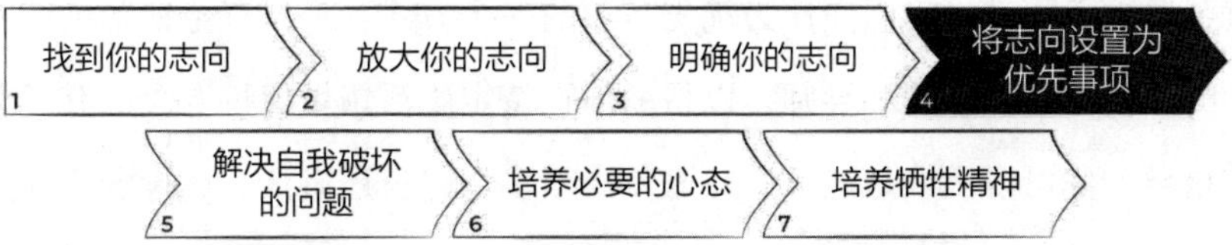

现在你已将自己的志向转化成了一个明确的SMART目标，接下来就可以开始将其作为优先事项并投入时间、精力和资源了。

你需要在生活中和日程表上为这个志向创造空间，这也是测试这个志向具备多大吸引力的一个方式：你是否真的做好了全身心投入的准备，还是仅仅停留在“感兴趣”的阶段？

仅仅感兴趣是不够的，因为它无法挖掘出你内心深处的资源。毕竟，从来没有人仅仅因为有兴趣而取得过什么伟大的成就。

如果你没有投入一些时间、金钱和精力，这就不是一个真正有吸引力的志向。这表明它对你而言，并不真正重要。

那么，我们如何使志向变得切实可行？

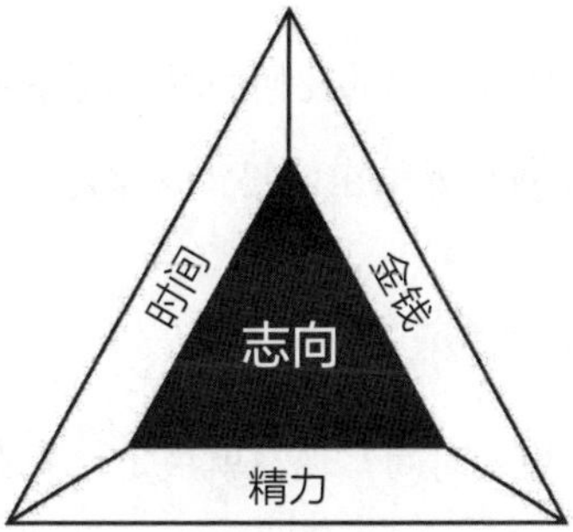

就时间方面而言，你可以确保与这个目标相关的活动成为日常生活的一部分。这意味着将这个志向写到日程表上，确保不会有其他事情占用其时间，或者在手机上设置一个闹钟，提醒你要去做相关的事情。至少要确保在一天中的某个时段，你的首要任务就是落实与这个目标相关的活动，并竭尽全力地确保这个时间段不会被其他事情占用。

就金钱方面而言，将志向作为优先事项的一个方式，是投资金钱购买你可能需要用到的任何工具、课程和导师，以帮助你在特定生活领域保持专注。有了正确的工具和指导，你可以更快地成长，并避免走很多弯路。还有什么比投资于梦想更好的利用资源的方式吗？

就精力方面而言，将志向作为优先事项的一个方式，意味着你需要经常思考、计划和牢记这个志向。这也意味着，你可能需要创造一个无干扰的环境，让自己真正地专注于这个目标。例如，你希望通过写一本书来分享自己获得的生活智慧，这是你的一个志向，这可能就意味着你每天设置两个小时的手机飞行模式，以确保自己可以专注于写作。

现在，让我们现实一点，大多数人的生活都很复杂，都有其他的义务和目标要完成，所有这些任务都在争夺我们的金钱、时间和精力，因此我们也没有必要在这方面做得太极端，至少在起步阶段，无须要求得过于严苛。你只需要确保自己能够为志向投入一定的时间、金钱和精力即可。可以根据自己在不同人生阶段的具体情况决定投入的程度。此外，投入的资源数量还应该取决于这个志向的性质，以及它对于你人生的重要性。

如果你不愿意投入这三种资源中的任何一种，哪怕是很少量的投入，那么你可能需要问问自己："这真的是我想要的东西吗？这个志向对我来说真的重要吗？"

时间、金钱和精力的三重承诺

1. 你将如何为你的目标投入时间？现在就决定，并在你的手机上创建一个经常性的日历事件或一个闹钟，不要拖延这个简单的步骤。

2. 你将如何为你的目标投入金钱？想一想是否可以购买任何产品、课程、导师或服务以加速你在这个领域的进展。

3. 你将如何为你的目标投入精力？为这项活动创造一个不分心的环境，还要有某种提醒，帮助你把志向放在心上。

对于第3点中提到的提醒设置，事实上有很多不同的类型。有些人会用一张有意义的图片作为提醒，有些人会将相关的名人名言作为桌面背景图片，或者选一个一直陪伴自己的物品作为提醒。你可以选择任何适合你个人的方式或东西，只要它能够在你的大脑中将自己与你的志向关联起来即可。

本章要点

- 仅仅“感兴趣”是不够的，你还需要做出切实的承诺。
- 通过付出你的时间（添加到每天的日程表中）、金钱（获得需要的工具和导师）和精力（创造一个无干扰的环境来专注于它）来使这个志向成为生活中最重要的事情。

第11章
“志向”步骤5 解决自我破坏的问题

志向支柱的步骤

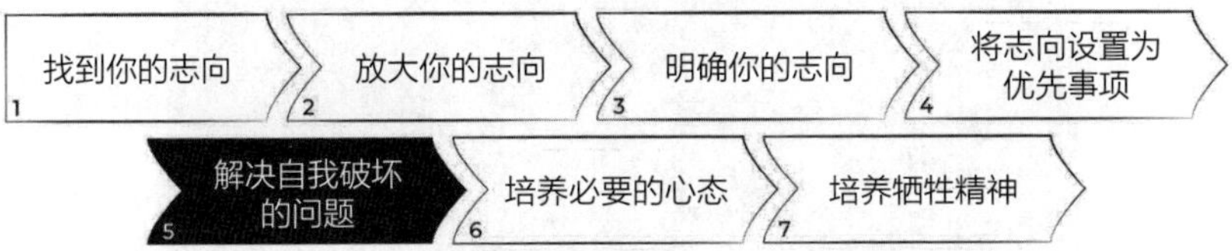

到了志向支柱操作的这个阶段，如果你一直遵循前面的练习方法，那么你就已经确定并放大了一个或多个志向的重要性，并将它们转化为SMART目标，也通过分配金钱、时间和精力等资源来对这些目标进行了优先排序。现在，是时候面对一个可能阻止你继续前进的重大障碍了，一个强大到可能让你所有的努力都付诸东流的挑战。

这个挑战就是你自己。

我们每个人的内心都可能被分割成不同的部分，有着不同的“声音”，我们可以将它们称为人格的不同方面。这是内在家庭系统疗法（Internal Family Systems）的创造者理查德·施瓦茨（Richard Schwartz）以及声音对话疗法的创造者哈尔·斯通（Hal Stone）博士和西德拉·斯通（Sidra Stone）博士提出的一个精辟见解。

我们体内的每个部分都有自己的功能和运作规律，而且因人而异。有怨恨的自己、“我知道一切”的自己、梦想家的自己、受伤小孩的自己、“控制狂”的自己、需求过度的自己、乐观主义的自己、保护者的自己、焦虑的自己、征服者的自己、工作狂的自己、内心的恶霸等等。

你可能面临的挑战是：你人格的一部分真正地想要实现设定的目标，实现你的志向，而你其他部分的人格却不这么想。你人格的一部分可能并不希望得到你表示自己想要的东西，这就是所谓的自我破坏或内部冲突。你的内心是分裂的，你的思想是犹豫的，你的能量是不集中的。

让我列举一些常见的例子：

- 你表示想减少拖延，为梦想中的工作更加努力，但内心人格的一部分喜欢以拖延症为借口，这样你就永远都不会遭遇任务失败导致的失望。
- 你表示自己想要减肥，但潜意识里的一部分人格却害怕变得更有吸引力之后会发生不好的事情，或你不愿意为减肥付出努力。
- 你表示自己想要将生意规模扩大一倍，但潜意识里却害怕成功会带来羞愧感，使你失去朋友，使你变得更贪婪或让你误入歧途。
- 你表示自己想要更多地发表意见，但潜意识里的一部分人格却害怕被人听到和被人批判。
- 你表示想要停止使用社交媒体，但潜意识里的一部分人格又害怕就此失去联系，被视为“离群索居的怪人”，并可能最终孤独终老。
- 你表示自己想要在人际关系中变得更仁慈、更好地控制愤怒的情绪，但潜意识里的一部分人格却觉得这将使你变得软弱和好欺负。

在自助训练领域，我们将这些潜意识里的“反调”称为“继发性获益”，指在不改变当前的行为或不实现设定的目标时能获得好处的情况。这样的例子不胜枚举，大多数人在生活中至少都有一个领域存在自我破坏的思维或行为。

红色药丸测试

我有时候会给我辅导的客户进行一个简单的测试，以弄清他们身上是否也存在自我破坏的问题。我将其称为“红色药丸测试”。例如，如果我的客户想要克服焦虑感，我会问：“假设我手中有一颗红色药丸，吃下去之后，你将永远不会感觉到焦虑，你会吃吗？”

有些客户会直接说：“当然，赶紧把那颗该死的药丸给我！”他们的回答是真实的、发自内心的、直言不讳的。但也有一些客户会犹豫不决，又或者他们嘴上会说“我想吃”，但肢体语言却表达出抗拒的姿态。这表明在他们的内心深处，有某样东西让他们不想要克服焦虑，这通常是因为他们认为，焦虑在某种程度上保护了他们，或者在生活中推动了个人的发展。

现在，花点时间问问你自己：“如果有一颗神奇的红色药丸，可以让我现在就得偿所愿，我会吃吗？”清楚地记录自己接下来的反应：

- 答案是立刻浮现，还是很久之后才出现？
- 答案是“要”，还是“我想我需要”？
- 你的身体是否有任何部位略微地收缩或向后退了？
- 在你回答这个问题的时候，你是否全身心地专注在当下，并且充满活力？

如果你人格中的任何部分不想要实现你追求的转变，那么你需要解决这个问题，否则，你将无法全身心地向前迈进，你的道路将比预期的更加漫长和艰难。

如果你身上存在两个相互矛盾和冲突的状态，它们想要不同的东西，那么我们可以认定，你身上存在自我破坏，在这种情况下，你需要完成下面两件事：

首先，正视它的存在。花点时间，真正地了解是什么在抵触目标的实现，花一些时间搞清楚你从中收获的继发性获益是什么。换句话说，保持现在的状态，没有出现你想要的转变，能给你带来什么好处？如果你真正地实现了设定的目标，可能会带来什么坏事？抵抗改变的这一部分自我想要的是什么？它为什么害怕目标的实现？

意识是正念自律的关键，它在这里也发挥着重要的作用。通过每天的冥想练习、写日记或在一个值得信赖的自助教练或上述模式的专业治疗师的帮助下培养意识。有时候你可能需要采取前述方法的组合。

其次，解决内部的冲突。当然，解决内心的冲突并不容易，这是个很大的话题，超出了本书的讨论范围。因为解决内在冲突的正确方法可能因人而异，取决于每个人不同的个性和生活经历，而且往往需要一些外部的支持，因为每个人都存在盲点。事实上，这也是很多人寻求自律教练帮助的一个主要原因——帮助他们整合自身人格的所有方面，达成一致和和谐的内部状态，以确保他们能够全心全意地向前迈进。

当然，我也不想提出问题之后不给答案，让诸位吊着一颗疑问的心继续往下阅读。所以我简单地概述一下可行的解决方案，有两种主要的方法可以解决内心的抗拒或自我破坏。通过大量的自我反思、意识和内心的工作，你需要（1）达到一个不再需要继发性获益的状态；或者（2）以一种与志向没有冲突的方式，获得这些继发性获益。

意识到自己的内心存在不同的方面，就已经是一种自知之明。而如果你能够将这些不同的方面结合起来，使自己更加统一和完整，这就是自我超越。这将是一生中最重要的旅程。

值得一提的是，如果你只是单纯地更喜欢旅程本身，而不是目的地，那么你可能也无法通过“红色药丸测试”。在这种情况下，我不认为这是一种自我破坏，只要你确实在为志向的实现采取行动，而不是在找借口拖延时间，这意味着你只是没有急于求成，而是在慢慢地享受沿途的风景。

本章要点

- 我们的内心有不同的声音、不同的“自我”，且每个自我都有自己的行事方式。
- 如果你内心的一个声音或自我不想要实现你追求的目标，那么就会出现自我破坏。你的内心是分裂的，你的头脑是犹豫的，你的能量是不集中的。
- “继发性获益”是指如果你没有实现设定的目标而可能得到的隐藏利益。它是你无意识地保持现状，拒绝改变背后的驱动因素。
- “红色药丸测试”会告诉你，你是否存在自我破坏行为。如果你有，你需要敏锐地意识到它，并找到一种方法来解决这种内在冲突。

第12章
“志向”步骤6　培养必要的心态

志向支柱的步骤

到了这个阶段，如果你已经完成了前面几个步骤的练习，那么你的志向现在已经非常清楚，它很强烈，很具体，并且被你视作最重要的事，你也意识到自己的内心可能存在自我破坏的情绪，以及应该如何处理这些倾向。

接下来我们需要谈论三个核心美德，或叫心态，因为这是你得偿所愿、过上理想生活必须具备的东西。它们就是自主权、自信心和牺牲精神。如果你有了一个志向，但不相信自己能掌控自己的生活或命运（自主权），或者你不相信自己有能力实现这个愿望（自信心），又或者你不准备为此付出代价（牺牲精神），那么这就不是一个可实现的愿望，而是空中楼阁一般的幻想。

为此，让我们看看这些能够赋能的心态是什么。步骤6的内容将论述前面两种心态，而步骤7的内容将论述第三种心态。

自主权

> 要求自己，而不是任何其他人对结果全权负责，将是你为了追求成功而做的最伟大的事情。
>
> ——加里·凯勒（Gary Keller）

自主权是一种态度，即“我全权对我的生活、我的幸福和我的目标负责”。自主权就是力量，因为你无法改变你不承担责任的事情。

与自主权心态对立的是受害者心态，这令你总是感觉自己是一个受害者，使你陷入困境。因为当你是一个受害者时，你没有办法改变任何事情，只能逆来顺受。因此你就会觉得丧失了控制权、丧失了权力，只能责备、悲哀，扮演“可怜的我”，坐等他人伸出援手。

但自主权并不意味着“指责受害者”，其他人做错了事，这是他们的责任，他们会为此付出代价。然而，反过来看，你的福祉最终也将是你个人的责任。在这种情况下，自主权指的是你个人要对自己的生活、情绪和疗愈的过程负责，这意味着你不能以受害者的心态，等待一个道歉，然后才能继续前进。你不需要等待除了自己之外的任何东西，你是主导者，你可以自己向前迈进。

为自己的生活负责，就是自律的起点。在受害者心态下，我们不可能做到自律。自律的成果是成就、福祉和幸福，而受害者心态带来的结果是自怜、怨恨和成就有限的生命。

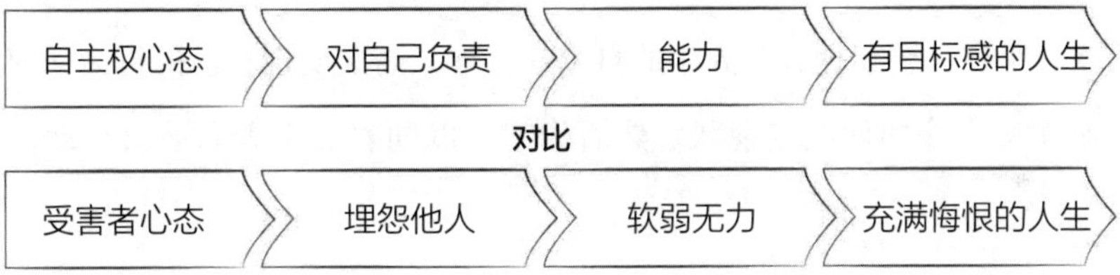

当然，如果你已经完全陷入受害者的心态，你根本就不会拿起这本关于自律的书，因为“自律”这两个字天然会令你感到厌恶。然而，你的生活中依然可能存在一些受害者心态的痕迹，下面这几个问题，将可以帮助你深入地挖掘自己是否存在这些倾向：

- 如果我的人生停滞不前，或没有任何改变，我是如何为自己开脱的？
- 我所处的情况为什么“不是我的错”？
- 我会因为生活中发生的糟心事而责备谁？
- 以1到10为程度衡量，我到底有多爱抱怨（得几分）？

- 我是否经常沉浸在自己遭受了不公正待遇的想法中?

这些问题将暴露你身上潜在的受害者模式，以及你一直以来惯用的借口，缺乏自主权是我们为做不到承诺要做的事情找借口的一个原因（关于借口的更多内容详见第23章）。

有时候我们很容易陷入受害者心态，尤其是如果你有过创伤、背叛或被人操纵的经历。对一部分人来说，受害者心态是一种默认的方式，它能够帮助他们缓解情绪的波动，或解释为什么事情会出错。尽管如此，这也不是一种有利的心态，因为只要你依然沉迷于受害者心态，你的生活和幸福感就会不断地螺旋式下跌。

诚然，生活中存在很多我们无法控制的事情，比如其他人的想法和反应、天气、政治、外部事件等等，但这些事情终究会发生，不管你个人的意志如何，也并不是针对你而发生。最好的做法，就是承认这些事情的存在，然后专注于你能够控制的事情，比如：你告诉自己的故事、你采取的行动，这是你唯一能做的事情。

当然，你也无须为了承担责任而经历自我羞愧或内疚的心路历程，这不是承担责任的意义所在。要想拥有对人生的自主权，你只需要明确自己的行为如何塑造了现状，而你又应该如何改变现状。然后你就可以朝着那个方向采取行动，自律的行动。

通过对承诺和行动承担全部的责任，来对自己的人生负责，专注于你能够控制的事情，接受其他不可控的人或事物的存在，要注意不要陷入自怨自艾、指责他人和受害者的心态中。不要因为这些负面的情绪给自己造成无谓的痛苦。

没有对人生的自主权，所有设定的志向不过是一厢情愿，因为你的意识是不完整的，你的行动是不果决的。

自信

最大的罪过是认为自己是弱者。

——斯瓦米·维帷卡南达（Swami Vivekananda）

正如我们在第4章看到的那样，你有多少意志力，取决于你的信念。你对自己的信念，决定了个人意志力的极限，也决定了个人成就的上限。自信不一定能确保成功，但自我怀疑往往会导致失败。

自信是我们能够给自己的最伟大的礼物。有了自信，自我约束就变成了可能；没有自信，你必将放任自我，因为自我破坏会成为主导。

自信与自我怀疑

自信的反面是自我怀疑。自我怀疑往往会令你觉得自己没办法做到某事、自己不够好、“成功永远不会降临”，它将导致你无法全身心地追求志向，让你错误地认为自己不具备必要的技能、智力、时间、资源或经验，你甚至在开始尝试之前就已经放弃了。

而当你相信自己时，你将拥有更多的动力、更多的资源、更多的能量来克服前进道路上的障碍。当你不相信自己时，你遇到的每一次挫折都会被解释为自我怀疑的验证——“我不可能成功的”“这是不可能办到的”。

当然，自信并不意味着相信你已经完全准备好应对每一个挑战，或者相信你已经拥有成功所需的一切。相反，它意味着全身心地相信你有能力学习和成长，意味着你知道自己可以发展你可能缺乏的东西，以实现你的愿望。

此外，真正的自信心并不意味着傲慢。你仍然会反思自己的缺点，为可能出现的问题做好准备，但你要依靠自己的优势。自我反省是一种美德，但自我怀疑是一种毒药，只要拥有足够的智慧，你就能够分辨二者的差别。

成长型心态与固定型心态

当然，我们对自己的信念并不是亘古不变的真理，而是观点，这就意味着你总是可以回顾自己的人生，找到无数的理由来强化这些信念，但如果你要深入挖掘、刨根问底，你可能也会为截然相反的信念做同样的事情。你秉持的信念，不过是你理解这个世界的一个模型。

如果是这样的话，那么用维帷卡南达的话说，你为什么要“认为自己很弱”？相反，要把自己想得强大。培养一种自我对话，即你的意志力是无限的，而且你正在逐渐释放它。不断地告诉自己，你可以实现任何设定的目标，今天看似无法逾越的任何困难，到了明天就会变成小菜一碟。

这是心理学家卡罗尔·德韦克所说的成长型心态的一个方面。与成长型心态对应的，是固定型心态。德韦克将其描述为：

> 在固定型心态中，人们认为他们的基本素质，如智力或天赋，都是固定的特质。为此，他们把时间花在记录自己的智力或天赋上，而不是发展和培养它们。他们还相信，仅凭与生俱来的天赋就能创造成功，不需要后天的努力。
>
> 在成长型心态中，人们相信他们最基本的能力可以通过全身心地投入和努力培养得到发展——与生俱来的大脑和天赋只是一个起点。这种观点创造了人们对学习的热爱和对伟大成就至关重要的复原力。

当你在前进的道路上遇到一个你想不到解决办法的障碍时，你可能会秉持这两种心态中的一种去应对。如果你秉持了固定型心态，你会把它看成你无法成功的证明（确认偏差）。如果你拥有成长型心态，你会把它简单地看作一个迹象，表明你需要发展某些技能，以便能够向前迈进。然后你就可以利用自律来突破这个障碍。

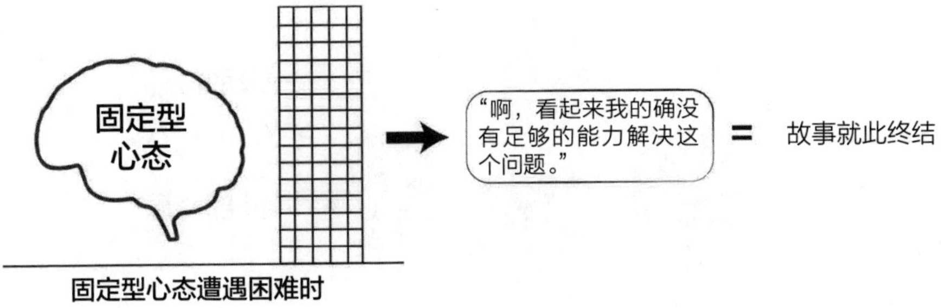

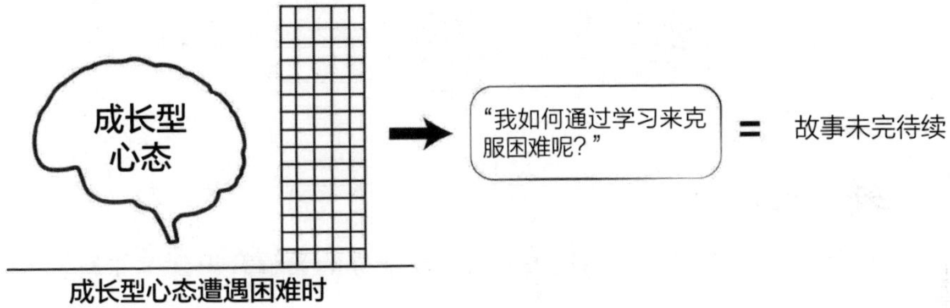

有了自律和成长型心态，你将在生活中体验到更多的能量、希望和乐观精神，你将对自己学习和成长的能力充满信心，每一个障碍都将像一个代表故事未完待续的逗号，而不是一个事情已经终结的句号。

实现你的目标或改变自己，需要你在一段时期内持续努力。但如果你相信自己无法改变（固定型心态），你就不会做出这种努力；或者如果你一直怀疑自己，你的努力就会很弱，而且无法持续。因此，培养自信心是自律的一个重要因素。

想一想你所追求的志向，或你想实现的具体目标。在从1到10的分值范围内，你如何评价自己在这方面的自信心？你的目标越有挑战性，你需要的评分就越高，这样才能成功。

如何培养自信

我将介绍五种培养自我信念和自信的方法，你可以选择对自己影响最大的两种方法进行练习。

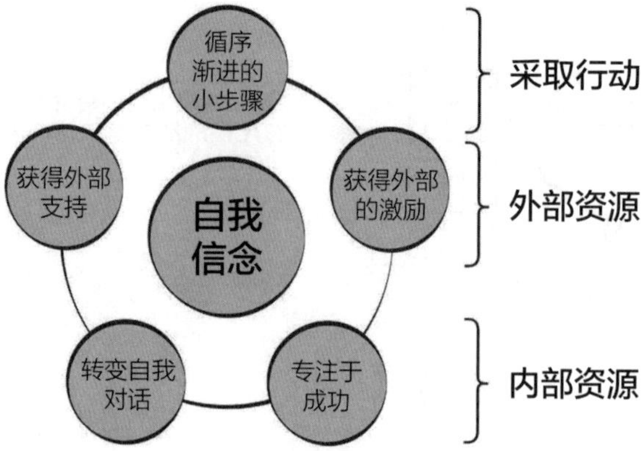

专注于成功

第一种方法是通过强调你过去的成功，让你的大脑意识到，你是多么的有能力。这意味着回顾你的人生，回忆那些你成功地完成困难挑战的时刻。也许你同时也会看到，自己曾面临巨大的障碍、不可预见的挑战或意外的损失，尽管如此，你还是坚持了下来、存活了下来，并找到了继续前进的资源。

花一些时间回忆这些时刻，加强“我可以做到”和“我最终想到了解决办法”的感觉，这种强化成功的感觉来自对成功经历的反思。你在生活的哪个领域遭遇了被困难击败的情况，这个困难是大还是小，这些都不重要。你只需要找出那些“我可以做到”的证据，就足够了。

尽管我们可以花两分钟时间简单地脑内回忆一下，但如果你能够抽时间将这些经历写下来，就会收获更多。你可以用写日记或做文件的方式记录人生的成就，以便你在自信心不足的时候，随时回顾、提振信心。

自我怀疑则会强调人生经历过的失败或错误，并将它们投射到未来，让你相信“我可能在未来也会失败”。而自信则强调过去的成功，让你想着“我过去成功地完成了困难的事情、学会了新的技能，在面对巨大挑战的时候，超越了自己的极限，所以我没有理由认为自己在未来就不可以复制这些成功”。

如果经过深刻的思考，你仍然觉得自己在生活中没有完成什么值得肯定的伟大事情，怎么办？那么现在就开始行动吧！选择一些让你感到不舒服的事情，然后努力去完成，可以是开始学习一门新的语言、技能或运动，然后专注于你在这个过程中取得的阶段性小胜利（如果你已经知道自己应该关注什么，那么这些小成就一直都在等着你的发现），比如打扫好房子，拨出那个迟疑很久不敢拨打的电话，以某种方式拓展自己的边界，等等。

每一次战胜困难，你自然就能够建立自信和信心。通过各种小的尝试，向自己证明，你可以比预想中走得更远，并记得要经常回顾自己已经克服的所有挑战，强化信心。

循序渐进的小步骤

构建信心的一个简单方法，是将一项庞大的任务分解成多项小任务，这被我称为“循序渐进的小步骤”。如果你设定的行动或任务令你感到不堪重负、可怕或混乱，你可能就会开始怀疑自己是否有能力推进或完成，但如果你尝试将它分解成许多简单的小步骤，就可以循序渐进地向前迈进。小步骤拆分的方法，能够让你尽早、经常性地品尝到成功的滋味——这就构建了你对自身能力的信心。而有了更强的信心之后，你就有机会获取更大的成功和胜利。

我将在讨论如何用这个方法来克服拖延症（详见第28章）时更详细地介绍这个“循序渐进的小步骤”方法。

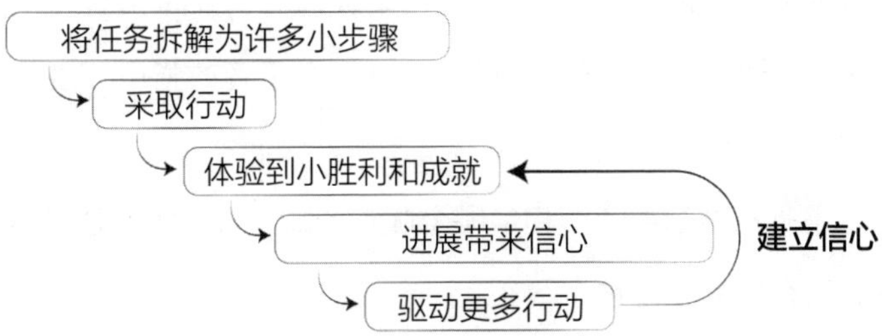

转变你的自我对话

自我对话就是你与自己沟通和思考自己的方式，你对自己的想法——包括那些自我怀疑的想法——只是日积月累的习惯，不是颠扑不破的真理。事实上，很多自我怀疑的信念是重复了无数次的谎言，因此它们看起来像是无法改变的真理。

通过冥想练习，我们可以获得的一个关键洞察力是，你并不是自己所想的样子。你的冥想练习越是深入，你就能越清晰地意识到这一点。这的确是一个好消息，因为这意味着你将有能力改变自己的思维方式，可以选择自己想要去相信的东西，并通过这些积极的想法，重新塑造自己的性格和命运。

转变思维方式有时意味着纠正认知行为疗法中所谓的认知扭曲，或“思维错误”。有时候，这意味着告诉自己一个更好的谎言、更好的故事。自我怀疑告诉你的故事是，你在过去获得的胜利，都是纯粹的运气，或者是因为任务并不是那么艰巨或困难，而“可以实现任何事情”只是一个谎言。你需要意识到，这个故事本身就是一个彻头彻尾的谎言，并且会导致你丧失所有的驱动力。你还有什么理由不去改变这个故事呢？

> 为你的局限而辩解，那你就真的把自己局限在里面了。
>
> ——理查德·巴赫（Richard Bach）

从根本上说，道理就是这么简单：你可以选择相信自我局限的想法，也可以选择相信自己潜力无限的想法，这完全是你个人的选择。

自我怀疑是你内心的一个声音，自信也是你内心的一个声音，但这些声音并不会定义你是什么样的人，你可以选择听从哪一个声音的指引，这就是你拥有的力量。

一旦你选定了听从哪个声音，相信哪个版本的故事，就需要通过自我对话、肯定和视觉化的方法来反复强化它。

假设你即将尝试跑第一场马拉松，你的心中自然会产生某种程度的自我怀疑，不确定自己能否跑完全程，也害怕在跑步过程中遭遇失败，或引发其他健康问题，你会发现，你的大脑正在告诉你：

> 我是谁？我怎么能认为自己一定可以跑完全程？我不是一个专业运动员，甚至不确定自己能不能跑完，而且如果失败了，一定很丢人。六个月前，我连一公里都跑不下来，现在我却要尝试跑完42公里！我还没有准备好……我还没有准备好……我报名的时候，到底是怎么想的！我过去在比这个更简单的任务上失败过无数次了……也许我应该放弃这次尝试，做更多的准备，明年再来！

同样地，这种自我对话并不是现实情况的反映，它只是你对自己说话的一个习惯性方式。下面这些工具，是你可以用来克服这种自我限制性对话并实现个人成长的方法。

- 视觉化。在马拉松比赛前的三个月里，想象自己经历了比赛，有时感到疲惫，但坚持不懈后，最终获得成功。在马拉松比赛之前，每天早上花5分钟时间完成这个视觉化练习。
- 自我肯定。创造一个简短的句子，来概括你对这个目标的承诺，以及你对自己能力的自信。这句话可以是：“我可以做到，无论如何都要完成这个目标！”每天早上和晚上对自己重复十次。
- 自我反思。质疑这种自我对话背后的假设，戳破你的限制性信念——寻找“怀疑者”的理由和相信自己能力的理由。
- 转变自我对话。每当自我怀疑在一天中悄悄出现时，用积极的叙述取代消极的叙述。使用通过冥想开发的技能，将你的注意力从旧的叙述中转移出来，放下消极的想法，并将注意力放在当下。

转变自我对话

- A 视觉化
- B 自我肯定
- C 自我反思
- D 转变自我对话

一旦你通过上述方法转变了心态，就可以立即采取行动，就好像你创造的新叙述、你的更有力量的信念已经成为现实。因为行动是信念的最终确认，行动将巩固整个信念转变的过程。

以你想要成为什么样的人的身份行事，而不是以你当前受限于现实条件的身份行事。以一个非常自信的人的身份行事，你就会感到充满自信。

获得外部的激励

在第7章中，我给诸位提供了一个选择人生榜样、获得激励的练习。这些榜样都已经实现了你希望在自己的人生中实现的一些目标。他们代表了你的可能性，并能够激励你采取行动。

现在，你可以利用这些人生榜样作为培养自信心的一种手段，具体有两种方法：学习他们的经验和内化他们的美德。

要学习榜样的经验，就要尽可能多地了解他们的生活，阅读他们的传记，观看他们的访谈，并与他们交谈（如果有可能的话）。了解他们曾经历过什么样的自我怀疑、恐惧和失败的时刻，了解他们如何克服了这些困难的时刻，是什么让他们咬牙坚持下去的？他们的自我对话是什么？他们的决定和承诺是什么？看看你如何能够在自己的生活中挖掘出类似的资源。

为了内化他们的美德，我为大家提供一种特殊的冥想练习，让你们也可以将人生榜样的优秀个人品质吸收到自己的人格中。由于这个方法还可以用来培养任何其他的品质和技能，不仅仅局限于执行，因此我将在本书结尾处专门用一个章节（详见第38章）来论述这个方法。

获得外部支持

克服自我限制性叙述和培养自信心的最后一个方法，是获得经验丰富的自助导师、教练或治疗师的支持，他们可以为你保留发展的空间，帮助你看穿自身秉持的偏见，并质疑你的错误自我断言。有时，一个明智而有耐心的人生伴侣，也可以做到这一点。

要看到我们是如何破坏自己的往往非常困难，仿佛我们内心的某些东西并不希望我们意识到这些错误，这一部分会试图破坏我们的认知，甚至是破坏自我发现的过程。最终，这种错误的自我认知变成了一个盲点。因此，我们需要我们之外的东西或人帮助我们发现它，我们需要一面镜子，以了解自身的不足。

本章要点

自主权

- 自主权是对自己的人生负起全部责任，因为你无法改变自己不承担责任的事情，所以自主权就是力量。
- 自主权的对立面是指责他人、受害者心态和找借口。这些东西使你陷于困境和痛苦之中，在这种心态之下，你不可能培养自律的能力。
- 当然，你不需要为了承担责任而进行自我羞辱或感到内疚，你只要看到你是如何对事情的现状做出贡献，以及你如何能够改变它就足够了。

自信

- 自信是指完全相信自己有能力学习、成长和克服前进道路上的挑战。与此相反的是自我怀疑，即认为自己做不到、自己不够好，“成功永远不会降临”。
- 自信也许不能保证成功，但自我怀疑往往只会导致失败。
- 培养成长型心态，而不是固定型心态。
- 你可以通过思考自己过去的成功，采取“循序渐进的小步骤”方法，改变你的自我对话，获得外部的激励，或获得外部支持来培养自信心。

第13章
“志向”步骤7 培养牺牲精神

以其终不自为大，故能成其大。

——老子

关于你的目标，最重要的决定不是你愿意做什么来实现它们，而是你愿意放弃什么。

——戴夫·拉姆齐（Dave Ramsey）

心之所愿，无事不成。

——约翰·海伍德（John Heywood）

志向支柱的步骤

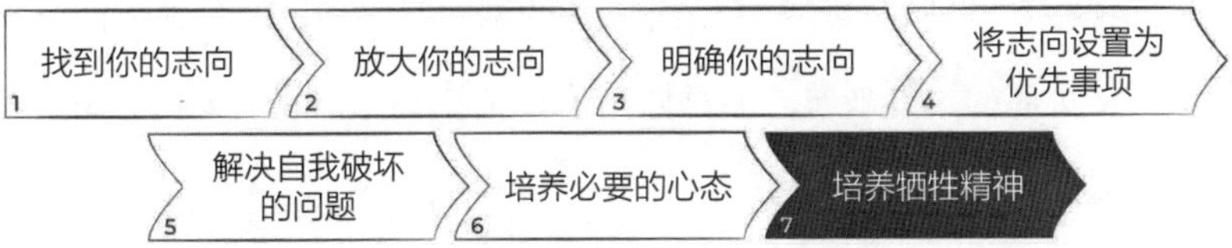

要给新事物腾出空间，你需要放下旧事物。为了转变自我，你需要有牺牲精神。要做到这一点，就要学会放弃与个人目标和价值观不一致的一切事物，从而在生活中为最重要的东西创造空间。

坚持自律并不容易，因为它要求你做出一定的牺牲，这个牺牲并不是要求你牺牲性命，而是有时候拒绝去做那些在当下会令你感到愉快的事情，或牺牲自己去做一些令自己感到不愉快的事情。这对于我们的爬行动物大脑来说，没有任何吸引力，因为它只关心摆在眼前的痛苦或快乐。

正念自律就能够帮助我们超越这种原始的世界观，能够培养我们的牺牲能力，让我们愿意为了更大的长期收益（延迟满足）而放弃短期的小收益（即时满足）。正念自律让我们可以用一个小的价值（舒适感）去换取一个大的价值（满足感），这就是追求人生的幸福，并且是更高层次的幸福。

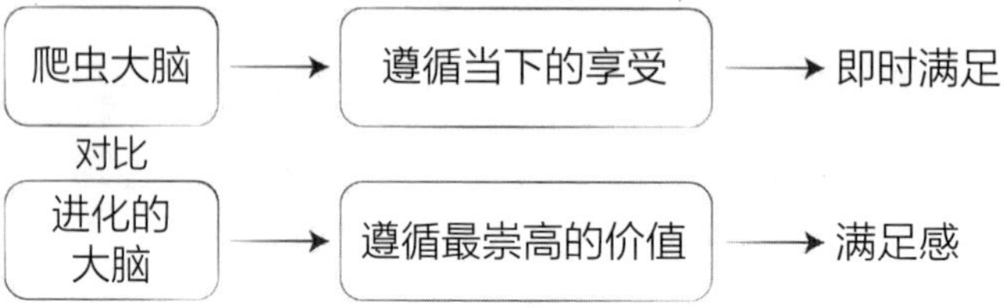

“牺牲”这个概念的历史与人类历史一样悠久，在所有古老的哲学和精神传统的传说中，都可以找到牺牲精神的踪迹。牺牲就意味着你此刻放弃一些有价值的东西，以获得以后更有价值的东西。这需要信仰的支撑，因为未来能否如期获得更有价值的东西并不确定。你能够获得的唯一保证是，如果你不做出牺牲，你将永远无法实现那个最终的崇高目标。

英语中的“牺牲”（sacrifice）一词，有两个拉丁语词根，分别是sacra（神圣的东西）和facere（做或执行）。为此，做出牺牲就是做一些神圣的事情，或让一些事情变得神圣。从自律的角度来看，愿意做出牺牲意味着你正在与你内心最神圣的东西保持一致，即你的最高价值和志向。

牺牲给人的感觉就像是生活想要你证明你到底有多想要某样东西，而如果你能够通过牺牲证明了自己，那么你就能够得到你想要的任何东西。

为你的目标付出

为了达成你的目标，实现你的志向，你需要为你的目标有所付出。你的“付出”就是你愿意为了想要的东西付出的代价，这是你的承诺，你“自身的成本投人”。你的“付出”越多，你能获得的回报就越大；你愿意给出的越多，就有可能收获越多。

我们通常需要牺牲的东西包括：我们的部分时间、金钱和精力，但也可能是其他东西。我们可能需要牺牲不再有用的人际关系、阻碍进步的习惯，或许多即时满足的机会（尤其是当它们分散了你对终极目标的专注时）。

有时，我们唯一需要牺牲的是旧的自我，这就意味着放下我们自我限制的信念、拖延的借口，以及我们多年来一直对自己说的老故事。在其他情况下，我们可能需要牺牲的是同时坚持的两个对立的欲望，例如，关掉闹钟继续睡觉的欲望与拥有一个富有成效的早晨的欲望，或者每天吃巧克力的欲望与保持身体健康的欲望，等等。

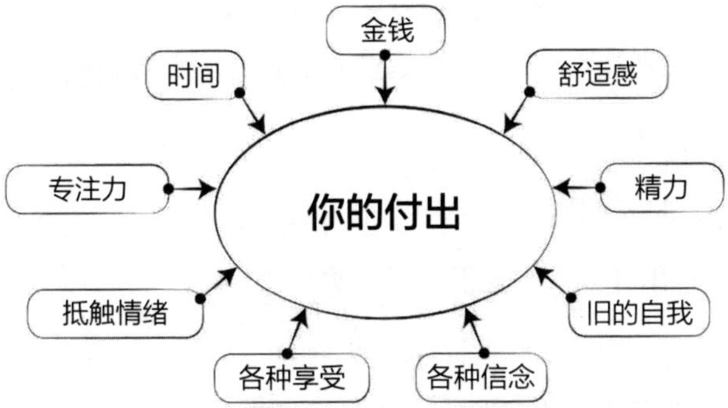

你愿意投入多少时间、金钱、精力和快乐，来换取目标的成功？你愿意牺牲多少自己的东西？你愿意贡献的越多，你为志向产生的能量就越多。

你付出的越多，你得到的就越多。所以，如果完全清空自己，那你就能够获得一切。

但在这个过程中，切记不要自欺欺人。人们一直试图通过使用所谓的捷径、神奇的解决方案和贪婪的网络营销者疯狂安利的所谓“一夜之间成功”的空洞承诺来避免付出任何代价。这种做法很少有效，即使奏效，也是无法持续的，无法产生真正的满足感。

> 如果你没有得到想要的东西，那就说明你并不是发自内心地想要得到它，又或者你试图在价格上讨价还价。
>
> ——拉迪亚德·吉卜林（Rudyard Kipling）

世上不存在没有任何痛苦或不适的人生。我们不可能选择永远不经历痛苦，但可以选择经历什么样的痛苦，你可以选择自律带来的痛苦，或者生活在悔恨和潜力被浪费的痛苦之中。

既然坏消息是牺牲是无可避免的，因为我们在生活中做出的所有选择都是在牺牲其他的一些东西，我们对一件事说“好”，就意味着拒绝了其他一千件事情。因此，问题不再是你是否会需要牺牲，而是你已经牺牲了什么。

那么好消息是：你可以选择你的牺牲，并由此选择你的未来。你可以选择你想过的生活，以及你想成为的人，但它不会是免费的午餐。你可以选择你的目标和志向，但不能选择讨价还价。

- 在追求志向的过程中，你愿意放弃什么？
- 你愿意付出什么？你愿意牺牲什么？

花几分钟时间来思考这些问题，这些时间将花得物超所值。

如果你对自己没有信心，你就不会做出牺牲。如果你对目标的重要性或对自己实现目标的能力有所怀疑，那么牺牲你当前的安逸就没有多大意义。如果你有一个坚实的愿望和自信心，那么你就会愿意为你的目标作出承诺。

掌控你的志向，对你实现它的能力有信心，然后每天向前迈出一步，接受为了得到渴望的转变而付出的诸如不适和无聊这样的小代价，你将不会后悔所有这些牺牲。

重新定义“牺牲”

不要把对你有好处的事情看成是痛苦的。

——欧里庇得斯（Euripedes）

你需要为目标做出牺牲和付出的事实，并不意味着你需要因此而受苦受难，你实际上可以通过转变你对它的看法，来使牺牲变得更容易。牺牲并不一定会令人感觉是被动的或自我否定的行为。

如果你选择了正确的角度来看待问题，那么对你来说，由自律可能带来的痛苦就不是真正的牺牲，而是对未来的一种投资。就像任何其他类型的投资一样，它最终可能带来巨大的回报，也可能以彻底的失败告终，最终使你一无所获。所谓的牺牲，不过是创造一种心理状态，使变化和进步更容易发生，从而增加你实现更美好未来的可能性。

做出付出的人不一定获得最终的回报，但没有投入任何东西，不做出任何牺牲或不冒风险的人，就一定不可能获得回报。那么，你如何才能让这样一种付出看起来不像是一种痛苦或徒劳的牺牲呢？答案就是通过转变你看待它的方式。下面几种方法可以帮助你做到这一点：

你可以将牺牲看作你为自己做的事情，而不是反对自己的事情。所有的付出都是你对自己和对志向的投入，这是你作出的要与更高价值的自我和谐相处的决定，也是对自我管理和个人成长的投资，这自然而然地会带来一种满足感。

充满自律的生活是一种美好的生活。在某种程度上，自律本身就是一种奖励，因为它将带来一种内在的力量、平和的心态、健康的身体和其他一些值得追求的美德。如果你在不断奋斗和努力的旅程结束时，顺便实现了设定的目标，这就是一个额外的奖励，是锦上添花的意外之喜。

转换到这种新的思维方式可能需要一些时间，所以不妨给自己一些时间来适应和转变，这是物有所值的投入。一旦你成功地转变了思维，前进道路上的阻碍或许就会变少，自律也将成为有意识的自律。

如果你将付出看成强制性的行为，那么你可能很想逃避它，而如果你把它看成你最深层的目标和价值观的表达，你就会敞开心扉欢迎它。

付出将使事情变得真实，它表明你的志向是真实的。这是最终的证明，证明你已经找到了为之而活的东西，即人生真正的目的和意义感，而这比在路上放弃的小愿望能带来更多的幸福感。

为人生的目标努力奋斗也是对未来幸福的投资，它会确保你对结果更加满意。人们往往不重视那些毫不费力地进入我们生活的东西，而是看中那些我们必须付出巨大的代价才能得到的东西，无论是以奋斗、金钱、时间或牺牲的形式。因此，投入也意味着你能够更加享受最终的回报，因为它创造了一种满足感。

最后，即使你对自己没有百分之百的信心，为目标付出也会产生买入感，它迫使你的大脑产生这种自信心，因为你不想付出之后竹篮打水一场空。就算你自己没有承诺的决心，它将迫使你作出承诺和投入。

牺牲也要适度

理论上而言，如果你真的做好了准备，不计代价完成目标，那么你终将实现这个目标，这一点毋庸置疑，这只是早晚的事情。

但这在实际过程中并不总是行得通。对于你最深切的人生愿望，你或许能做出这样巨大的决心，但在人生的小目标上可能很难产生这种感觉（当然，对于这些目标，你也想要更加自律），但这也没关系。

并不是要求你倾注所有为每一个目标投资，就某些目标来讲，这个代价可能太过高昂。这可能最终会使你牺牲自己的健康，或职业发展，或生活储蓄，或重要的人际关系。就大多数目标和志向而言，这不是一个好办法。过度的投入将导致你的生活只剩下火的力量，而没有水的力量作为平衡（详见第3章），但这并不是正念自律的意义所在。

如果你才21岁，刚刚成年，不需要养老抚幼，没有重大的社会责任要承担，也没有什么可失去的，那么你可以去做任何想做的事情，并且承担每一个步骤的风险。但对于我们其他大多数人而言，原本的生活已经足够复杂。如果我们还想要在生活中的多个领域成长，那我们需要全盘考虑，根据人生不同阶段的具体情况，负责任地追求设定的目标。

但这并不会改变每个目标都有代价的事实，我们需要充分地认识到这一点，对自己完全地诚实，然后根据自己在生活中的不同角色，挑选对自己而言现实的目标和道路。

练习主动选择不适感

正念自律是指做对你有益的事情，其挑战在于，好的东西不一定令人感觉良好，而感觉好的东西实际上并不一定对你好。因此，要根据事情的实际情况做出决定，而不管感觉如何。为此，你需要把寻找好的东西与寻找舒适的东西区分开。

在自律领域，一个反复出现的主题是主动地去经历不适——无论是身体、精神还是情感上的不适。自律是一种能够体验不舒服情绪而不是放任它阻碍你做需要做的事情的能力，这一点很关键。借用我的一位播客嘉宾，也是我的朋友里克·汉森（Rick Hanson）博士的话来说，“我们生活的极限，就是我们不愿意感受的情绪的极限”。

如果你愿意感受一切、不反抗、不逃避，自律就会变得很容易，因为你有了“不管不顾”的超级能力。你可以选择不顾恐惧、无聊、懒惰、疲倦、怀疑等负面情绪，继续采取行动，你只需要继续向前走，不管发生了什么。

你可以训练自己成为这样的人。做到这一点的一个方法，是练习斯多葛派哲学家伊壁鸠鲁（ Epictetus）所说的主动寻求的不舒服（voluntary discomfort），也就是故意让自己经历不舒服的情况，使不舒服的情况不再成为阻碍。这个方法，基本上就是把一种形式的牺牲安排在日常生活中，直到你不再感觉它是一种牺牲。这可以建立起强大的意志力和情绪复原力。另一位斯多葛派哲学家马可·奥勒留（Marcus Aurelius）称其为自愿尝试的艰辛（voluntary hardship）。

如果“感到疼痛就意味着弱点正在远离身体”这一健身格言是真实的，那么我们也可以说，“不舒服的感觉就是弱点正在远离心灵”的标志，为此我们可以寻求有意义的疼痛，而不是逃避它们，这将使你变得更加强大。

（但也需要注意，请不要做得太极端，也不要做任何蠢事。这是为了发展强大的意志力，而不是成为受虐狂或伤害自己，你自己要有思想准备。）

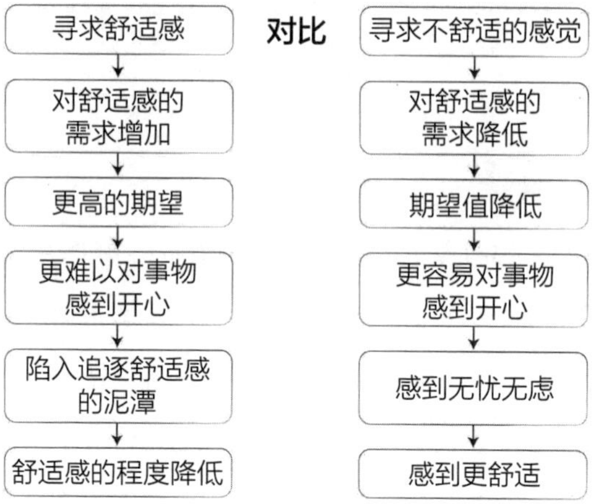

每天选择一件困难的事情来做，在它变得容易之后，再选择其他事情来尝试。在这个过程中，始终锻炼你的意志力肌肉，永远不要陷入惰性的陷阱。利用第4章结尾处的例子来了解如何将其付诸实践，但始终记得要保持事情的平衡和适当的度，这样你就不会精疲力竭（详见第3章）。

一旦你克服了对舒适的依赖感，你的生活就会变得容易得多，因为你是否感到舒适已经不那么重要了。因此，你需要的东西变少了，你的抱怨变少了，你的恐惧减弱了，你对一切都更有信心，而且你会自然而然地变得更加自律。

矛盾的是，选择不适反而会使你的生活更加舒适，使你变得更加无忧无虑，你对不适的门槛变得更高了，那些在过去令你感到不舒服的事情，现在对你来说已经不算什么了。

许多人寻求经济上的独立，这固然很好，不过，更好的是成为舒适而独立的人。因为真正的财富不是银行里无尽的钱，而是你心中无尽的满足感。

本章要点

- 为了实现你的目标，你需要能够放弃短期收益（即时满足），换取更大的长期收益（延迟满足），用小的价值（舒适）换取大的价值（发自内心的满足感），这需要强烈的愿望和自信心。
- 你的付出是你愿意为了想要的东西而承担的代价，这是你的承诺，是你的“个人投资”。你的付出越多，你能获得的回报也越大，你投入的可以是时间、金钱、精力、坏习惯、限制性信念或相互矛盾的欲望。
- 在这个过程中，不要自欺欺人，你的目标不会是免费的。你可以选择你的目标和愿望，但不能选择它们的价格。
- 牺牲是不可避免的，没有痛苦的生活也不可能存在，但你至少可以选择承受什么类型的痛苦。
- 通过将牺牲重塑为积极的事情，可以使其变得更容易。牺牲是对你的未来进行投资，是对自己说“是”。这是你对自我管理和个人成长的投资，这也会带来一种满足感。充满自律的生活是一种好的生活，自律的生活本身就是一种回报。
- 你的付出需要平衡有度，这样它就不会伤害到你生活中的其他也是优先事项的领域。所以我们需要全盘地看待我们的生活，负责任地追求我们的人生目标。
- 对你有好处的东西不一定感觉好，而感觉好的东西不一定对你有好处。因此，要根据事情的实际情况来做决定，而不管感觉如何。
- 为了使目标成为可能，你需要通过练习主动选择不舒服的感觉，并且把对好的东西的寻求与对舒适的东西的寻求分开。
- 选择不适实际上使你的生活更加舒适，你会变得更加无忧无虑，对不适的门槛也变得更高。执着于舒适反而会使你更不舒适。

第14章 忠于真实的自我

罗伯特·西奥迪尼（Robert Cialdini）博士在他的优秀著作《影响力》（*Influence*）中谈到了一致性原则（Consistency）。根据这一心理学原理，人类会被驱动去做那些让他们觉得与自己以前的选择、欲望和身份一致的事情，即使这些事情是痛苦的。

设定明确的志向，通过创建具体的目标并将其写下来（步骤3）以致力于实现这一愿望，这种做法就充分地利用了一致性的心理动力。当我们通过将时间、精力和资源投入到这些目标中来体现其优先性和重要性时（步骤4），这种驱动力会变得更加强大。每次你记起自己的人生志向（第二支柱）并采取行动（第三支柱）时，你就强化了要与其和谐共处的需求。自律是与人生的最高目标和价值观和谐相处的艺术。换句话说，它也是诚信或一致性的艺术——意味着忠实于最真实的自我，并利用大脑的这种天然倾向，营造对你有利的条件或环境。

明确自己的目标（例如，成为一名成功的作家）或价值观（例如，确保身心的健康）将会使你因为以不符合自己身份的方式行事而感到痛苦。你每天早上写作，是因为你是一个作家，而写作就是作家的工作。你不喝苏打水是因为你有健康意识。这些都是你习以为常的事情，打破这些规则将与你的自我形象相矛盾，这将带来痛苦的感觉。

在某种程度上，正念自律的整个过程可以总结为：知道你想成为谁（志向），并据此生活（意识和行动）。确认志向，并让一致性原则发挥作用。相信“理想的你”已经是你自己，并以行动向自己证明。把你预想的未来带到现在，让理想身份成为你现在的身份——转变将自然而然地发生。

如果你想成为健康和精力充沛的人（你的理想自我），那么先坚定地相信，这就是你现在的样子，并采取相应的行动，做出一个健康和精力充沛的人应该做的选择。在一段时间内，你还不会感到健康和精力充沛，但无须介怀，你只需要通过行动，反复确认你的愿望，现实很快就会追上它。专注于你正在创造的东西（“我很健康”），而不是当下的现实反馈（“我觉得自己还不够健康”），让你的志向改变现实的情况。

如果你想成为富人，就像一个富人那样思考；如果你想成为自信的人，就表现得自信；如果你想成为一名作家，那就开始动笔写作；如果你想让你的生活对世界产生影响，那就对世界施加影响；如果你想跑马拉松，那就做马拉松运动员做的事（每天跑步）。借用约克·威林克[①]（Jocko Willink）的话说，“如果你想变得更坚强，就要表现得更坚强”。

你将成为你相信自己能够成为的人——因为这就是你将要采取的行动的基本原则，这就是你选择的未来，这将是你看世界的视角，也是世界看你的视角。因此，通过肯定自身的志向，改变你对自己的信念，这是正念自律推动人生转变的最有力的方法之一。

决定你想成为什么样的人，不停地确认这个信念，为它做好准备。这就是志向支柱的内容，然后忠实于最真实的自我，牢牢地记住这个信念，以此为依据行事，这就是意识和行动支柱的目的。

① 约克·威林克：美国海豹突击队前队长。——译者注

本章要点

- 根据一致性原则，人类会被驱动去做那些让他们觉得与自己以前的选择、欲望和身份一致的事情。
- 设定明确的志向，通过创建具体的目标并将其写下来以致力于实现这一愿望，这种做法充分利用了一致性的心理动力。明确自己的目标或价值观将会使你因为以不符合自己身份的方式行事而感到痛苦。
- 决定你想成为什么样的人，不停地确认这个信念，为它做好准备。

第15章
回顾："志向"支柱

人们常说，动机不会持久。

洗澡也是这样，很难坚持——所以我们才要每天都提醒一次。

——金克拉（Zig Ziglar）

每个人的志向就是所有动机和动力的来源，正是这个志向，促使我们开始了自律的旅程，并赋予它意义。志向支柱的这七个步骤将给你一个清晰（步骤1）、强烈（步骤2、步骤3和步骤4）和全心全意（步骤5、步骤6和步骤7）的志向。

现在你有了一个清晰的志向，放大了它并将其转化为SMART目标。你已经通过投入部分时间、金钱和精力来突出了其重要性和优先地位，你已经意识到你在前进道路上需要处理的任何自我破坏的倾向，你已经发展了自主权、自信心和牺牲的心态，这些都是实现这个志向所需要的。

本书所教授的自律框架适用于你设定的任何志向或目标——从最微不足道的到最重要的。话虽如此，更高远的目标当然会带来更多的动力。当你的目标高远时，你会有强大的动力，你将拥有无坚不摧的力量，没有什么能够阻止你。

在明确了人生的目标之后，你要做的下一步就是找到一个好的策略，让你的目标取得进展，然后不管出现什么障碍，都让自己保持在这个正确的轨道上。战略是针对具体领域的——例如，正确的锻炼方法或正确的商业计划——但要保持在正确的轨道上，就需要有自律的力量。自律是实现志向的最好朋友。

接下来的两个支柱将教你如何让自己保持在正确的轨道上，以及如何过一个忠实于志向的生活。

支柱1：志向

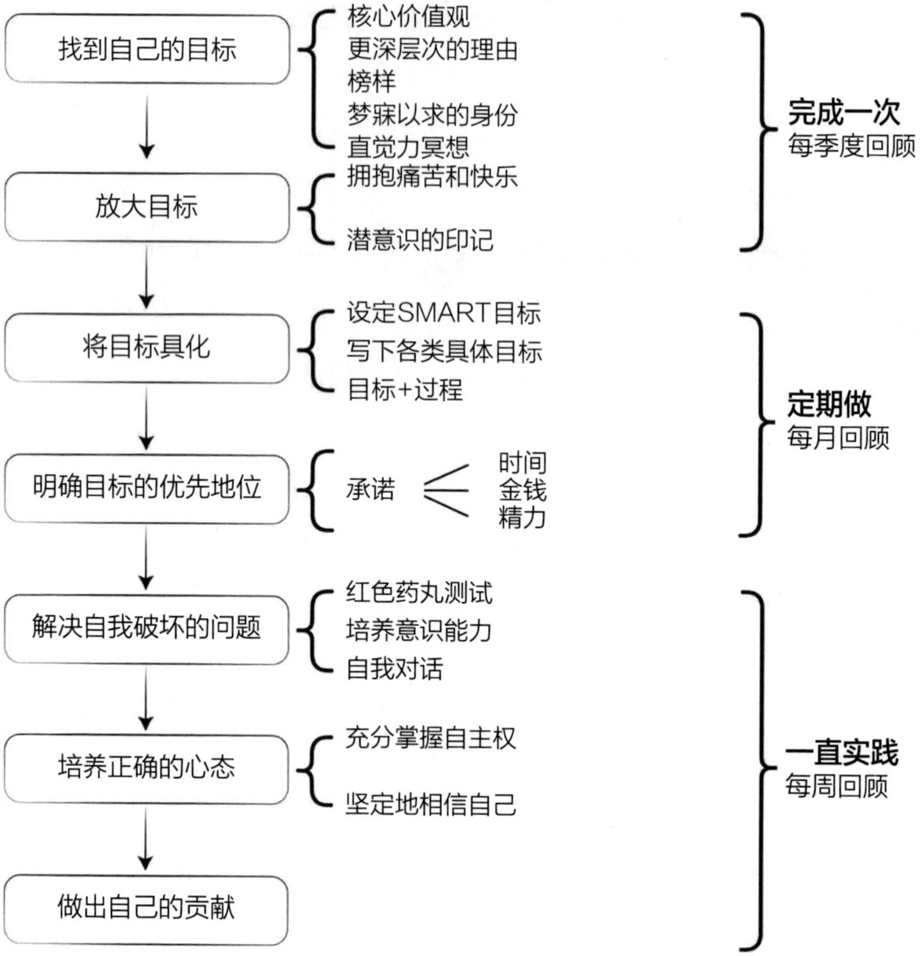
找到自己的目标
核心价值观
更深层次的理由
榜样
梦寐以求的身份
直觉力冥想
放大目标
拥抱痛苦和快乐
潜意识的印记
完成一次
每季度回顾
将目标具化
设定SMART目标
写下各类具体目标
目标+过程
明确目标的优先地位
承诺
时间
金钱
精力
定期做
每月回顾
解决自我破坏的问题
红色药丸测试
培养意识能力
自我对话
培养正确的心态
充分掌握自主权
坚定地相信自己
做出自己的贡献
一直实践
每周回顾

第三部分

支柱2：意识

第16章 为什么要以及如何培养意识的能力

改变一个人所需要的是改变他对自己的认识。

——亚伯拉罕·马斯洛（Abraham Maslow）

意识，意识，意识，这就是正念自律的要义所在。如果自律是所有美德之父，那么自我意识就是它们的母亲。

我们所说的意识是指注意到你内心所发生的事情的品质，它是观察自我内心、反思和沉思的能力。它是看到事物的本来面目，并保持理性思想和彻底的自我坦诚。换句话说：它就是正念，即对个人的内心世界保持清醒。

自律是两件事的结合：记忆和行动，或注意力和意图。为了练习自律，你需要日复一日地记住设定的志向（注意力），然后决定付诸行动（意图）。

自我意识的力量

自我意识将给你的内在生活和外在生活带来许多好处。首先，自我意识是理智生活的基础。如果你丧失了自我意识，那么生活就会陷入默认模式，而不是由自己主动规划，你将成为命运的被动接受者，而不是创造者。换句话说，没有了自我意识，你的生活不过是对环境的条件反射，你的未来只会成为过去的重复，充满了可悲的预见性。

当你拥有自我意识时，你就拥有了选择。自我意识在来自外部环境的输入和个人选择如何回应之间创造了一个暂停的空间，这个空间越大，个人拥有的自由度就越高。你的未来将成为你在当下选择的结果。

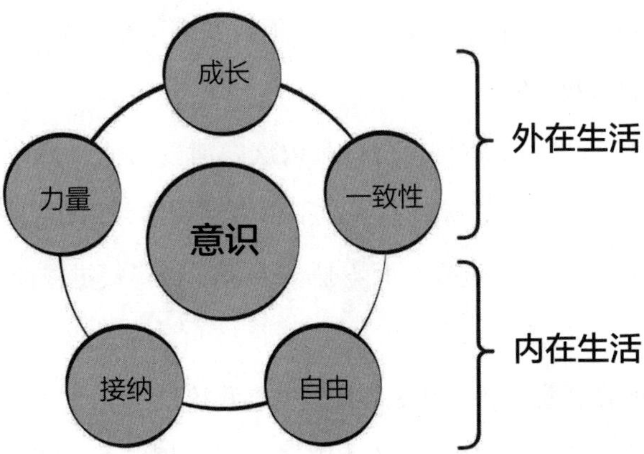

在遭遇外部输入的时候，你可能无法选择自发产生的思想、情绪和冲动，但你可以意识到它们，这就给了你选择反应的空间，而不是被内心最响亮的声音推动着去反应。

这就意味着，更多的意识将带来更大的自由。

你的思想、情感和行动是你个人性格和经历的现实的主宰者，它们决定了你的生活，因此你必须予以关注。没有这种意识，你将无法控制自己的生活。自律是改造自我的艺术，但你无法改变自己没有意识或关注到的任何东西。

为此，更强的意识将带来更多的力量。

正念自律的目标就是培养自我意识，而不是鞭挞自己。有了自我意识，就有了自我同情：你可以看到自身的缺陷和局限，但不会产生任何羞耻感或厌恶感，因为你了解自己身上的人性和经历的客观条件，所以你不会抱有不切实际的期望。

这意味着你可能设定了一个关于保持健康饮食的明确目标，然而有时候你会意识到自己依然对摆在面前的垃圾食品有一种强烈的欲望，你甚至可能意识到这种欲望正在压倒你的理智，即你明知什么对自己是最好的，但依然决定做一些违背意愿的事情（吃掉垃圾食品），然后你会意识到自己做了这件事，以及它在你的身体和头脑中的感觉。

所有这些都是很好的自我意识，因为它是清晰和诚实的。即使你选择的东西并不符合你个人的最佳利益，你也要意识到它，“我知道，我现在的选择使我离自己的愿望又远了一步，我不知道如何阻止它，但我知道正在发生什么”。自我意识需要我们保持彻底的自我诚实。

自我意识还将使我们认识到，羞愧和内疚是消极的情绪，只会带来痛苦，而不是成长。有了这样的认识，你就能够放下消极的情绪，用怜悯和理解取而代之。自我转变是一个需要培养的过程，而不是一个通过自我鞭挞或贬低就可以达成的结果。

因此，更强的自我意识将带来更高程度的自我接受。

是意识使你能够牢记自己的目标，跟踪个人的进展，并不断地确保自己在朝着正努力创造的新习惯进发。意识将提醒你，你正在创建一个新的身份，它还使你更加清楚地意识到，什么会触发你的转变。有了所有这些认知，你就可以选择更好的环境，并在需要的时候行使个人的意志力。

你的自我意识越强，你行使意志力和自我控制就越容易。首先，自我意识总是会使你能够在为时已晚之前采取正确的行动；其次，练习自我意识将给你带来缓冲的时间，为你在做出条件反应之前提供一个自然的暂停空间，让你能够有意识地自主选择做出何种反应，并让你想起自己的志向是什么。

这就意味着，更强的自我意识将带来更高的一致性。

如果你在喝一罐苏打水、抽一支烟或花5分钟无意识地滚动浏览社交媒体的时候，敏锐地意识到自己的身体和心灵正在发生什么，你会自然而然地对这些行为产生厌恶。当然，这种转变不会一夜之间发生，但在对这些诱惑进行一次次的深入思考后，你会越来越接近它们的本质。

正如你看到的那样，自我意识有可能帮助你解决这些上瘾问题，并且它将是一种自然而然的、根本性的转变，不需要你个人强迫自己去做什么，正如儿童长大后意识到生活中有更有趣的事情之后，就会自然而然地摆脱对玩具的迷恋。

因此，自我意识也成为自我成长的催化剂。

本章中的所有方法都旨在帮助你培养自我的意识、记住你的志向，并将其转化为行动。意识是连接你想成为的人（志向）和你决定呈现的样子（行动）的桥梁，它使你有能力过上更真实的生活。

自我意识的三大特质

有许多方法可以定义意识。神经科学家定义它的方式与哲学家或精神大师定义它的方式可能截然不同。就正念自律的目的而言，意识有三个主要的特质：清晰、中立和接纳。

清晰意味着你看清了事物的本质，而没有愚弄自己。我喜欢把这称为彻底的自我坦诚，即你不会试图回避或掩盖真相，无论多么痛苦。即使你违背了自己的规则，想假装“视而不见”，你也会清楚地看到它，并向自己说明发生了什么。

> “我知道我承诺在30天内不吃任何甜食——因为这是我个人愿望的表达。而且我可以看到，我正在给自己找借口说‘今天不算’，因为今天是我哥哥的生日，他的妻子带了我最喜欢的冰激凌来参加聚会。我可以看到，我正试图合理解释为什么今天是个例外。我感到有一种想吃冰激凌的冲动，还有一种屈服于这种欲望的冲动。”

这就是彻底的自我坦诚。它将使你更有可能对借口说“不”，从而使自己保持在正轨上。但是，即使你最终屈服于一时的欲望，打破了规则，至少你没有对自己撒谎，你没有被个人为了将行为合理化而找的借口所迷惑，你知道并看到了正在发生的事情。

彻底的自我坦诚意味着发现自己在拖延、找借口、自我破坏或放弃设定的目标，这意味着意识到自己内心的某个部分并不想要实现所设定的目标，至少现在不想要。无论这种认识有多么痛苦，意识都不会回避它，意识看到了它、接纳了它，并从这里开始发挥作用。

快速练习

现在花点时间想一想，本周或本月你用自我对话愚弄自己，试图把内心深处明知道不合适的事情合理化的三次情况。然后做出承诺，下次发生时要注意到这一点。

中立是意识的第二个特质。这意味着以一种好奇心来观察个人的经历，而不要过度沉迷于其中，也不要对它产生厌恶。执着和厌恶将使你变得片面，它们使你盲目，无法看到全局。意识是中立的，因为这是它能够真正看到事物本质的唯一方式。

从非常实际的角度来说，为了达到正念自律的目标，中立的意识意味着主动地注意到正在发生的事情，而不增加羞耻、内疚或自我批评等负面情绪的叙述。所有这些形式的贬低自我的谈话，只会使你更难实现设定的目标。它们会造成情绪上的压力——这是一种痛苦的形式，然后原始的爬行动物大脑就会启动，想要通过即时的满足感给身体注入多巴胺以缓解这种痛苦。研究人员波利维（Polivy）和赫曼（Herman）将这种恶性循环恰如其分地描述为“破罐子破摔效应”（what-the-hell effect）。

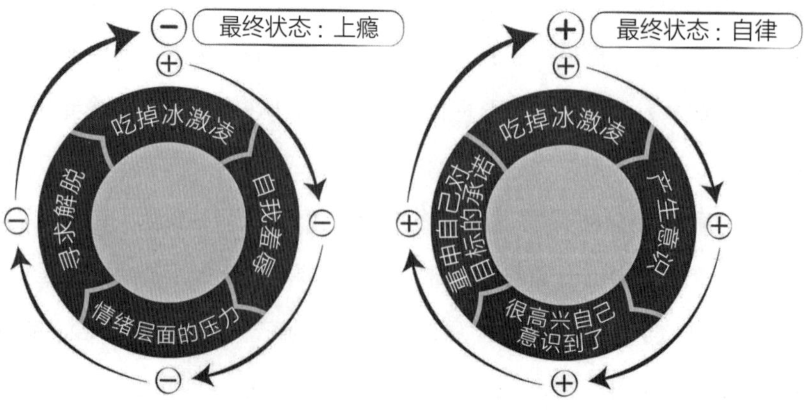

与其羞辱自己，不如练习中立的意识，即注意到正在发生的事情，然后为自己注意到它而感到高兴！那一刻的意识，是向前迈出的一大步。然后意识到你现在又有了一个选择的时刻：你是想放弃设定的目标，认为自己不够好，还是想重申你对它的承诺？

许多人实际上会抵制这种只强调意识而不是自我批评的想法，因为他们担心一旦放弃了自我批评，他们就会变得对自己过于宽厚、懒惰或不够努力，但事实并非如此。如果你设定的志向是强烈而明确的，那么你会将所有必需的燃料投入其中，竭尽全力，而不再需要为了保持驱动力而利用羞耻和内疚等负面情绪反向推动。羞愧、愤怒和其他负面情绪也可以作为强大的燃料，但它们通常很少适用于正念自律的范畴，因为它们往往会导致痛苦。在正念自律中，我们将利用价值观和志向等积极的事物来取而代之。

意识包含自我同情的成分，允许事情如其所是，不做无谓的挣扎，它甚至不仅仅是关乎自我宽恕，而是关注比这更本质的东西。当你需要宽恕自己时，说明你先打击了自我。意识的中立性，意味着一开始就不要产生这种负面的情绪，因此你也没有必要去谈什么自我原谅。

所有这些特质就带来了意识的第三个特质：接纳。

正念自律是关于自我意识的，而不是自我惩罚。无论在你身上出现了何种负面情绪或有害冲动，你都要看到它们，并原原本本地接受它们，这就意味着你不需要压抑，不需要压制自我，不需要对自己施加暴力。

已有几项科学研究表明，压抑自身的思想和冲动并不会产生任何效果。其中一个原因是，你越是想要摆脱什么想法，你的大脑反而越是沉浸其中无法自拔。比如“不要再喝酒了”“不要再重蹈覆辙了”“忘记你的愤怒吧”，这些想法反而加深了你去做自己希望忘记或克服的事情的冲动。

丹尼尔·韦格纳（Daniel M. Wegner）做了一个实验，他要求参与者每当想到白熊的时候就摇铃。另一个对照组的参与者被告知要主动想一想白熊。结果是什么？被告知不要想白熊的那组人，最终比那些被鼓励去想白熊的人更经常地摇铃。这种情况之所以会发生，是因为第一组的参与者被要求压制一个念头，这建立了一个心理过程，这个过程不断地将每个念头与不想要的念头进行比较。而当参与者停止这样做时，被压制的念头就会立即卷土重来。强行压制一个念头，就像压住一个弹簧：当你放开控制的时候，它就会以更大的力量重新出现。

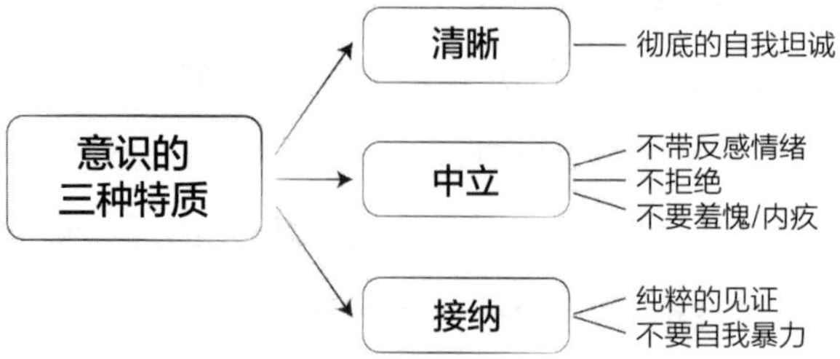

另一项类似的研究表明，被告知要压抑所有与吸烟相关想法的吸烟者，从长远来看，最终比另一组得到鼓励尽可能多想到吸烟的人群吸得更多。

这些研究表达了一个清晰的信息：无论你想要抵制的是什么，它都将一直持续，人为地压制思想和情绪只能徒劳无功，这些情绪或许一时会被压抑，但一定会隐藏在内心的某个角落，在你没有注意到的情况下，继续潜移默化地影响你的生活。

取代人为压制的方法，就是意识——它意味着中立和接纳自我，意味着成为内心思想、情绪和冲动的见证人，而不是压制者。

“好了，乔凡尼，我知道了！自我意识是世界七大奇迹之一，但我要如何实践它？”事实上，我们有三种核心的意识练习：冥想、反思和融合。如果你每天都能够练习，你就是在日常生活中练习意识的支柱。

训练1　冥想

冥想给你带来选择的空间和清晰的感觉。

冥想是意识的第一个核心训练，它可以加强大脑的前额叶皮层——这是人类大脑中负责自我意识和意志力所在的部分——进而帮助减轻压力、改善情绪，并使你有能力暂停而不是凭借冲动行事，所有这些都是自律的基本要素。

通过冥想，你可以发展出暂停的能力，放慢响应的脚步，并从情绪中抽离，使你脱离当下的想法和冲动。通过这样做，你可以清晰地看到真正发生的事情和需要去做的事情。

（最好是）在新的一天刚开始时就练习冥想，以点燃你的意识。你可以从每天练习5分钟开始，然后每周增加1分钟，直到你达到至少10分钟的时长。理想情况下，你的冥想练习可以增加到每次20分钟，但只要有10分钟，你就已经能够尝到冥想的甜头。

正如你将在第37章中看到的那样，冥想也有许多不同的风格。下面给大家提供一个简单的方法作为入门。

1. 坐姿，保持背部挺直，不需要任何支撑。你可以坐在床边，或坐在椅子上，或盘腿坐在地上的垫子上，手和腿放置的位置没有要求。

2. 闭上眼睛，鼻子深深吸气，然后用嘴呼出，重复几次，释放所有的紧张。

3. 闭上嘴巴，然后用鼻子正常呼吸。让自己完全进入当下的状态，对自己花时间培养意识和磨炼自己感到感激。

4. 将注意力全部集中在呼吸上，留心观察你的呼吸是浅还是深，是快还是慢，是僵硬的还是平稳的。如果通过意识，你发现呼吸改变了节奏，那也没关系，只要让它保持原样就可以了。

5. 开始边呼吸边倒数，从10到1，吸气和呼气时都是如此。吸气，“10”；呼气，“10”；吸气，“9”；呼气，“9”；……一直到吸气，“1”；呼气，“1”。

6. 数到“1”后，再从10开始倒数。如果中途迷失了，忘记了自己在做什么，要意识到这个事实，这就是自我意识。现在把注意力拉回到呼吸上，并从10重新开始，决心一刻不停地保持呼吸，这就是意志力。

7. 给自己设定一个入门级的目标，看看是否能连续3次从10倒数到1而不分心。

当然，如果你已经有自己很喜欢的冥想练习，可以用它代替这个练习。

在冥想结束后，趁着头脑清晰，注意力集中，回顾设定的志向，重申自己对目标的承诺，然后下定决心，在一天中致力于愿望的实现。确认自己要意识到这个愿望的意图，并让其成为你在一天中决策的驱动力。

行动步骤

开始每天的冥想练习。如果你已经每天冥想，并且知道最适合自己的冥想方式，那么可以想想如何通过将冥想更好地融入日常生活，从而将其提升到新的水平。

冥想练习 — **融合** — **反思**

一天开始之时（10—20分钟）

持续不断的过程

一天结束之际（5—10分钟）

训练2 反思

反思将带来新的视角和责任感，是对自我的研究，是深入了解个人的动机、情绪触发器、思维习惯和偏见的过程。

反思的主要途径有下面三种：

- 写日记。
- 回溯和追踪。
- 深入对话。

第一种，也是最好的练习反思的方法是在一天结束后写日记。写日记有许多不同的方法，但所有方法基本上都有相同的效果：它们促使你反思一天的经历，反思个人的行为和选择，从而使你更有自我意识，更有责任感。反思将促使你督促自己的大脑在白天时保持更有意识的状态，因为它每天晚上都要回答日记提出的问题。

就正念自律而言，日记练习只要求你每天晚上花几分钟时间回答下面三个问题：

1.我今天是如何向志向迈出一步的？（感恩）

2.我今天是如何远离这个志向的？（意识）

3. 明天我如何可以做得更好？（意图）

反思的第二种方法是回溯和追踪。包括使用习惯跟踪器、挂历、电子表格或习惯日记定期记录自己的习惯、日常活动和促使目标实现的活动，还可以包括在自己试图培养的特定品质或行为方面对自己的表现进行评级（从1到10的等级）。例如，如果你想增强自信，你可以每天按照从1到10的等级给自己打分，看你当天的自信程度如何。最后，它包括对你当天的决策打+1分或-1分的做法——我将在下一章中探讨这一概念。

不管具体的实施方法如何，回溯和追踪会让你对自己的行为模式有清晰的认知，而且会增强你的承诺和自我意识。为此，我把它看作正念自律的一个重要组成部分。

第三种反思方法的实施难度更高，它不同于前面两种可以自主练习的方法，第三种方法需要第三方的协助。它要求你与一位明智的朋友、教练或治疗师进行深入对话。与你对话的人，需要知道如何“保持空间”、提出正确的问题，并成为你的一面镜子。这往往比写日记和追踪要深入得多，因为仅凭自身的力量去看穿我们秉持的所有偏见是非常困难的，甚至是不可能的。我们往往需要外部的帮助。

行动步骤

开始每天写日记进行自我反思，同时对个人的习惯和自己为实现目标所采取的步骤进行某种形式的追踪。如果有可能，想方设法地与专业的人士开展深入的心理对话，他们可以帮助你发现自身的偏见，从而获得全新的视角。

训练3　融合（PAW方法）

融合意味着将意识的能力应用到日常生活中。冥想和反思是我们需要在特定时间和地点开展的练习，而融合则是我们在一天中需要持续实践的活动。这就意味着我们需要时刻意识到自己在日常生活中的存在，意识到每时每刻在发生的事情，实时地专注自身的情绪和反应。在某种程度上，融合是不再拘泥于特定地点的冥想。

融合的关键因素是自我观察，这意味着要不断观察自己的思想和身体正在发生什么，要意识到自己的“内在气候”，包括：

- 内心的想法和感觉。
- 被激发的触发器。
- 正在推动行为的冲动。
- 环境对你的影响。
- 正在经历的情绪波动。
- 影响个人认知的欲望、恐惧和偏见。

例如，如果你正在进行一次艰难的谈话，或者正在经历一个诱惑的时刻，而你意识到了自己的“内在气候”，那么你就把意识融入了日常生活中。如果没有，那么意识的练习仍然局限于你一天中的某些特定时刻（早上的冥想，晚上写日记等）。如果你不能不断地意识到自己的“内在气候”，就很难有效地驾驭生活，也很难在推动志向的实现方面做到自律。

我将在下一章进一步探讨融合的方法和策略。

行动步骤

下定决心在一天中持续观察自己，并为它设立提醒（可以使用随意贴或手机/电脑提示功能），在一天中对自己进行几次检查。

本章要点

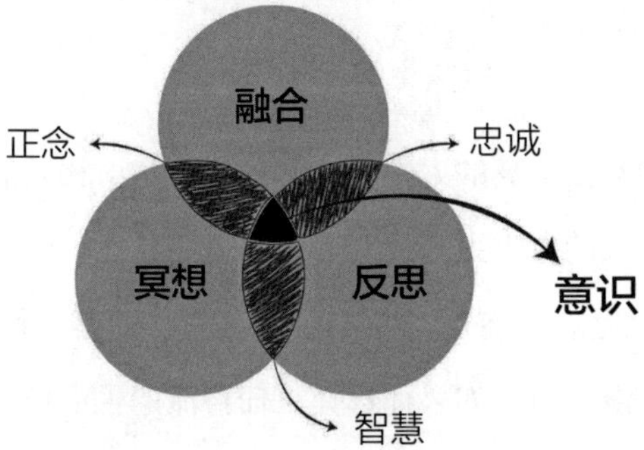

- 自律是两件事的结合：注意力和意图。要练习自律，你需要日复一日地记住自己的志向（注意力），然后下定决心、付诸行动（意图）。
- 意识使你接纳真实的自我；使你摆脱思想和冲动的束缚，从而获得自由；使你有能力选择行动；使你与人生更高的价值保持一致，并获得自然而然的成长。
- 自我意识是通过三个核心实践发展起来的：冥想（早上），融合（一整天），反思（晚上）。
- 反思是通过写日记、回溯和追踪以及可选择的深入对话进行的。
- 就自律而言，意识有三个核心特质：
  - 清晰：以纯粹的自我诚实看到正在发生的事情。
  - 中立：观察自身的经历，不增加羞愧或内疚感。
  - 接纳：拥抱发生的一切，不压抑或压制自身的感受或情绪。

第17章 PAW方法

正念自律是一种与更崇高的人生目标和价值观和谐相处的艺术。为了实现这一目标，你需要运用个人的意志力来改变心理和情绪状态，这样你就可以做出明智的决定，并使你朝着人生志向前进，而不是远离它。但是，你需要先具备意识的能力，然后才可能行使意志力。如果你选择放任自流的生活模式，那你就永远无法产生意识。

因此，你需要能够暂停，获得意识，再运用个人的意志力去行事，这是合乎逻辑的行事方式，也就是PAW方法的全部内容。PAW分别代表了暂停（Pasuse）、意识（Awareness）和意志力（Willpower），它是意识的融合练习，也是意识支柱中所有练习的主线。如果关于这个支柱你只能记住一件事，那么请一定记住PAW方法。

你会注意到，尽管我们谈论的是意识支柱，但“意识”这个词正好位于PAW方法的中间，背后有几个原因。首先，因为你只有在能够暂停（P）的情况下才能练习完全的意识，而练习意识往往揭示出需要通过使用个人的意志力（W）来转变心态——所以三者都是单一过程的组成部分。其次，暂停和意志力这两个要素本身就是意识的练习。

冥想和反思的练习能使你更有效地练习PAW方法。如果没有这些练习作为铺垫，练习PAW会变得更加困难。

步骤1　暂停（Pause）

暂停的能力是冥想练习能带给我们的一个主要超能力。暂停将为我们提供空间、明确性和理解当下的能力。当你暂停时，你会体验到更多的心灵平静、脚踏实地和健康的感觉，你可以放慢脚步，在混乱的日常生活中找到更多意义，你将感觉更有控制力。

如果在日常生活中没有足够的停顿，你就不能练习意识。当一切都发生得太快，而你又没有喘息的时间时，你很可能不会注意到，自我控制的冲突就在眼前发生！你不会注意到自己已经忘却了最初的愿望，正在一步步远离它。你的大脑正忙于处理十件不同的事情——大脑的工作记忆中没有留下任何空间来处理各种诱惑和冲突。

在这样的状态下，你无法行使意志力，你的生活陷入了随波逐流的模式，只能对外部的刺激做出被动的反应，而不是积极主动的响应。此外，你对生活的享受程度也将降低，因为你总是处于人在心不在的状态，以至于你在放纵自己、沉迷于享受时也总会感觉若有所失，不那么令人满意。

已经有研究表明，当你在心不在焉的状态下吃饭或抽烟时，你往往会吃下更多的垃圾食品或抽更多的烟。在一项研究中，当参与者在分心的状态下进餐时，他比平时多吃了20%的食物，而且还感觉不到饱。结果是，他们后来的确摄入了更多的食物，因为他们没有得到满足。

在日常生活中暂停并更有意识地生活，这意味着你将降低分心的程度，更清楚地意识到设定的目标，从而更有可能贯彻和执行这些目标。正如你所看到的，暂停既是意识的先决条件，也是意识本身的一种实践。

如何练习暂停

你如何变得善于暂停和放慢生活的脚步呢?

答案是通过冥想和正念练习。在日常生活中暂停，是保持每日冥想练习可以带来的自然效果。在某种程度上，这是一种随着时间的推移能够毫不费力地建立起来的技能。然而，你可以通过在一天中刻意练习暂停，来加速这一过程并强化暂停的能力。

在日常生活中带来更多暂停的最简单方法，是通过有意识的呼吸。当你有意识地深呼吸和慢呼吸时，你就是在使神经系统平静下来，降低冲动的程度并唤醒大脑中最先进的部分（前额叶皮层）。这样一来，情绪就更容易得到控制，你会突然感觉到更多的意识和控制力。

棉花糖研究（详见第4章）背后的斯坦福大学科学家沃尔特·米歇尔（Walter Mischel）将参与者意志力的成功或失败归因于大脑的“热和冷”系统。他解释说，人类大脑的“冷系统”是我们的认知部分（即思考系统，控制我们的理性决定）。“热系统”则根据情绪和冲动立即做出反应。这种区分对自律的训练很有帮助，因为它说明了人们为了保持长期目标需要做出的转变，即从热系统切换到冷系统，从冲动到理性，从爬虫大脑到进化大脑，从无意识到有意识。

而暂停的能力能够帮助我们实现这种转变，实现的方式是通过呼吸。

几个世纪以来，冥想大师们开发了多种呼吸技巧。其中一些相当精细，强度也很大。但就开始PAW方法这个目标而言，最可行的方法是简单地进行三次腹部深呼吸，我把它称为“三次呼吸法则”。

- 将双手放在腹部的位置。
- 想象你的肚子是一个气球。
- 当你吸气时，感受腹部的扩张。
- 当你呼气时，放松腹部。
- 让呼吸变得缓慢、深沉和平稳。
- 重复三次。

缓慢的呼吸是指不急不躁地，在长长的呼吸过程中，一点一点地吸入空气。深呼吸是指利用全部肺活量，吸进大量空气。均匀呼吸是指保持恒定的节奏，不出现急促或突然的呼吸。这三个原则同样适用于吸气和呼气过程。

在冥想练习中，我们通常以鼻子吸气和呼气。然而，对于暂停这种特殊的呼吸练习，如果你非常紧张，你可以先尝试用鼻子吸气、用嘴呼气三次，每次呼一口长长的气。在慢慢习惯之后，尝试只用鼻子吸气和呼气。

在你慢慢地、深深地、均匀地呼吸三次后，你就会把平静的时刻带入新的一天。这就像从永无止境的思想和情感的流动中获得短暂的休息。这种暂停对于意识能力的培养是必不可少的，如果没有暂停的能力，就没有意识的存在。

PAW方法步骤1

另一种你可以随时随地练习的更精细的呼吸方法，叫作箱式呼吸法（Box Breathing）。在这种技巧中，你需要为自己的呼吸设定一个特定的节奏：吸气4秒，屏住呼吸4秒，呼气4秒，屏气4秒。如果一开始很难坚持4秒，可以尝试从3秒开始。如果你觉得4秒钟太轻松，也可以选择持续做5秒或6秒。除此以外，也要遵循和上述呼吸同样的准则：腹部呼吸，保持缓慢、深沉、均匀的节奏。

迷你冥想小练习

如果你不能暂停，就没有选择的自由，因为你在冲动和反应之间没有留下任何空间。

当你能够暂停并有意识地控制呼吸时，你就能够转变当下的思想状态，改变大脑条件反射的神经系统。在全新的状态下，你就能够看清自己的习惯性行为模式——比如毫无意识地去伸手拿手机、无缘无故地开始发脾气、控制不住地再来一罐苏打水——并改变这些不良的习惯。

练习PAW方法最棘手的部分，是记住要暂停。在当前快节奏的生活中，练习暂停可能是一个很大的挑战，我们总是忙于各种事务，所以会忘记练习暂停。因此，第一步就是要养成暂停的习惯。为此我建议你在一天中创造出3个短暂的时间段，来培养暂停的习惯。我将之称为“迷你冥想小练习”。

这种迷你的冥想小练习，是一种持续一分钟的非正式型冥想，可以随时随地练习。你可以在通勤路上、吃饭过程中、走路、等车、排队等候或准备进行一次艰难的谈话时进行练习。练习时你也无须闭上眼睛，没有人需要知道你正在练习冥想。

进行迷你冥想练习时，保持身体不动（如有可能的话），并以你喜欢的方式练习冥想一两分钟，比如可能只是进行有意识的深呼吸，或者迅速地审视自己的身体，或是其他可以使你平静的练习。最具挑战性的并非迷你冥想本身，而是记得去做这件事。因此，你可以在手机上设置提醒。

冷却过激情绪

无论你设定了什么人生目标，暂停对自律而言都很重要。如果你设定的目标是克服某些冲动行事的情绪，或改掉某些坏习惯，暂停的能力就变得尤为重要。因为暂停能够让大脑过热的系统冷却下来。

如果你出现了非常强烈的冲动，可能需要暂时远离冲动行事的诱惑，直到自己冷却下来。在这种情况下，你可以通过处理其他事情，让冲动中的你休息一下，或想办法让诱惑从眼皮底下移开。比如暂时离开商店，挂断电话，休息一下，闭上眼睛，从50倒数到1，或者关闭电脑。做任何你需要做的事情来远离当前的诱惑，直到整个事件冷却下来。

总结：每当你发现自己处于意志力冲突（即短期欲望和长期目标之间的冲突）中时，花点时间暂停，深呼吸3次。为了让自己更好地牢记暂停的做法，可以通过迷你冥想小练习，养成每天暂停多次的习惯。最后，如果你面临着一个非常强烈的冲动，而又不能只是暂停和观望，那么不妨抽身去忙于其他积极的活动，转移自己的注意力。

步骤2 意识（Awareness）

在你练习了暂停并学会放慢响应的速度之后，就可以开始自我意识的练习了，这将使你能够更清楚地看到事情的本质。就PAW方法而言，意识的训练意味着你对自己的选择和驱动力都有了更深刻的认知。

意识到个人的选择

我们做出的每一个选择都很重要，因为每一个决策要么促使我们朝着目标更进一步，要么迫使我们远离设定的目标。问题是，我们在大多数情况下都没有意识到这一点，而没有这种意识，我们就不可能做到自律。

提升对决策的意识的最简单方法是养成做记录的习惯，即将每一个选择都标记为+1（如果它使你朝着目标更进一步）或-1（如果它使你反而远离了目标）。尽管这个练习可以在脑内完成，但在刚开始时，我强烈建议你以书面的形式记录，可以使用一个随身携带的小笔记本、电子表格或手机上的记事程序做记录，可以随意选择你觉得方便的形式。

以“完美的健康和充满能量”的愿望为例，下面是一些标记得分的示例：

- 今天早上闹钟响的时候我按了贪睡键。（–1）
- 醒来后，我洗了个冷水澡。（+1）
- 我没吃早餐，因为我正在进行间歇性禁食。（+1）
- 在去上班的路上，我感到有一种想吃甜食的强烈冲动。我在甜甜圈店停了下来，买了一些作为午餐后的甜点。（–1）
- 今天早上我觉得很困，所以我多喝了两杯咖啡。（–1）
- 今天的午餐我选择吃沙拉而不是快餐。（+1）
- 在回家的路上，我顺便去了健身房，做了半个小时的有氧运动。（+1）
- 我在晚餐时喝了一杯水果奶昔。（+1）
- 每日总得分：+2

如果你想升级这个练习，力图将自己打造成为一个意志力大师，那么也可以给自己的想法打分。当你感到自己的想法是积极的、有力量的时，就记录+1；当你感到它们是消极的、限制性的时，就记录–1。

这个给自己的意志力和行为评分的过程，将迫使你清楚地看到自己把主要的精力放在了什么地方，以及你正在为自己创造什么样的生活。这是一种彻底对自己诚实的做法，你需要毫不含糊地面对现实（即要么+1，要么–1，没有中间地带），这意味着你不能含混不清，敷衍了事。

遵循这个打分的过程能够帮助你更好地理解每个决定的真正成本和收益。你将开始看到，每当你拒绝自律的时候，你就离预想的生活又远了一步（你的志向），并回到了受制于外部环境的生活（现状）。在生活中，你每时每刻都在做出选择，而这些选择对未来有着深远的影响。

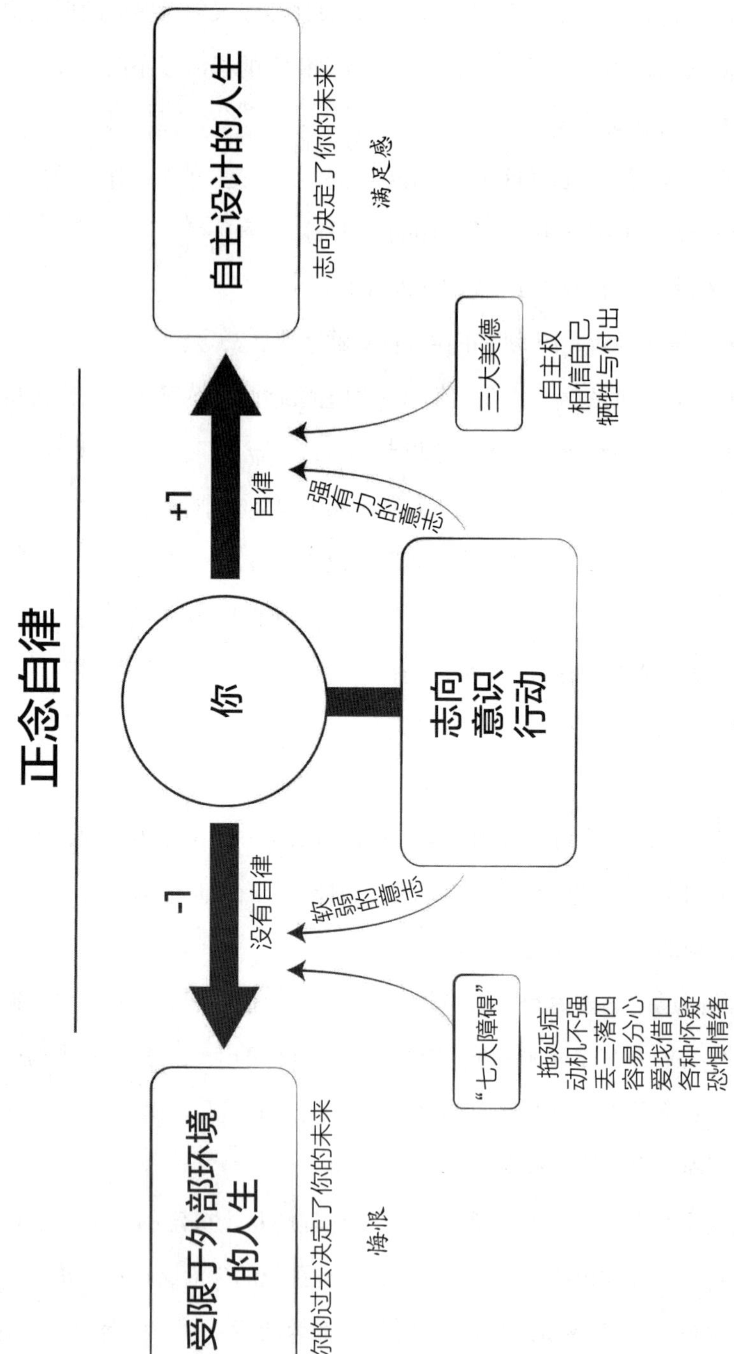
正念自律
自主设计的人生
志向决定了你的未来
满足感
+1
自律
强有力的意志
三大美德
自主权
相信自己
牺牲与付出
你
志向
意识
行动
-1
没有自律
软弱的意志
“七大障碍”
拖延症
动机不强
丢三落四
容易分心
爱找借口
各种怀疑
恐惧情绪
受限于外部环境的人生
你的过去决定了你的未来
悔恨

当然，并不是所有+1的事情都有一样的分量，对于-1的事情也是一样。因此，如果你愿意，在养成了打分的习惯之后，你可以根据各类行为的有用或无用程度，选择不同的权重来区别所有+1或-1的事件，以凸显其不同程度。尽管我个人认为这实际上没有必要，而且会增加整个系统的复杂性，从而减慢整个过程，但有些人喜欢这种更加细致的方法。

正念自律的培养其实很简单，你只需要确保每天结束时得到的总分是正数即可。只要每天的积分为正，你就会对自己的一天感到满意，并为自己感到骄傲。如果得分为负数，你就需要学习经验教训（而不是感到羞愧或内疚），并承诺明天会做得更好，这就足够了。随着时间的推移，这个小练习带来的复合效应将产生显著的影响。

但也不要期望自己能够在每个决定中都遵循这个评分的过程，这是不现实的，因为我们每天都要做成千上万个决定，没有足够的时间为每一个决定暂停。因此，你只需要在每天的十几个关键的决定中遵循这个过程即可。你在PAW练习方面投入的时间越多，就越能够在日常生活中熟练地应用这个技巧，并积累你需要的正积分，推动自己朝着人生的目标前进。

在一天结束后，将所有的分值相加，然后回顾整个过程，看看自己能够从中学到什么。这种每天晚上的回顾，也是意识的第三个练习的一部分，即反思（详见第16章）。每日反思将使你敏锐地意识到，什么时候你在朝着目标前进，什么时候你的决定反而导致你远离了目标。在我看来，这就是实现自我意识的最佳方法。

意识到自己的驱动力

对选择的意识将帮助你确定自己能够做出的最佳决定是什么。然而，知道最好的选择是什么和真正做出最佳选择是两码事，因此你还需要自律的力量。一旦你意识到正确的选择之后，就应该审视自己的内心，检查一下有哪些心理力量在发挥作用。

为了使你做出最好的选择，你需要意识到在做出选择的当下你的内心正在发生的事情。你需要意识到，你什么时候会缺乏驱动力，什么时候想要放弃，什么时候开始为自己半途而废的念头找理由或找借口。通过遵循意识的三个重要特质，即彻底的自我诚实（清晰）、不羞辱自己（中立）、不压抑自己（接纳），来做到这一点。

下面这四个核心问题可以帮助你清楚地了解自己在当下的内心情况：

1. 我在对自己讲什么故事？
2. 我产生了什么情绪？
3. 我产生了什么冲动？
4. 我从中获得的继发性获益是什么？（详见第11章）

接下来该做什么？

有时候，能够暂停并意识到自身冲动这个简单的举动，就足以降低头脑发热的程度。这个方法之所以有效，是因为暂停在你和你的冲动情绪之间创造了一种空间感和距离感，从而帮助你远离热系统（爬虫大脑），走向冷系统（前额叶皮层），并使你更容易做出朝着志向进发的决策。

不过，在很多情况下，仅仅练习暂停和意识是不够的。你已经能够意识到自己当下的内部状态有可能导致你远离设定的目标。为了阻止这种情况发生，你需要改变这种内部状态，这将不可避免地要求你锤炼自己的意图和意志力，这就是PAW方法步骤3的内容。

步骤3 意志力（Willpower）

到了这个阶段，你已经学会了暂停，已经清楚地看到了内心正在发生的事情——明确了自身的选择和驱动力，接下来就到了采取正确行动的时候了。你可能需要运用意志力来改变当前的不利状态。在本书的第4章，我们将意志力定义为“哪怕存在各种争夺个体注意力的外部刺激，个体依然能够控制注意力、情绪和行动的能力”，以及“延迟满足、推翻不想要的想法和感受，并改变内部状态的能力”。

意识是发现，而意志力是行动

如果我们把PAW方法比作穿越一个繁忙的十字路口，那么：

- 暂停是将车停在十字路口。
- 意识是环顾四周，看是否安全和可以继续前进。
- 意志力是决定下一步该做什么，然后去做。

PAW方法的最后一步，是通过使用下面几章中解释的三种技术手段之一，来转变个人的内部状态。把它们全部学会是好事，但你不一定需要全部练习。你可能会发现，每次都有某一种技术对你更有效，或者你需要使用不同的技术来应对不同的自律挑战。

在本书的其他章节中，你将学习PAW方法的不同操作形式，以专门克服借口、分心、拖延和疑虑等坏毛病，但整体的方法总是相同的：我们从暂停和意识开始。但只有第三步，即意志力，会根据你所面临的挑战而有所不同。PAW方法的用途非常广泛，但不论你如何运用它，都需要充分地调用意志力。

本章要点

- PAW方法是意识支柱中所有练习的主线。它是你练习将意识融入日常生活中，提高个人的自控力和意志力，并保持对愿望的忠诚必须要进行的训练，也是正念自律的核心。
- 暂停是把事情放慢，以便做出更好的选择、更用心地生活。为了提升暂停的能力，可以练习“三次呼吸法则”和“迷你冥想小练习”。
- 意识是指意识到每一个决定都很重要，而且每一个决定在推动目标实现方面的得分不是“+1”就是“-1”。通过使用本章中提供的问题示例，你可以发现自己的驱动力——也就是当下正在发生的故事、情绪和冲动。
- 意志力是有意识地转移当前的内心状态，以便你能选择与你的志向一致的东西。在接下来的章节中，我将讨论应用意志力的三种技巧。

第18章
意志力训练技巧1　转移焦点

想象一下，现在你应该去跑步了，但你却有一种强烈的冲动，不仅不想去跑步，还想拿起一盒冰激凌，打开你最喜欢的网飞（Netflix）电视节目，然后你的内心深处有个想法在提醒你："不，我应该利用PAW方法来遏制这个冲动……"整个过程看起来应该是这样的：

- 你暂停一下，做几个深呼吸。坐下来看网飞电视节目和吃冰激凌的冲动稍稍降温，但仍然存在。
- 你开始意识到这些选择的得分：冰激凌和网飞电视节目显然是-1，而出去跑步显然是+1。然后，你会意识到当下正在发生的故事、情绪和冲动。你将清楚地看到问题所在，但诱惑仍在继续。
- 你现在需要转变这种内心的状态，以便做出正确的决定，并保持自己朝着目标前进。你可以通过"放大目标的重要性"来做到这一点，把注意力重新集中在志向和未来的自己身上。这样，你就能把自己从眼前的渴望中抽离出来，看到更大的前景。

你越是能够对真正发生的事情形成正确的看法，就越是不需要采取强硬的方法来迫使自己回到正轨。通过重新聚焦于人生的价值观和长期目标，在面临自我控制的冲突时，通过行使意志力来赢得冲突就变得更容易。在诱惑的力量变弱之后，你的志向就可以驱动你在当下做出正确的决定。这就是意志力第一个训练技巧的意义所在。

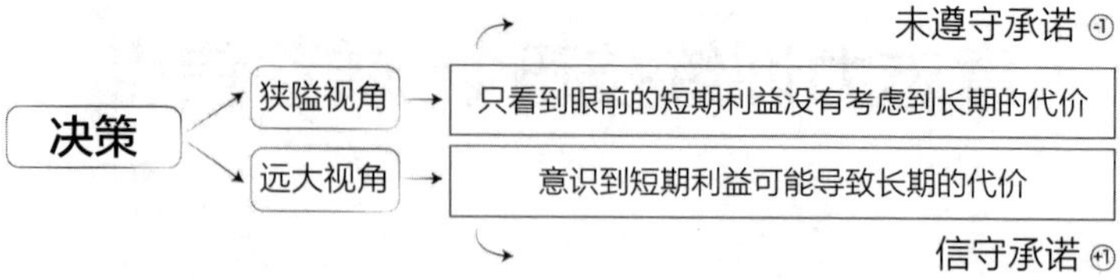

转移焦点有三个核心步骤的操作：放大视野、获得新视角；牢记初心，确保自己的决策与价值观保持一致；善待未来的自己，使信守承诺、不忘初心的好处对你而言变得更真实。下面，让我们逐一深入研究这三个具体的操作步骤。

步骤1　放大视野

放弃跑步，转而去一边吃着冰激凌一边看网飞的电视节目，这听起来可能十分诱人，尤其在你没有意识到这个决定的长期后果的情况下。就当下而言，你只是单纯地将二者的愉悦感进行了对比：跑步的辛苦与吃着冰激凌看电视的快乐做对比。为了改变这种情况，记住这个决定即将带来的分数（+1或-1），然后问问自己，如果这个决定成了长期的习惯，你需要付出什么样的代价？

你需要意识到，每次你选择拖延时，就是在训练你的大脑成为一个习惯性的拖延症患者；每次你选择打破规则，承诺自己“下不为例”时，都是在促使自己更容易再次打破规则；每次你经受不住诱惑而做了不好的事情，就更容易使其成为一种瘾，选择放弃今天设定的目标，事实上就是让自己更习惯性地在明天也同样放弃。

相较之下，每当你遵守了对目标的承诺时，就是在强化它。每一次坚持跑步，都会让下一次跑步变得更容易；每一次选择坚守承诺，都会让未来打破承诺的可能性降低。当你朝着目标迈进一步时，你就增加了实现目标的动力，而当你选择跳过时，你就是在放慢实现目标的进程。日常生活中每一个看似微不足道的决定，都会随着时间的推移产生累积效应，要么推着你朝目标前进（+1），要么拖累你前进的步伐（-1）。

但一个常见的问题是，我们在做出决定的那一刻，很难清楚地看到这一点。大多数人会存在一种错觉，认为每天的小选择并不会产生任何长期的后果，这是因为我们孤立地看待了它们。当然，偶尔放纵一下，吃一次冰激凌，或放弃一次跑步，从长远来看，对健康的影响几乎为零，然而从自律的角度来看，却不是这么回事。真正的关键在于，这些决定是在训练你保持正确方向的能力，还是在训练你不停地放纵自我、打破规则、偏离目标的坏习惯？你的决定，到底是在强化哪一种习惯呢？

这种放大视野，从而转变错误视角的方法，在学术界被普遍地称为“宽归集”（broad bracketing）。在做决定时，孤立地看待选择本身，只考虑其后果，则被称为“窄归集”（narrow bracketing）。如果我们能够将选择的影响放大，将某个单独的决定视为一段时间内许多相同决定的一个示例，并将这一系列决定的成本和收益作为一个整体来考虑，就做到了所谓的“宽归集”。如果你真的关心自己未来的发展，那么宽归集将是一个明智的策略。

你需要记住，真正重要的并不是吃不吃那个冰激凌，或者是否跳过“今日需要做的事情”，而是选择哪个版本的未来，关于你的生活、你的志向，以及你想要成为什么样的人。你会为了一时的欢愉而牺牲所有这些崇高而伟大的人生理想吗？

看待选择的正确方式，并不是“我想要选择跑步的痛苦，还是看电视的快乐？”而是“我想要糟糕的健康状况和背负额外体重的痛苦，还是想要健康的感觉和轻盈的体态，以及拥有高能量水平的快乐？为了几分钟毫无意义的娱乐而牺牲所有这些长远的好处，真的值得吗？”

那些开始时看似有利，但最终不利的东西，归根结底不是好东西；而那些开始时看似不利，但最终对你有利的东西，才是真正的好东西。请时刻牢记这一点，然后你就会为自己做出的决定而感到骄傲，而不是追悔莫及。

如果你没有意识到真正发生的事情，即每一个决定都关系到人生价值观的实现，那么你往往很难注意到，你正面临着自我控制的冲突。结果是，我们将在无意识的情况下放纵自己。为了避免这个问题，我们需要放大视野，获得新的视角，需要看到当下的决定可能带来的长期影响，并问问自己：“我是否乐意将此作为一种习惯而长期坚持？”

如果第一人称视角下很难看穿事物的本质，不妨想象你正在观察一个朋友经历同样的情况，面临同样的自我控制冲突。你能够描述她正在做什么吗？她面临什么样的挑战？以及需要选择什么样的价值观吗？你能够帮助她做出一个日后不会后悔的决定吗？第三方或者旁观者的视角能够帮助你暂时跳出自我的偏见，跳出条条框框去思考，然后你可以更公正地运用同样的思考方式，判断自己的选择是否得当。

总结：放大当下诱惑的长期影响，你就能够从长期的角度进行思考，也会让利用个人意志力确保自己朝着正确的方向迈进变得更容易。

步骤2　牢记初心

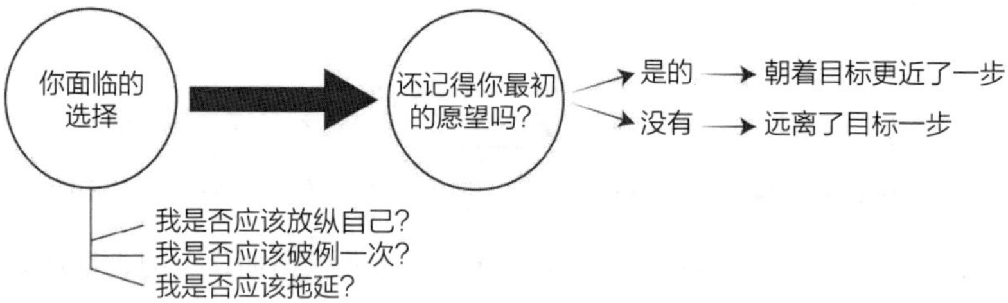

转移焦点技巧的步骤1（放大视野），使你更清楚地意识到自己的价值观正处于危险之中。步骤2旨在增强你希望在自我控制的冲突中占据上风的价值观。你将通过在情绪层面把自己与最初的愿望重新联系起来并强化初心来做到这一点。

先在脑海中唤醒你最初的目标和愿望，然后问问自己：

- 为什么这些目标对我而言很重要？在此可以回顾本书第8章提供的练习方法。
- 一旦目标得以实现，我会有什么感觉？花一分钟时间，将自己与实现目标的好处联系起来，让自己再次为人生的目标感到兴奋。
- 如果我拖延了目标的实现，甚至是放弃了目标，只为了享受眼前短暂的快乐，我会有什么样的感觉？感受这个结果可能带来的痛苦，会使你尽可能地避免它。

如有必要，你甚至可以夸大个人对痛苦和利益的看法，使做出正确的决定对你来说变得毫不费力，这将使你对存在冲突的价值观产生更强烈的感受。例如，假设你想养成抽出时间从事副业的习惯，你就可以告诉自己，如果不这么做，你的人生最终会经历很多遗憾，感到很痛苦，而如果你成功地做成了副业，就会感觉自己站在了世界之巅，充满了自豪感和充实感。在做出任何选择时，你心中的区别越是黑白分明，你需要调用的意志力和自制力就越少。明确个人的价值观，清楚每个选择的利弊，你就会更容易选择长期的目标，而不是一时的满足。

在日常生活中，你越是能够时刻牢记远大的目标和愿望，就越是能够轻松地想到日常的小决定对它们的影响。在实践中，每当你需要决定是否应该对一个冲动说"是"时，首先要回顾一下你的志向，看看你的选择是否与之保持一致。如果你想要让每一个决定，无论大小，都推动你朝着你的志向前进，那么就将这个长期的目标作为每个决定的指南针。牢记和践行这个原则将能够确保你的日常生活始终与长远目标保持一致，这就是正念自律的意义所在。

当然，只有在经受"诱惑"时能够真正地记住长期的目标和愿景，这个方法才行得通，因此这也充分体现了暂停和意识的重要性，即PAW方法中的P和A。如果你已经设定了强烈和明确的长远目标，并习惯性地强化个人的意识，那么你就能够时刻将这个志向牢记心间，并真正地将其作为每个决定的指南针。

设定了明确的目标
+
暂停并放大视野
+
时刻牢记志向

〉将志向作为每个决定的指南针

〉人生将能始终与长期愿景保持一致

在步骤2结束时，你可能已经解决了当前的自我控制冲突，并能够做出有利于长远目标的选择。如果没有，可能的原因是你依然对自己当下行为的长期后果不够关注，即对未来的自己秉持了一种冷漠或漠不关心的态度。如果存在这种情况，你就需要进入这个技巧的步骤3进行训练。

步骤3 善待未来的自己

问问自己："这个决定会对未来的自己产生什么影响？如果我屈服于这个诱惑，我将成为什么样的人？"

在转移焦点技巧方面，最主要的挑战是，我们现在的自己会比未来的自己感觉更加真实。大脑扫描的数据显示，对大多数人而言，考虑未来的自己，几乎等于思考另一个陌生的人，大脑并不会将"未来的自己"视为"自己"。因此，在你想象未来的体验时，与思考"自我"相关的大脑区域并不会被激活。已经有数项研究表明了这种奇怪的分裂感，以及由此产生的我们对未来的自己有负担感的倾向。

- 耶鲁大学的研究人员证明，当人们在健康食品和大块饼干之间进行选择时，57%的人选择了饼干。但如果他们被告知下周会有同样的选择，选择饼干的人数比例会上升到83%——他们中的大多数人会解释说，"下次"他们会选择更健康的食物。
- 威斯康星大学和杜克大学的研究人员在一项关于运动设备的研究中注意到，人们往往会高估他们在一个月内会做多少运动。当参与者被特别要求做出"现实一点"的预估时，他们甚至高估了更多。
- 在另一项研究中，参与者被问及他们愿意为一个特定的善事做多长时间的志愿者。平均来说，学生们认为，未来的自己可能愿意贡献85分钟，而现在的自己只愿意贡献27分钟。

如果未来的你对你自己而言是个陌生人，你当然会选择拖延和即时满足，甚至不会意识到自己遭遇了自我控制的冲突。对你来说，为什么要为了在未来的某个时刻让一个陌生人受益，而放弃眼前的安逸，并开始进行漫长而艰苦的努力？

没有几个人会这样做，相反地，你会根据眼下的舒适程度来做出决定，即使这些决定可能会在未来伤害你。这就是所谓的个人折扣率（personal discount rate），即你在多大程度上，愿意用未来的福祉换取当前的享受——这个比例越高，你就越倾向于即时满足。

个人折扣率高，你就会经常自欺欺人，并做出短视的决定。这也是很多人觉得自律难以坚持的一个主要原因，也是大多数人往往为自己的决定而后悔的原因。

- 你今天之所以向诱惑屈服，是因为你相信自己明天就能够控制自己。
- 你今天过度消费，是因为你相信未来的自己能够存更多、花更少。
- 你今天因为其他事物而分心了，因为你觉得在未来，这种事物的分心性质会削弱。
- 你今天推迟了重要的工作，因为你相信未来的自己会更有能力去完成工作，并且有更强的意志力去坚持。
- 你今天没有采取行动朝着你的志向进发，是因为你觉得在未来，你会有更多的时间、更多的金钱、更强的决心和更多的专注力来贯彻和执行。
- 你认为明天会与今天不同，并相信自己会神奇地以某种方式改变自己，并开始做出更好的决策。

每做一个这样的决定，你都会给未来的自己带来负担，使自己的生活更加困难。这些小决定看似微不足道，但它们所产生的影响将随着时间的推移而加重。我将之称为“自律的负债”（self-discipline debt），你要么连本带利地偿还这笔债务（个人在未来的改变会变得更加困难），要么你就会直接破产（整个人生都充满了遗憾，缺乏成就感）。

如果你不断地做出会让未来的自己陷入困境的决定，你认为他/她会对你有什么感觉？是失望、羞愧、怨恨，还是自我憎恨？

扭转这种不利的情况，并预防未来的自律债务的方法，是与未来的自己建立强有力的联系，使未来的你感觉更像是“我”。我将在下文提供几种不同的方法来完成这一心态和思维的转变。

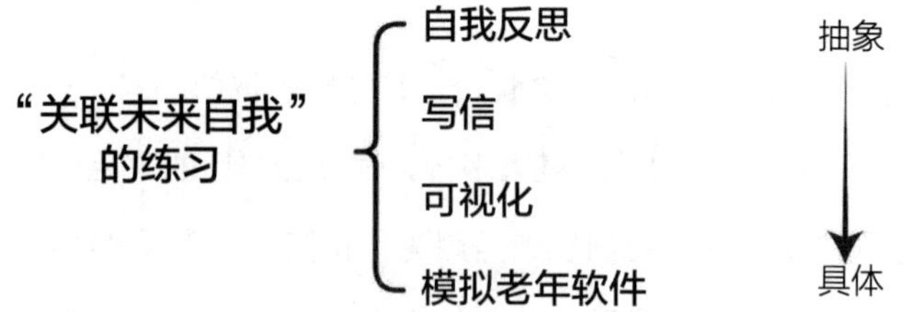

自我反思：第一个方法是反复地反思这样一个事实，即未来的自己就是你，今天的你，对昨日的你而言，就是未来的自己。反思的时候，考虑到自己的核心身份、偏好和品位可能会保持不变，看到明天的喜怒哀乐对你来说，将和今天的经历一样真实。思考这样一个事实：你现在做出的一个决定或许能带来一时的欢愉和享受，但未来可能会导致问题，就好像逆风吐痰，最终还是会落回自己身上。

写信：第二个方法是与未来的自己沟通。《自控力》（*The Willpower Instinct*）的作者凯利·麦格尼格尔（Kelly McGonigal）博士建议，你可以给未来的自己写一封电子邮件，告诉他/她你今天正在做什么来实现长期目标。

可视化：你也可以非常详细地想象自己未来的经历。进入放松和平静的冥想状态，然后想象两个不同版本的未来：实现了你的目标（得偿所愿的生活）和没有实现目标（受制于外部条件的生活）。以第一人称的方式，详细地分别体验两种不同版本的人生。感受受限于外部条件生活的痛苦和得偿所愿生活的快乐，看看未来的生活，它外在的表现如何，以及你的内心感受如何，尽可能地使它真实。

模拟老年软件：最后，你可以看看自己年老之后可能的样子。研究人员已经证明，使用模拟老年状态的软件也可以帮助你设想未来的自己，并创造更强的关联性。因此，你可以尝试使用某些第三方应用程序来设想年老的自己。然后你看着白发苍苍的自己，扪心自问：“哪个决定会让年老的自己更快乐？他/她会给现在的我什么建议？”

如果你仍然难以与未来的自己建立联系，那么你可以通过在期望的行为上附加一个外部奖励，让你的大脑了解你想采取的行动的好处（详见第27章）。如果你知道自己当前的所有行为都会被未来的自己不断观察，你会怎样生活？花一些时间来回答这个问题很有用，因为未来的你的确会不断审视你现在的行为。你无法避开良心的追问，它会一直审视着你。

如果未来的自己对你而言没有真实感，那么你几乎不可能使用“转移焦点”这个技巧，并使其发挥作用。如果你正好符合这个情况，那么就需要使用上述四种方法中最适合自己的方法，来与未来的自己建立更强的联系。

如果你的确很难与未来的自己建立联系，那么建议你每天花一点时间练习前述的四个技巧，可以尝试在早上的冥想练习之后，或者在晚上写完日记之后练习。这些练习将使你在面临自我控制的冲突时，能够首先想到未来的自己，并将他/她的幸福置于眼前的诱惑之上。

在日常生活中，我们需要意识到，每一个决定，无论大小，都很重要，每一个决定都在为未来的你和未来的生活做准备。将现在的你与未来的你联系起来，你就能够拥有一个令未来的自己感到自豪的现在，以及一个你发自内心满意和享受的未来。

结果：化解自我控制的冲突

“转移焦点”的技术给我们提供了三种不同的方法，来改变我们对关键价值的看法。正如我们在前文的案例中看到的那样，真正的价值冲突不是“跑步”还是“看电视节目”，而是“健康和精力充沛、看起来很好、实现我的目标，成为我想成为的人”与“为了很快就会被遗忘的一时享乐，而推迟所有这些健康的收益，并没有真正产生什么效果”之间的价值冲突。

你现在能够感受到两种对比的不同了吗？

在第一种情况下，的确存在一个内部冲突，你需要做出一个困难的决定：跑步还是看电视。在第二种情况下，价值观相去甚远，你几乎可以不假思索地做出决定，根本不存在比较，所以这是一个不需要纠结的问题，你必然会选择有利于长期目标的选择。

随着这个技巧的每一步训练，长期的目标对你来说变得更强，而眼下的诱惑则更弱，这就使得你的注意力从短期转移到长期。

贯彻这一训练技巧的最终结果是你显著地凸显了两种不同价值观之间的差异，并绕过了自我控制的冲突。在这种新的状态下，运用个人意志力去做需要做的事情就会变得更容易，你将能够打赢这一场轻松的仗。这就是为什么我们需要通过志向支柱中的各项练习，来明确你的价值观和长期志向。

快速练习

在你希望自己更加自律的每个目标中，回想一下你最近三次打破了承诺或好习惯的时候。你当时可以做些什么来帮助自己转移注意力？写下你可以在自我对话中使用的有助于这个转变发生的确切语言，并承诺在下次发生同样的情况时尝试这个方法。

正念自律并不会要求你在偏离目标轨道时惩罚自己，而是让你在保持正确轨道时奖励自己，其重点是提升我们对偏离轨道的不良后果和保持正确轨道的好处的认识。你对相关后果或好处的认识越是深入，就越不需要强迫自己去做特定的事情。

要记住，日常生活中每一个看似微不足道的决定的影响，都比当前的直接结果重要和深远得多。通过放大决策的后果和影响，牢记初心，并将自己与未来的自我关联起来，以意识到每个决定的真正代价或好处。将其变成一种习惯，你就能够确保生活中的每一天都在朝着目标迈进。如果你没有养成这个习惯，那可能每过一天，你就离你的目标更远了一步。

本章要点

- 你对真正的价值冲突形成的看法越是正确，就越是不需要采用强迫的手段，逼迫自己回到正轨。通过重新将专注的焦点放在价值观和长期目标上，你行使意志力“赢得”正在面临的自我控制冲突就会变得更加容易。
- 步骤1：放大视野。通过看到使某种决定成为习惯可能带来的长远后果，放大自己的视野。
- 步骤2：牢记初心。牢记自己的志向，在情感层面上与之建立关联，强化志向在决策过程中的分量。
- 步骤3：善待未来的自己。通过可视化、给自己写信、自我反省或模拟老年软件与未来的自己建立联系，使你更专注于人生的长期目标。

第19章
意志力训练技巧2 转换认知

自律始于对思想的掌握。如果你不控制自己的思想，你就无法控制自己的需求。自律要求平衡自我内心的情感和头脑中的推理能力。

——拿破仑·希尔（Napoleon Hill）

自我控制是力量。

正确的思想是掌控力。

平静是能量。

——詹姆斯·爱伦（James Allen）

如果技巧1专注于改变个人关注的内容，以及对诱惑的思考方式，那么技巧2就旨在改变每个人对诱惑的感受。技巧2利用了在现代心理学中被称为认知重评（cognitive reappraisal）的方法。这个方法通常被用来帮助人们减轻压力和焦虑程度，但也可以用来帮助我们以更自律的方式实现设定的长期目标。简而言之，这个方法就是让每个人通过刻意地选择不同的方式看待特定事物或活动，并借此赋予其不同的意义，进而改变个体感受的一种能力。

这个方法背后的逻辑非常简单：当你认为某件事很有吸引力时，自然而然地就会想要得到它；当你认为它令人厌恶时，就自然而然地不想与之产生任何关联。然而，什么东西让事物充满吸引力，或招人厌恶，实际上非常主观，这取决于我们如何看待它们、关注它们的哪些方面，以及我们给自己讲述什么样的故事。

冥想练习让我们意识到，尽管我们的思想不是现实，但它们能够帮助创造现实——或给现实增添色彩。这就意味着我们有能力通过改变感知事物的方式，来改变我们对事物的感受，我们可以通过选择性地将专注力放在特定的地方，将快乐转变为痛苦，或将痛苦转变为快乐。

我们将思想和注意力集中在哪里，决定了我们对某些特定诱惑、经验或任务的感受。认知重评方法与每个人的想象能力，以及每个人通过集中注意力将想法变成现实的能力一样，能够有效地创造或转变现实。而每天的冥想练习将能够强化这些心理能力，使这些技巧的应用变得更加轻松。

消极重评

假设你已经下定决心戒掉可乐，并且坚持了一个星期，但现在你跟朋友们一起聚会，大家都在喝可乐，跟大家一样喝一杯的冲动突然之间就回来了，你开始想，“只喝这么一罐肯定没什么坏处”。与此同时，喝可乐带来的愉悦感的记忆开始在大脑中浮现，你的嘴巴开始流口水，想要破例一次来一罐，让自己看起来更“合群”。

这时候，你就需要运用PAW方法了！

首先，你需要暂停脑海中的思绪，深呼吸几次（暂停）。专注于和汽水相关的冲动、故事和感觉，并意识到这一次的让步意味着与长期目标相关的活动要“-1”（意识）。然后，你决定通过改变你对眼前诱惑的感觉，来改变自己的心态，并使用认知重评的方法，重新评估现实（意志力）。

（温馨提示：如果你正在吃饭，请暂时跳过下一段的阅读）

为了抵抗诱惑，你要开始对可乐产生一种厌恶感，你要想到它对你的身体有多坏，想起它给你带来的胃胀气感觉，看着黑色的液体，想象它就是一罐脏水或污水，想象它的味道不是甜的，而是非常苦涩，让你想要呕吐。你告诉自己，喝它就跟喝毒药一样。

现在，你是否准备好伸手去给自己拿一罐可乐呢？它看起来也没那么诱人了，不是吗？

你的想象力越强，这个方法的效果就越好。因为你正在给自己讲述一个诱惑的不同版本的故事，并试图相信它就是真的。这能够帮助你扭转冲动：你现在会想要远离这个诱惑，而不是朝它走去。

（但是，请确保整个否定诱惑的过程专属于你自己，如果其他人愿意，不妨让他们尽情地享受他们的可乐！）

你还可以通过将可乐与个人的志向和理想生活联系起来，强化自己对可乐可能带来的相关负面后果的感知。例如，你可以问自己："我想要成为那种体重超重、不将身体健康放在首位、不能够对垃圾食品说'不'的人吗？"以这种方式重塑自我控制的冲突，可以帮助你将自我对话从"我不能喝可乐"（强制性）转变成"我不想喝可乐"（主动性），因为你已经变成了一个不需要喝可乐的人了。前者（"我不能"）感觉像是一种强制，它成为一种你想要打破的规则；而后者（"我不想"）则是一个有意识的主动选择，它基于个人的志向和理想的自我，这符合真实的你、理想的你想要的东西（详见第14章）。

因此，思考诱惑对象的缺陷和专注于沉溺于诱惑的消极后果，是练习消极重评的两种有效方法。

第三种方法是引导思想进入一种被快乐淹没的状态。当我们被某种特定的快乐所淹没时，无论是食物、性、电视还是其他什么，都不再能够吸引我们。在那一刻，这种活动对我们而言不再具有吸引力，我们也不认为它充满了诱惑，这些负面事物的诱惑力魔咒就此被打破。

> 欲望使一个原子在被满足之前，看起来像一座山那么庞大，使一座山在被满足之后看起来像一个原子一样小。
>
> ——拉玛纳·马哈希（Ramana Maharshi）

因此，在你下一次遭遇强烈的诱惑时，不妨尝试这样做：想象这个诱惑已经得到满足，把思想引导到欲望已经得到满足后的愉悦状态，或者已经完成后的状态，试着在身体里重新创造与这项诱惑得到满足相关的感觉。

如果这对你来说太困难，就尽可能用心地去体验那种放纵欲望的感觉，注意它在你的身体和头脑中得到满足后的感觉，然后对这种放纵后的体验进行“心理快照”（mental snapshot），让你可以在同样的冲动再次出现时记住它，并利用这种满足感来创造一种心理层面的饱和状态。

练习消极重评的第四种方法是将生理层面的痛苦感觉与这个冲动联系起来，有些人会在手腕上戴一个橡皮筋，每次出现从事不良行为的冲动时就用橡皮筋弹一下自己，其他人则可能使用类似巴普洛克（Pavlok）智能电击手环[①]等装置来达到同样的目的。这也被称为厌恶疗法，而且确实有效。但本书致力于提倡正念自律，因此不会过度强调负面惩罚手段的使用。

“消极重评”可以用来打破习惯，防止个体凭冲动行事。在一些充满智慧的传统中，如佛教和瑜伽，这被描述为“思考感官对象的缺陷”。众所周知，这也是克服强烈欲望的最有效的方法之一。

科学研究已经证明了这一点，研究数据表明，在进行负面的重新评价后，人们对不健康食品的渴望降低了50%。另一项研究显示，如果参与者在吸烟时做正念练习，他们对吸烟的渴望降低了37%——在这种情况下，他们似乎只需要注意到吸入烟雾的自然“害处”就足够了。

请记住，这种方法可以用于任何事情（不仅仅是食物）。没有什么东西、人或事件可以引诱我们离开人生选定的目标，除非得到我们主观的允许；没有什么能动摇我们的决心，除非我们主动地允许。正如伊壁鸠鲁所说，“人不是被事物所扰，而是被他们对事物的看法所扰”。

① Pavlok智能电击手环是一款借助轻微电击帮助用户纠正坏习惯，提升生活品质的穿戴设备。——译者注

消极重评
- 思考诱惑的缺陷
- 专注于负面的后果
- 营造一种满足感
- 将其与痛苦的感觉关联起来

积极重评

消极重评是用来阻止我们做不想做的行为，而积极重评则是用来鼓励我们去做一个想做但不愿意做的行为，比如下面这些事情：

- 吃一种我们不喜欢的健康食品。
- 辛苦的体育锻炼。
- 与伴侣进行一次困难的谈话。
- 做我们一直在拖延的无聊工作。
- 在我们想睡懒觉的时候早早起床。
- 喝水而不是含糖饮料。

这种方法被完美地概括在斯多葛派哲学家欧里庇得斯（Euripedes）的一句话中："不要认为对你有好处的事情是痛苦的"，而且这是一个很有效的方法。研究表明，那些被要求专注于健康食品中的维生素和矿物质，以及这将使他们变得强壮的人，最终会吃更多的健康食品，并减少垃圾食品的摄入。

那么，我们如何对大脑进行编程，使其发现某一特定的努力或经历具有吸引力和令人愉快？非常简单：只需要做与消极重评方法截然相反的事情。换句话说，我们可以：

积极重评
- 思考美好的品质
- 专注于正面的后果
- 营造一种欲望
- 将其与愉悦的感觉关联起来

你是否感觉懒得去跑步？想一想，经过几分钟的跑步后，你会感到精力充沛、身体轻盈、充满活力，在这一天之后的时间中你也会因此而感觉很好（方法1）。

你是否在拖延，不想去做一些无聊的工作任务？专注于完成这些工作的积极后果；感受完成这些任务的成就感和解脱感；想想这将增加你得到升职加薪的可能性（方法2）。

你是否发现自己抗拒喝水，因为它没有味道，而想要去喝汽水？想象一下，你感到非常口渴，而只有水可以解渴。想一想一杯水会带来多么凉爽和新鲜的感受，想象它是一种清爽的体验（方法3）。

你是否发现很难清醒并按时起床？将按时起床与一杯舒适的美味咖啡联系起来。为自己制定一个规则，只有当你按时起床，不睡懒觉时，你才能喝到那杯咖啡（方法4）。

当你可以选择使用消极和积极的重新评价时，你应该选择哪一种？虽然有研究表明，积极评价可能更有效，但归根结底，你必须使用对自己有用的方法，选正面还是负面，由你自己说了算。

降低行动的阻力

在实现目标的道路上，你可能要做很多自己并不发自内心喜欢的事情。你可能渴望得到看起来很健康的最终结果，或是出版一本出色的书，但你不喜欢每天锻炼的经历，或写作的痛苦过程。

当然，你可以运用强大的意志力来克服困难，通过提升志向支柱的相关能力，你能够将自己的不喜欢压得粉碎，或充分地实施行动支柱的相关策略，以确保不管主观的意愿或感受如何，都能够完成应该完成的事情。你可以信守对他人的承诺，将无法保持好习惯的外部消极后果和保持好习惯的外部奖励联系起来，这将使你变得非常擅长去做自己很讨厌的事情。

所有这些方法固然很有效，但如果整个过程没有得到主观意识的驱动，依然会存在很多摩擦和阻力——就好像即使你已经变得很强大，能够在被铁链和铁球拖累的情况下向前奔跑，但这并不是我们想要的结果，也不是正念自律的意义所在。我们的目标，是先摆脱铁链的束缚、消除前进道路上的摩擦和阻力，确保自己能够以更少的意志力支出，实现同样的效果。那么，我们要如何才能做到这一点呢？答案是通过使用意识支柱的相关工具。

意识（主观意识或能动性）通过帮助你把你讨厌做（但不得不做）的行为，转变为至少是可以接受的行为，来减少摩擦和阻力。它通过将你抗拒的活动与你的最高价值变得一致，而使其变得更加可取（转移你的焦点），或者通过允许你改变自己对该活动的感觉（转换个人的认知）来实现这一目标。意识还教你如何放下对某些活动的厌恶和抵制，从而使自己少受其害——我将在下一章探讨这一概念。

在追求人生的目标时，很可能道路会很漫长，而结果往往是短暂的，结果只是引诱你在生活中前进的胡萝卜，真正的目标是道路和旅程本身。因此，真正的目标是在旅途中获得的成长：你将成为一个更有德行、更有意识、更有能力的人。如果是这样的话，为什么不学着如何享受旅程本身？如果你能做到这一点，保持自律将不再需要过度依赖于外部的强迫或压制，而更依赖于自我精神的掌握，这就是正念自律的一个与众不同之处。

如果你使用积极重评的方法（转变看法），同时也让自己始终与人生长远的价值观和愿望保持一致（转变注意力），那么你自然就能够享受整个过程，这就是朝着目标前进的理想方式，这就是使个人的意志力得到最大回报的方式。

如果你做不到这一点，那么做出正确的选择就会感觉像是一种牺牲，而为了避免出现这种体验，你需要学会拥抱痛苦，这将是本书下一章的主题。

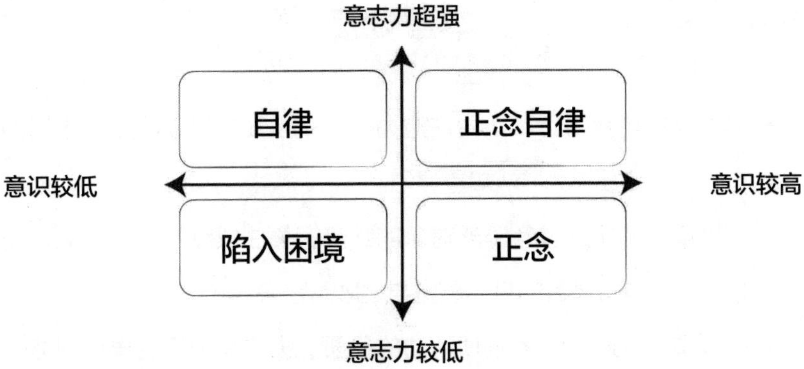

正念	纯粹而不带评判地观察。 清楚地观察。 让事情自然发生和退散。
自律	确保自己去做该做之事。 经历99天的苦难之后，在第100天享受成功的果实。
正念自律	志向、意识和行动。 学会享受99天努力的过程，最终的成功是额外的奖赏。

本章要点

- 通过改变自我对话和集中注意力的方式，我们可以改变对事情的感觉。这在心理学上被称为“认知重评”。
- 消极重评：通过思考诱惑对象的缺陷，关注放纵的负面后果，创造一种饱和状态，或将痛苦的身体感觉与之联系起来。
- 积极重评：通过思考某项活动的品质，关注其积极后果，创造一种渴望的状态，或将愉快的身体感觉与它联系起来。
- 个人的可视化、想象和相信自己的想法终将成为现实的能力越强，这个技巧就越有效。这些能力可以通过冥想练习来培养。
- 学习如何享受实现目标的过程和所需的努力，这样你就能在前进的过程中减少摩擦和阻力，这就是正念自律的方法。

第20章
意志力训练技巧3　拥抱痛苦

有时候，自律会令人感觉像是非常沉重的情绪负担。在追求更高尚的人生理想时，我们往往需要放弃自己喜欢的某些东西，并接受或忍耐某种形式的生理或心理层面的不适，对此我们要有心理准备。为了远大的理想，一些必要的牺牲总是需要的，而且，正如你已经在第13章中看到的那样，这些牺牲往往能够带来更舒适的生活。

然而，问题是，人们总是有一种对舒适的根深蒂固的渴望，因此总是倾向于尽可能地避免不舒服的状态，因为不舒服往往被视为痛苦的一种形式——而人类的爬行动物大脑往往已经进化出不惜一切代价避免痛苦的神经通路。然而，逃避痛苦的做法，往往也会导致我们远离真实的生活，导致我们无法成长，因为成长往往伴随着不适或痛苦。

- 如果你厌恶不舒服的感觉，你就是在厌恶成长，个人的潜力将一直得不到开发。
- 如果你想要成长，就要暂时放下自己对舒适的渴望（或至少限制这种渴望）。

只有通过努力、汗水和痛苦才能发展自身；只有通过绞尽脑汁、榨干灵魂，才能写出一本伟大的书；只有通过敞开心扉、经历痛苦，才能够发展出内生的力量。

查尔斯·都希格（Charles Duhigg）在其经典之作《习惯的力量》（*The Power of Habit*）中解释了为什么习惯性行为与大脑有意识决策的部分无关而是与其他区域有关。这意味着，当某件事成为一种习惯时，你将不再有意识地做出决定。它将成为你的第二天性，成为你个人的一部分。改变既定的习惯必然会令你感觉困难，也许甚至觉得这是一种错误，它将令你感觉自己在违背本性。人类的大脑往往会想要节省能量以确保生存，所以会通过依赖于现有的行为模式来节约决策可能消耗的能量。因而改变行为需要主观的努力，感觉像是逆流而上，需要耗费大量的能量。

这就是人类思维的本质，也是自律面临的挑战，那么我们可以选择怎么做呢？我们可以选择放弃努力和改变、保持现状，也可以选择主动地接受不适，做出改变。一段时间之后，新的行为就会成为新常态，然后惯性的力量就会开始发挥作用。但在此之前，你需要先克服某种形式的不适，并且别无选择。

做好迎接不适的心理准备

一旦你做出了实现某个目标的承诺，最好不要假设自己会喜欢去做这项活动，而是最好预期朝着这个目标努力的所有活动往往会包含某种程度的不适感或痛苦，哪怕情况可能并不总是如此。但有了这个正确的心理预期，当痛苦或不适感降临时，你已经做好了不管感受如何都要坚定地采取改变行动的准备。

让我分享一个简单的例子。在我女儿出生后的头几个月里，从凌晨4点到早上7点由我负责照顾她，在开始接受这个安排之前，我已经知道凌晨4点起床会非常困难，我知道自己将面临不可抗拒的诱惑，想要赖床，想回到床上“再睡个十分钟……”（是的，没错，我也会有这种临阵脱逃的想法！）我以前也尝试过在这个时间段起床，我知道在凌晨4点醒来时，我需要自我斗争起码3—4分钟，只为了让自己的眼睛睁开而不是直接睡过去，然后再拖着昏沉沉的躯体前往洗手间。这是多么痛苦的事情！

为了做到这一点，我给自己安排了几件事情：每天晚上睡觉之前，告诉自己“明天早上4点，我刚醒来的前10分钟一定会如地狱般痛苦”。虽然这听起来十分反常和夸张，但它却十分有效，这个认知让我为即将到来的挑战做好了心理准备，并提升了自己应对挑战的意志力（通过夸大痛苦并做好准备，我能够将更多的意志力分配给这项艰巨的任务，以远超其需要的程度行使个人意志力，这最终使得凌晨4点起床比预期中更容易）。

所以你同样也可以调整预期，做好即使自己主观上不喜欢也要去做某事的心理准备。你要提前预知这将是一件痛苦的事情，并准备好毫不畏惧、毫不犹豫、毫不退缩地去面对它。

有时候，你可能会觉得自己的状态不是很好，总有一种冲动去放弃自己承诺要去做的事情。尽管如此，最好还是坚持既定的计划，至少走完整个流程，而不是彻底地放弃。简而言之，完成一次“低于平均水平”的冥想练习，比根本不做要好得多；做10个马马虎虎的俯卧撑，也比完全不做好得多；写300字的糟糕内容，也比完全不动笔好得多。

正念自律指的是朝着目标的方向，采取与目标一致的行动。自律并不会问，“你对做这件事有什么感觉？”而是会问，“你将为自己的目标做些什么？”它强调的是实际的行动，而不是情绪或感觉；是承诺，而不是动机。无论如何，你都要完成自己应该完成的事情，以确保你的人生目标、理想的自我能够充分地融入你的生活。

无论你的人生志向是什么，忍耐某种程度的不适将必然是努力过程的一部分。如果你能够学会拥抱不适，正如我在“转变观念”中提倡的那样，这就是最好的应对之法。如果你做不到这一点，就要学会在体验到这些不适或痛苦时不逃避，尤其是在你必须去做一些自己根本不喜欢或厌恶的事情时，这个方法尤为有效。诀窍就是学会置身于这种痛苦之中，而不是让痛苦的情绪控制你的理智，让它告诉你应该做什么或不应该做什么。这个方法将能帮助你减轻前进道路上的摩擦和阻力，并一点一点地拓展个人的极限和边界。

如何拥抱不舒服的感觉

你明知道自己需要去做一些事，但内心的某个地方抵触去做这件事，因为它可能带来情绪或生理层面的不适，此时你就应该知道，自己遭遇了自我控制的冲突。这时候，你就需要深呼吸。对你来说，这就好比需要“生吞一只活青蛙”。

这只青蛙，也许是恐惧的体验：也许是对失败的恐惧，以及你预感自己可能会经历的羞耻和损失；也许只是害怕被别人评判，害怕让他人失望，害怕被人拒绝；

也许是对未知的恐惧，甚至是对成功的恐惧。

这只青蛙也可能是与自己可以更愉快地打发时间的其他方式相比，手头的任务太无聊，又或者是你的自我怀疑和不足的感觉。

这只青蛙还可能是身体层面不愉快的感觉，像辛苦的体力劳动（运动）、困倦（早起）、疼痛（冷水澡）或未得到满足的冲动（诱惑）。

无论这只青蛙对你而言是什么，无论你害怕的是身体还是情绪层面的不适，你都要拥抱这种痛苦。你正在抗拒的那个东西，正是你要坚持的东西。不要抗拒它，而是走近它。用一颗勇敢无畏的心，朝着不适前进，对这种痛苦说“接受”，那么即使身在痛苦之中，你也能够获得自由。

当你学会了拥抱无聊、不适和痛苦的感觉时，你将变得无所不能。所以不妨养成每天早上“生吞一只活青蛙”的习惯，因为这是你为了实现人生目标需要付出的代价。如果你设定的目标是切实可行的，那么所有的痛苦都将是值得的，所以没有什么活青蛙是难以下咽的。

我为诸位提供了两种生吃青蛙的方法：

第一种是强硬的和充满攻击性的方式——不管感觉如何，你都强迫自己去做，强迫自己变得更强大，强大到足以打赢任何硬仗，并且总是赢得胜利。我们将这个方法称为“大卫·戈金斯法”（David Goggins method）。戈金斯是一位超耐力运动员和美国海军海豹突击队退役成员。这个方法的具体表现是：他不喜欢跑步，但他每周都要跑几个小时，只因为他承诺了要跑步。

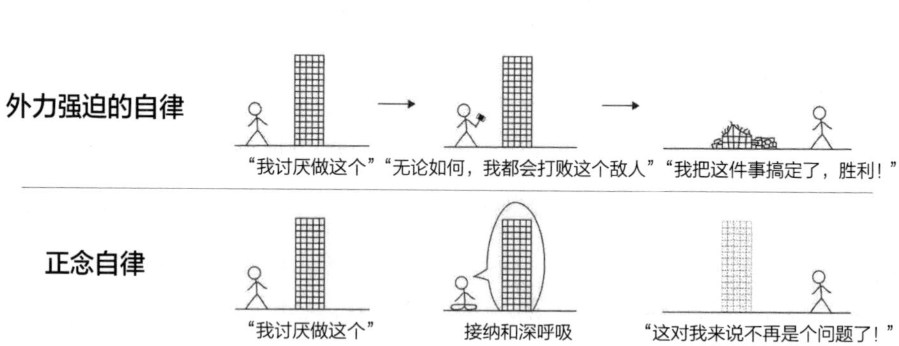

另一种方法是正念法：你对不适的体验敞开心扉，把它看作身体里简单的、不愉快的感觉，并通过呼吸来正视和拥抱它们的存在。

ROAR方法

所有的不舒服，无论是身体上的还是情绪上的，都只是你身体里的感觉。你害怕感受到的情绪——如焦虑、羞愧、恐惧、悲伤——只是你身体里不愉快的感觉，你完全不需要逃避它们，不需要让它们告诉你应该或不应该做什么，因为它们只是警告信号。

这与促使你做自己不想做的事情的渴望是一样的，它们只是你身体里的感觉，你不需要驱逐它们，不需要顺从它们，只需要意识到它们的存在即可。

这个技术本身非常简单。我称它为ROAR方法：

- 认识（Recognize）到出现的情绪或冲动，给自己贴上标签，“焦虑在这里”或“无聊的感觉在这里”。
- 观察（Observe）它在你身体里的纯粹感觉，看看它们在哪里，以及它们是什么样子。在它们存在感最强烈的地方停留一些时间。
- 接纳（Accept）这些感觉的存在，不要拒绝它们，也不要厌恶或退缩，安静地与这些感觉待在一起，为它们创造存在的空间。让它们待在原处，就好像它们的存在对你来说没有任何差别。
- 在每次呼气时释放（Release）这些感觉。想象你正在通过呼吸带动身体里的这些感觉或情绪，并且随着每次呼气，这些感觉都会消散一点。

按照这个过程做几分钟的练习，你的状态将会改变。在大多数情况下，你将在练习之后做好了继续前进的准备，这就是如何用心地拥抱你的痛苦的方法。ROAR方法是如此重要且有效，以至于我经常建议客户把写着“ROAR”一词的屏幕截图作为他们的手机壁纸，以不断提醒他们重复这个练习。

本章要点

- 人类天生有一种根深蒂固的、对舒适的渴望，但成长意味着我们需要接受身体和/或情感层面的不适。这种接受可以通过强制的方式实现，也可以通过正念的方式做到。
- 正念的方法是通过使用ROAR方法，向不舒服的体验敞开你的心扉。你将认识到它们的存在，把它们看作身体中纯粹的、不愉快的感觉，全盘地接受它，并通过有意识的呼吸释放它。
- 你害怕感受到的情绪——如焦虑、羞愧、恐惧、悲伤——只是你身体里不愉快的感觉。如果你愿意感受它们而不逃避，你就能获得自由。

第21章
意识带来毅力

永远不要放弃那些你每天苦思冥想都想得到的事情。

——温斯顿·丘吉尔（Winston Churchill）

重复的行为造就了我们。因此，卓越不是一种举动，而是一种习惯。

——亚里士多德（Aristotle）

毅力是指不管路上有什么挑战和障碍都能继续前进的能力。在我们每次失败时，毅力使我们能以新的承诺和热情爬起来。毅力将确保我们能够持之以恒地追求目标，直至时间足够长久，直至目标得以实现。

毅力是一种涵盖了其他诸多美好品质的美德，它本身就包含许多其他值得追求的品质——如耐心、决心、勇气、意志力、勤奋和坚韧。毅力依赖于志向支柱，是对个人设定的目标是否真实的一个测试。

毅力也是长期实践的自律。实现具有挑战性的目标必然需要很长的时间；真正的自我转变同样需要时间；通往成功的道路从来不是一条坦途。在你收获最终的成就之前，你需要长时间的努力和付出。

为什么毅力这个美德会隶属于意识支柱的范畴？因为正是意识和PAW方法，使你能够妥善地处理那些可能会导致你半途而废或屈服于欲望的负面情绪。正是意识使你能够接受失败而不羞辱自己，也不会过度反应。最后，是意识帮助你放下那些使你难以继续前进的限制性信念。

处理痛苦的情绪

如果你能够控制自己的情绪，就能够在任何事情上持之以恒地坚持下去，只要你有这个意愿。

而毅力的对立面，是放弃或屈服，指的是放弃自己的承诺，半途而废，并忘记了最初的愿望。在做出放弃的决定之前，我们往往经历了面对障碍时的沮丧情绪，或是因为实现目标的驱动力减弱而产生的厌烦和冷漠情绪。在任何情况下，都会存在某种不愉快的情绪状态，导致我们最终做出了放弃的决定。

那么，我们该如何处理这些负面的情绪状态呢？正如上一章所述，有强硬的方法和正念的方法。强硬的方法是无视痛苦，全凭个人的意志力来解决；而正念的方法是接受痛苦并释放所有的阻力。这两种方法都是有效的，它们都能建立起我们需要的情绪复原力，从而使我们能够在正确的轨道上坚持下去。

为了坚持下去，你有时需要闭上眼睛，一意孤行地前行。就好像专心致志之后，就可以对杂念视而不见，有了信心之后，就可以对怀疑视而不见一样，毅力也能让我们对逆境视而不见。你只需要全身心地盯着目标，把注意力放在行动步骤上，无视所有的痛苦，直到穿越逆境。这就是强硬派的做法。

而正念的方法是学习如何与困难的情绪、痛苦和自己内心的不舒服共处。正念允许这些情绪存在，但不在此基础上做任何决定。至于要如何做到这一点，请参考上一章提到的ROAR方法。

> 我们最大的荣耀不在于永不跌倒，而在于每次跌倒时都能站起来。
>
> ——奥利弗·哥德史密斯（Oliver Goldsmith）

知道如何应对痛苦的情绪是坚持不懈的关键。不过，学会在一开始就避免在内心产生负面的情绪总是有帮助的，在本书第16章中，我们了解到应避免羞耻、自责和情绪压抑。现在，让我来谈谈我们为自己创造消极情绪状态的另一种原因：不现实的期望。

克服虚假期望综合征

顽固地秉持不切实际的期望，注定将导致情绪上的摩擦和失望。这些负面的情绪将很容易让你想要放弃，使坚持变得很困难。

一种常见的不切实际的期望是虚假希望综合征，指的是我们抱有不切实际的幻想，认为通往人生目标的道路是一条坦途，或希望这些愿望能够一夜之间成真，或期望可以毫不费力地克服所有的障碍或困难。这种幻想将导致我们要么对整个努力追求目标的过程感到不耐烦，要么妄想着整个过程可以迅速结束。不管是哪种情况，我们对整个实现目标的过程都出现了误判，最终导致我们倍感挫折，丧失继续努力的动力。

此外，我们生活的社会也痴迷于一夜成名的神话，媒体也在不遗余力地宣扬这种概念，因为人们沉迷于相信自己能够迅速实现梦想时获得的多巴胺刺激。很多企业也在宣扬这种神话，因为承诺即时可见的成果是很好的营销手段。想一想市面上无数的“快速致富”项目和“轻轻松松在梦中减掉脂肪”的广告，你就明白了。

那么，“缓慢而漫长的致富”或“通过努力的锻炼减掉脂肪”呢？这些概念并不畅销，因为它们要求毅力和坚持，这恰恰是大多数人缺乏的东西。人们并不想通过自身的努力培养毅力，只想花钱来弥补其不足，而且，几乎可以肯定的是，有很多人充分利用了这种心理，赚到了大钱。

为了解决不切实际的幻想综合征，我们要接受实现目标的道路可能比想象中艰难，比预期中漫长。因此，专注于这个过程，做好付出大量时间和接受许多挑战的心理准备，无论如何都要坚持履行许下的承诺（详见第31章）。在你选择的道路上，你或许会经历多次失败、无数次自我怀疑并感到心灰意冷，但要知道，这就是现实，为此要做好充满耐心、摔倒了就爬起来的心理准备，无论跌倒多少次，都要具备东山再起的能力。

为了更好地根据现实调整个人的期望，你可以尝试做一次“挑战统计”（challenges audit）训练，即写下自己在实现目标的道路上可能遇到的所有障碍，这将帮助你避免低估这段旅程的挑战性，为自己做好充足的心理建设，使你能够在遭遇起伏时保持坚持下去的毅力和决心。

要改变自己或改变生活是一件很困难的事情，而要改变周围的环境或现实只会难上加难，如果没有毅力和自律，这些都是不可能完成的任务。

避免完美主义

第二种常见的不切实际的期望是追求完美，这将导致你期望人生的每一步都是完美无瑕的，期望自己的表现是完美的，期望自己永远不会半途而废或犯错。如果出现了完美主义心态，你就会将自己取得的很多结果视为不完美的或失败的，总是感觉自己“不够好”，并陷入自我批判和羞耻的深渊。

对自己过分苛刻实际上并不利于正念自律的实践，也是一种不健康的做法。为了解决这个问题，要坦然地接受自己时不时会搞砸的事实，接受“‘完美’是一个崇高的目标，但永远不会成为自己真正可实现的东西”的事实。记住，正念自律需要建立在正确意识的基础上，而正确意识的本质，就是看到并接纳事物本来的样子。

如果你是那种一旦遭遇失败就自责的人，那么你肯定会害怕失败——这会直接导致拖延或完美主义倾向。另外，如果你习惯性地理解和同情自己，就会知道，即使你失败了，仍然还有机会获得成功，这将促使你在生活中采取更多的行动，并增强你继续努力的勇气。

> 你总是可以编辑一个糟糕的页面，但不可能编辑一个空白页。
>
> ——朱迪·皮考特（Jodi Picoult）

要时刻告诉自己，你并不孤单，其他人也经历过类似的挑战，产生过同样的感受，这将让你对自己好一点。追逐目标是一个漫长的过程，没有人可以做到完美无缺，但这也没关系。

本章要点

- 毅力是确保我们继续前进的能力，不管路上存在多少挑战和障碍；毅力使我们在每次失败后，依然能够以新的承诺和热情爬起来。

- 为了坚持下去，你需要控制自己的情绪。你可以通过强硬执行的方法（对逆境视而不见，勇往直前）或正念的方法（用ROAR方法接受并释放负面情绪）来做到这一点。

- 对前路抱有不切实际的期望（虚假期望综合征）或对自己抱有不切实际的期望（完美主义）会使你更难坚持下去。

- 虚假期望综合征是指期望达到目标的道路将是容易的、快速的、无痛苦的。要克服这种错觉，就要接受这条道路可能比想象的要难、比预期的要长。专注于这个过程，并承诺在跌倒的时候爬起来。

- 完美主义则意味着你期望自己的每一步都是完美的，自己会表现得完美无缺，绝对不会偷懒、放弃或犯错。要克服完美主义倾向，就要接受自己会不时搞砸事情的事实，并善待自己。

第22章
意识能战胜分心和诱惑

当一个人找不到深刻的意义感时，就会用快感来麻痹自己。

——维克多·弗兰克尔（Viktor Frankl）

征服你的坏习惯，否则它们将征服你。

——罗伯·吉尔伯特（Rob Gilbert）

如果你总是习惯性地被即时的满足和琐碎的事情分散注意力，那么最终你会变得对设定的目标漠不关心。因为这意味着你通过唾手可得的小快乐来满足人类对成就感和目标感的需求。尽管这些小快乐许诺会给你带来二者，但实际上却没有，它们只会让你沉迷于更多的即时满足感，最终使你偏离正确的目标。

正念自律的目的，就是打破这种恶性循环，让你能够按照自己的意愿来享受快乐。

苏格拉底教导我们，在任何情况下，每个人都会寻求个人在当下感知到的利益。也就是说，当你喝酒或花时间浏览社交媒体时，你这样做是为了让自己感觉良好；同样地，当你为一个重要项目努力，参与利他主义行动，或选择每天早上锻炼时，也是如此。相反地，当你对伴侣大喊大叫时，你也遵循了同样的逻辑，因为这令你感觉很好。扣动扳机的罪犯也是因为感觉良好——或因为他认为这将帮助他得到感觉良好的东西才犯下了罪行。

善的概念因人而异，但每个人都在寻求让自己感觉良好的东西。探索更高的善是什么，寻求实现它的正确方法，这是对智慧、哲学和精神的追求。

大脑的运作逻辑就是“要感觉良好”。大脑将一部分的能量用于确保我们的存活，其余的精力则花在寻求令我们的身体、思想或情感感觉良好的东西上。一旦大脑感觉良好，这种寻求快感的能量（动机）就会消退，因为你已经感到心满意足，觉得没有必要再做任何努力。但这种体验消失后，这个循环又开始了。

我们无法改变大脑的运作方式，但可以决定如何使用这些“寻求愉悦的能量”——决定将它们用于追求什么类型的美好感觉。如果你将这些能量用于追求即时的快乐，就没有精力去追求更深层次的善——你的人生志向。

相较于长久的幸福而言，一时的快乐就像是快餐，我们可以迅速地、不费吹灰之力地得到这些短暂的快乐，但它们无法真正地带来满足感，没有提供我们真正需要的营养成分。从长远来看，快餐只会让你生病。

一时的快感是一种会贬值的资产，你拥有的越多，它们能够带来的长远幸福感就越少。因此，自律将是一种更好的投资。

我们的灵魂中都有一种空虚感，需要通过实现人生的目标、活出个人的价值和实现人生志向来真正地填补它。这个过程不仅需要时间，往往还需要持之以恒的努力，但与此同时，我们很容易面临来自即时满足感的诱惑。然而，每一次选择即时满足感，都是对宝贵的长远动机的糟糕投资，只会浪费宝贵的动机能量。

当然，我们的人生可以拥有快乐和舒适感，但需要把握好平衡的度。自律需要平衡，否则你可能会感到精疲力竭（详见第3章）。但是，如果你的大脑只顾着满足即时的快乐，那么你的长期目标就缺乏了足够的动力，最终将导致你的生活变得肤浅且流于表面。

学会处理分心和诱惑

在长期目标（人生志向）和短期快乐（即时满足）之间，你的大脑会习惯性地选择哪种方式？答案是即时满足，除非你已经形成了深刻的愿望和有效的意识工具（正念自律的前两个支柱）。

分心和诱惑会让你偏离轨道，忘记最初的目标，最终你将失去部分能量，目标也失去了力量，你开始变得对它有点漠不关心。因此，在正念自律的道路上，你要学会通过提高自我意识和自我控制来管理分心和诱惑，这一点极为重要。

在现代世界中，分心和即时满足的机会越来越多、越来越容易获得、越来越吸引人、使人越来越容易上瘾，这使得这些自我控制的技能变得日益重要，因为自律也变成了一个日益稀缺的品质。这意味着那些自律的人将很容易脱颖而出，收获更大的成果。他们将成为领导，推动世界前进。因此，即使是一点点的自律，也会有很大的作用。

这就是本章的目的：学习如何处理分心和诱惑，以确保我们不会对长期目标漠不关心。让我们先看看多巴胺——大脑中激励和欲望的化学物质——是如何发挥作用的。如果你有任何想要放弃的成瘾或坏习惯（谁没有呢），这部分内容可能是本书中对你最重要的内容之一。

多巴胺与人类大脑

在还没确定有没有钩子之前，不要轻易地咬住快乐的诱饵。

——托马斯·杰斐逊（Thomas Jefferson）

与流行的看法相反，多巴胺不是带来“快乐”的化学物质，它是唤醒“快乐需求”的化学物质。当大脑识别到可能会获得奖励时，就会释放多巴胺这种神经化学物质，无论这种奖励是真实存在的还是想象的。这种化学物质会令人产生警觉、渴望和被唤醒的感觉，使我们变得有动力去采取行动以获得这个奖励。在采取行动之前，我们往往会处于焦虑和不安的状态。在我们真的获得奖励后，多巴胺就会消退，这种多巴胺缓解的过程，被认为是一种快乐或满足的状态。

凯利·麦格尼格尔博士在她的畅销书《自控力》中指出，多巴胺本身并不是一种幸福或快乐的感觉。相反，它是一种不安、压力和不满足的状态——往往伴随着焦灼感或生死攸关的紧急感。即使你从过去的人生经验中知道，奖励并不会达到预期的效果，多巴胺仍然会出现并诱惑你采取行动。

当你实现了预期的目标时，你所获得的快乐更多的是来自结束由渴望造成的不安心境，而不是享受欲望或目标本身的实现。所以说，在某种程度上，你只是回到了产生欲望之前的原始状态。麦格尼格尔的结论与佛陀和其他精神大师的观点相同，都认为我们把欲望和幸福混淆了。我们都对多巴胺上瘾，而我们每天都接触到成千上万条营销信息，这些信息被巧妙地设计并利用了人类的这种弱点。

多巴胺作用的循环过程

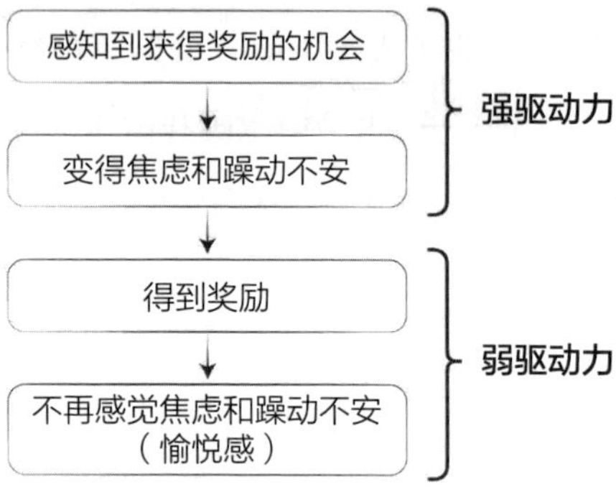

然而，多巴胺并不是糟糕的东西，它不是人类大脑的进化缺陷，它在我们的生活中发挥着许多积极的功能，如促进追求健康的驱动力、保持注意力、维持工作记忆和其他一些积极的东西。如果身体的多巴胺含量低，就会出现活力低下、注意力不集中、性欲降低、疲劳、冷漠和睡眠困难等问题。事实上，抑郁症、多动症和成瘾等心理健康挑战的共同特点，就是缺乏多巴胺。因此，我们需要足够的多巴胺水平来维持正常的人体机能。

多巴胺本身并不是问题，有问题的是我们寻求体验多巴胺的方式。当你可以延迟体验奖励时，多巴胺就会激励你保持在正轨上，使你保持专注和理性。然而，当你反复寻求体验强烈而短暂的多巴胺爆发（即时满足）时，这就会耗尽你的驱动力，也可能导致成瘾。

在获得了我们急切寻求的奖励之后，多巴胺的水平往往会骤降，伴随而来的就是我们激励自己和保持对长期目标的关注能力的下滑。不仅如此，多巴胺的持续过度爆发，会导致多巴胺受体离开脑内的膜，使膜对刺激的敏感性降低。我们的身体这样做，是为了保护自己免受过度刺激。这就是为什么冰激凌吃到第十勺的时候，获得的快感就不如第一勺那样强烈。这也被称为快乐阈值下调（pleasure downregulation），即获得的快乐越多，从中得到的快感反而就越少。

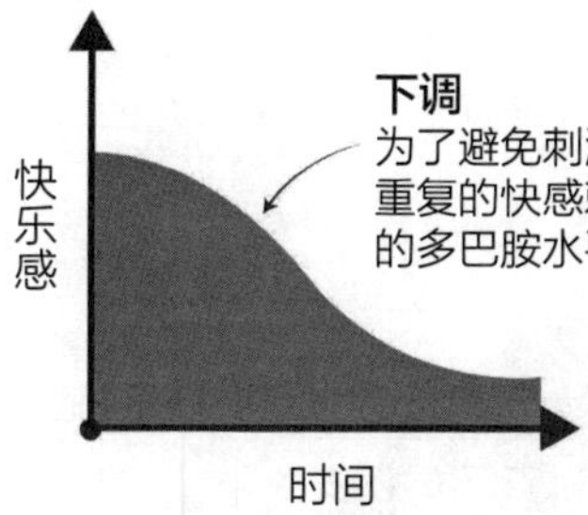

心理学家道格拉斯·莱尔（Douglas Lisle）在他的演讲《快乐陷阱》（*Pleasure Trap*）中描述了一个奇怪的鸟类实验。当笼子里的一只鸟有能力按下一个按钮，使其大脑充满可卡因时，它就会一直这样做。它不吃东西，不交配，只是不停地按下那个按钮，享受可卡因带来的快感，直到14天后死亡。

莱尔博士解释说，这只鸟的大脑是根据原始的本能行事，即做感觉良好的事情，同时节省生存的能量。然而，由于环境的错误提示，这最终导致了自我毁灭。莱尔博士得出的结论是，只要你使用了“超常的刺激”，你就会上瘾，并有可能犯下巨大的错误和伤害自己［“超常刺激”一词是由诺贝尔奖得主、生物学家尼可拉斯·丁伯根（Nikolaas Tinbergen）创造的，指的是一种不属于自然环境的刺激，因此人类的大脑并没有准备好处理这种刺激］。

我们的现代生活，与那只笼子里的鸟没有太大差别，虽然我们（幸好）没有一个按钮可以让可卡因涌入我们的血液，但我们的确有很多其他的按钮，可以让大脑瞬间获得多巴胺的刺激。现代生活为我们提供了多种强刺激的来源，我们都可以轻松获得，且看似不需要付出任何代价。

事实上，现代生活中的一切都旨在分散我们的注意力，并以多巴胺的力量引诱我们沉迷。所有这些诱惑，存在于我们周围的购物中心、社交媒体，以及手机上几乎所有的应用程序中。我们被训练得对唾手可得的多巴胺上瘾，因为这对大多数公司来说非常有利可图。事实上，快速的多巴胺承诺是营销的最大驱动力。但这是一个大问题，因为反复的、短促的多巴胺供应会降低人体中的多巴胺基准线水平，这样一来我们的动机、意志力和专注能力也被削弱了。此外，较低的多巴胺基准线也与抑郁症和自杀有关。

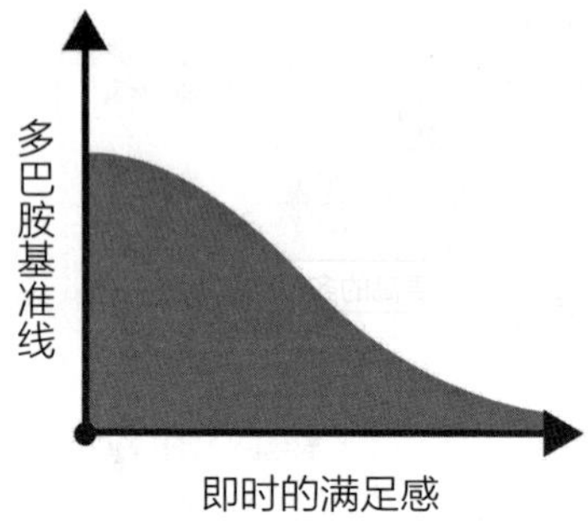

多巴胺能够产生驱动我们追求目标的能量。如果你每天都因为沉溺于即时满足感，而导致这种能量每日归零，那么你缺乏强大的驱动力，去寻求长期目标的实现，应该也不足为奇。

唾手可得的多巴胺的陷阱

我们对唾手可得的多巴胺的追求，是导致自律变得困难的原因。每当你在社交应用软件上发布的图片得到一个点赞、看一个搞笑的视频、玩一个令人上瘾的游戏、获得性兴奋、饮酒或吃掉一个巧克力蛋糕时，你的大脑就会产生强烈的多巴胺，所有这些“享受”，都不需要你付出任何努力就可以得到！

一旦你陷入这种可以轻松获得多巴胺的习惯中，就会越来越难激励自己去追求更高的目标和价值。每一次的放纵，只会导致自律能力和意志力被削弱，使得重要的人生目标变得更加遥远。所以说，无休止地获取快速满足的多巴胺，最终只会导致生活丧失意义。

最糟糕的是，一段时间后，这种习惯就成为一种本能的反应，你将在毫无意识的情况下，一点一点地侵蚀自己的身心健康，就像笼子里那只最终遭遇不幸的鸟。

扭转这种恶性循环的方法是，首先培养看清自己在做什么的能力（意识），然后抑制住去做那些让你快速释放多巴胺的活动（意志力）。尽可能地避免寻求即时满足，而是做能提升多巴胺基准线的活动——如体育锻炼、学习、为长期目标工作和冥想练习等，这将使你更有动力、更专注，并减少对持续刺激的依赖。

多巴胺：预期&动机

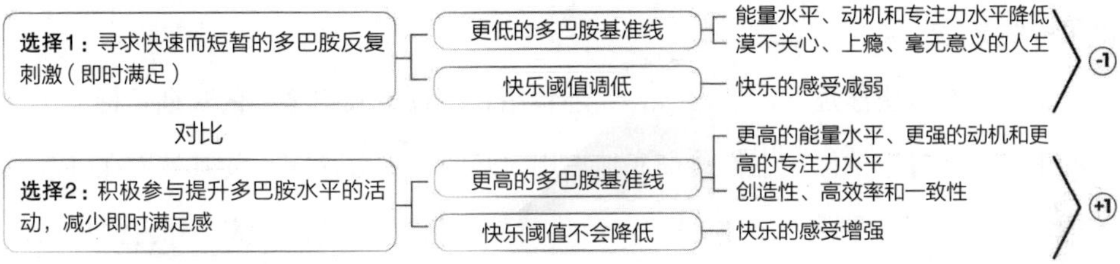

通过培养自律的能力和学习如何管理多巴胺的水平，我们不仅能够体验到更多的长期成就感，而且还能够获得更多的快乐，因为我们让自己远离了麻木。而这也体现了关于愉悦感的悖论：太过痴迷寻求快乐反而会失去它，而放弃固执的追求，快乐反而会如影随形。

回到本章的开场白，人类的大脑天生形成了寻求令人感觉良好事物的神经通路，因此它总是会第一时间将你推向当下感知到的、最令人愉悦的事物上，问题是，最有价值的回报往往不是那些感知上最令人愉悦的回报。解决这个矛盾的一个方法是，相较于追求短期的快乐，我们可以增强自己感知到的长期目标带来的回报（志向支柱的内容），并日复一日地保持这种洞察力，尤其是当你发现自己正在面临自我控制冲突的挑战时（意识支柱的内容）。

要记住，人类大脑的首要任务是生存和避免痛苦，其次是寻求快感。为了确保生存，节省大脑的能量十分重要，这也就是为什么即时满足对大脑而言如此具有吸引力，因为即时满足承诺以最小的能量消耗获得大脑想要的东西（快感）。当我们唯一的目标是存活时，大脑这个古老的机制可以发挥良好的作用，但是在现代的生活中，当人们的目标变成了自我实现、自我成长和获得成就时，这个机制只会导致我们自取灭亡。

多巴胺的迅速升高将使你对长期的愿望和更高的价值观无动于衷，因为你每天都可以通过微小的快乐来满足自己对成就感和满足感的部分渴求，这些细微的快乐分散了你对长期目标的注意力，分散了你努力的能量。当然，在你可以如此轻松地就沉迷于唾手可得的享受，并且（显然）不需要承担任何后果时，你自然就会开始对生活中最重要的目标感觉不那么强烈，因为它们能否实现并不确定，而且需要付出很多的努力。

不断地寻求快速爆发的多巴胺，它还将用另一种方式损害你的长期目标：让大脑的工作记忆过于忙碌。它们将彻底地占用大脑的一部分意识，使其被困在寻求快乐的想法中，无法脱身。这样一来，诱惑就更容易进入你的头脑，并占据你的注意力，因为它们就在你的眼前，唾手可得，看起来比缥缈的长期目标更具体、更有形。这就是为什么我们必须增强意识的能力，以确保能够将专注力重新导向重要的人生目标，否则，我们很可能会在不知不觉中进入过度放纵的状态。

最后，习惯性地过度沉溺于即时满足实际上会伤害大脑。研究成瘾者的大脑扫描数据已经证实了这一点。这些成瘾者大脑中负责意识、有意识的思考和意志力的前额叶皮层区域会被削弱、活性降低，这就是我们因为过度沉迷于选择的成瘾活动而在不知不觉中付出的代价。

人生并不会因自律而变得无趣

看到这里，你或许已经清楚地看到了垃圾多巴胺的代价，并且从理智层面相信了其危害。然而，你的心中依然有顾虑，内心的某个角落依然觉得，放弃即时的满足，就意味着放弃了人生的乐趣，你开始担心生活是否会因此而变得枯燥、乏味和沉闷。

然而事实并非如此，在过渡阶段，你可能会有几天或几周感到不适应或无趣，但很快你就会发现，你的生活质量实际上已经得到了提高。研究员威廉·霍夫曼（Wilhelm Hofmann）和同事针对这个话题做了一些研究，目的是了解练习自我控制会对生活满意度产生什么样的影响。他们的研究发现，尽管人们在放纵自己沉迷于各种诱惑时体验到了快乐，但这种快乐的激增是短暂的，很快就被“纠正”。也就是说，在放纵后不久，人们体验到的快乐就减退了。

背后可能有几个原因，首先是对快乐的体验，即便它反复出现，也不会增加人生的基本幸福感。这些放纵的快感，可能会暂时地缓解无聊或情绪困扰的感觉，但从长远来看不会改变你的基本幸福感。

其次，追求长期目标也能够带来快乐和满足感，它将使你对自己感觉良好，而这种良好的感觉持续的时间往往比沉溺于短暂的快感要长久得多，为此我们要强化自己对这个事实的认知，并时刻牢记这一点。

再次，我们寻求的许多快乐活动，往往对身体或精神健康有相当大的副作用。想想肥胖、酗酒、社交媒体成瘾和注意力短暂等后遗症。

最后，正如前文所述，人类大脑的神经系统中存在对快感的自然调节机制。也就是说，同类型的快感刺激越多，其真正带来的愉悦感就越少。你是否想过上一个更有意义，也更愉快的人生呢？如果是，就要学会牺牲一时的快乐，为了更长远的人生愿望而进发！

拥有更强的自制力不仅有利于长期目标和愿望的实现，它实际上能使你生活得更好。研究表明，具有强大自制力的人对自己更满意、经历更少的负面情绪，并实际上更懂得欣赏人生的快乐。

自律的生活是一种美好的生活，明智的牺牲会带来成就感，而不是自我否定。

更强的自律

- 更强的自尊
- 更强的意志力
- 更大的人生满足感
- 更健康的身心状态

你需要做出什么牺牲？

从第13章我们已经了解到，牺牲是不可避免的，每当你选择做一件事时，就等于放弃了其他一千件事情。所以，当你无意识或过度地沉迷于即时满足时，就等于是在对长远的人生目标说“不”，这削弱了你实现人生志向的意志力，也是对人生理想的拒绝。这些沉迷的行为，将导致最高价值迟迟得不到实现，并损害未来的、理想的自我。

成功、成长和成就必然需要一些牺牲，否则每个人都能轻松地获得健康、富有、聪明、身材好、成就高、悟性强等理想的结果了。然而，看看你周围的人，真正实现了这些目标的人又有几个呢？

你自己是什么样的情况？你有哪些快速获得多巴胺的来源？你是如何松懈了自己的意志、专注和动力的能量的？花些时间反思一下，这样你就能更多地意识到错误，并做出改变。

一旦你真正地意识到这个问题，以及它如何在你的生活中发挥作用和可能导致的后果，就可以进入下一阶段的练习，即了解我们应该以什么为目标。

开启转变：先满足志向，后追求享乐

> 成功的秘诀在于学会如何利用痛苦和快乐，而不是让痛苦和快乐利用你。
>
> ——安东尼·罗宾斯（Anthony Robbins）

一个令人满意的人生，既要能够满足长远的人生志向，又要充满快乐和享受，这就是正念自律的目标，它旨在帮助我们达成一个平衡有度的人生（详见第3章）。

这种平衡的实现需要我们把人生的长期目标放在最重要的位置，同时为短期的快乐预留空间，否则过度的自律可能会令你感觉不堪重负，或使你出现意志力的疲惫，这种疲惫将导致你更容易沉溺于唾手可得的多巴胺刺激，满足于一时的享乐。

因此，自律并不要求你放弃人生中所有类型的快乐或者杜绝所有类型的即时满足。相反，它只要求你将生命中最重要的目标放在首位，同时允许你追求快乐（前提是其重要性不会超过人生的长期目标）。这就意味着，要营造一片充满人生意义的海洋，其间点缀着快乐的岛屿；而不是拥有一片享乐的海洋，其间有几座零星的、有意义的岛屿。

> 最重要的是，确保最重要的事情始终是人生的头等大事。
>
> ——唐纳德·P. 科杜托（Donald P. Coduto）

对大多数普通人而言，对快乐的追求占据了太多的时间、注意力和精力，我们放纵垃圾多巴胺充斥社会和生活的方方面面，而不管不顾其后果。我们不可控制地享受各种类型的乐趣、舒适和令人分心的事物，并牺牲了更重要的人生目标。想要从根本上改变现状、重新获得掌控人生的力量，推动长远目标的实现，我们就需要先检讨一时的享乐在生活中扮演的角色和作用。

即时满足应该被视为一种待遇或奖励，而不是默认要追求的东西，它应该是我们在有意识的情况下，允许自己去享受的东西，而不是身不由己地沉溺其中。它应该是使人生变得更轻松愉悦的东西，而不是试图用来掩盖内心空虚的存在。

《高效能人士的七个习惯》（*The 7 Habits of Highly Effective People*）的作者史蒂芬·柯维（Steven Covey）经常提到的一个故事就形象地说明了这个道理：想象一下，你的生活就像一个罐子，旁边有石头、鹅卵石和沙子。

- 石头是人生中有意义的目标和更高的价值，以及帮助你实现这些目标的所有步骤。它们是真正给你带来持久满足感和成就感的东西，没有它们，生活就会产生一种空虚感，你就会感到遗憾。
- 鹅卵石是重要但不关键的东西。它们是次要的目标、紧急但不重要的活动，以及外部价值，如金钱、地位、认可和取悦他人。
- 沙子是快乐、舒适、消遣、忙乱和其他一切。

如果你选择先用沙子或鹅卵石填满你的罐子，就没有地方放石头了。但如果你先放进所有的石头，然后是鹅卵石，最后是沙子，那就会有空间容纳一切。

你的生命之罐是什么样子的？

正念自律就要求我们优先考虑人生的最崇高价值、理想和长期的目标，先满足了所有这些重要的东西，然后用快乐（沙子）填补所有剩下的空白，这将使你能够用更长期和更健康的多巴胺来取代“垃圾多巴胺”，同时让你能够毫无心理负担地享受生活中的各种小乐趣，并更加珍惜这些美好的享受。

正念自律是我个人知道的唯一方法——让你既能够拥有蛋糕（长期的目标），又能够吃到它（享受所有的快乐）。只要你可以保持平衡和适度，你就能够自由地享受生活的乐趣。如果你需要一个更具体的实用原则，可以考虑借鉴帕累托原则（Pareto principle）：将80%的可用时间、金钱和精力用于推动最高价值和目标实现的事情，20%用于享受和其他杂事。如果你更有野心，还可以将这个比例调整为90/10。

那么，要如何实现这种从寻求快乐到寻求满足的转变、从偏重短期目标到偏重长期目标的转变、从垃圾多巴胺到健康多巴胺的转变？你可以使用转移焦点的方法（详见第18章），将视野从眼前的诱惑中转移开来，通过放大视野重新关注人生的长期目标；或者使用转换认知的方法（详见第19章），让人觉得这些诱惑也没有那么有吸引力；或者使用本章后续内容解释的三种方法中的一种，这些方法是专门用来处理分心问题的。

方法1　安排修行周（清除垃圾多巴胺）

第一种方法是清除垃圾多巴胺，即抽出一段时间，尽可能地避免所有的垃圾多巴胺，培养意识的存在感、满足感并专注于工作。也就是说，你需要进入一种修行的状态，摒弃所有分心的事物和诱惑，这是一个彻底地调整生活重心的过程，你也可以将其视为开启正念自律的启动阶段。

在“修行周”练习期间，你需要彻底切断所有导致分心的事物和垃圾多巴胺的来源。如果出于家庭或工作需求无法完全规避，至少将它们控制在最低限度。下面还有一些你可以在这个练习阶段尝试戒掉的东西：

- 令人舒适的食物（糖、零食、咖啡、酒、快餐）
- 电子邮件和通信应用程序
- 游戏
- 社交媒体
- 新闻
- 色情制品
- 漫无目的地刷手机
- 浪费时间的网站
- 做白日梦
- 下载新的应用程序
- 娱乐活动
- 情感上瘾（争吵、说闲话、抱怨、羞辱等）

此刻的你可能无法彻底地放弃所有这些享乐，这没关系，但你肯定能够坚持一个星期不接触或做这些事，即使这可能成为你生命中过得最艰难的一周（事实上也不太可能），但你肯定能够做到（执行的难度越高，就意味着上瘾的程度越严重）。

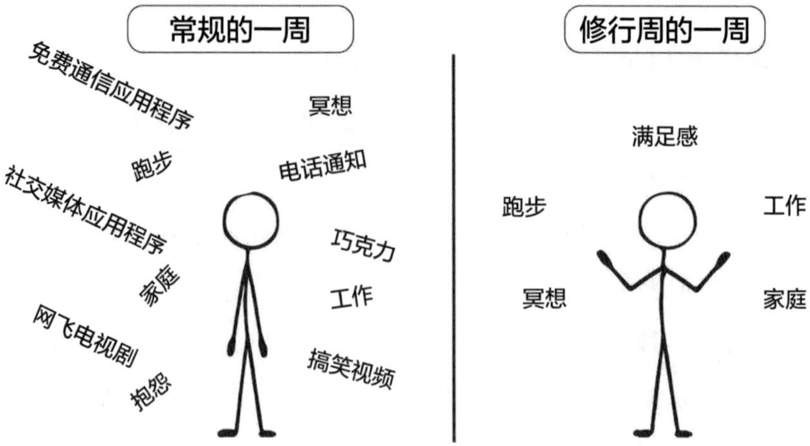

应该在什么地方练习呢？你可以选择在家里做，或专门换一个环境，以完成这个垃圾多巴胺的排毒过程，比如找个地方闭关！闭关的确会使整个过程变得更轻松，但尽管如此，你需要非常注意在闭关之后如何适应日常的生活环境，否则你的大脑可能会将这种排毒后的变化与新环境挂钩，而不是将其视为一种可以在日常生活中持续的新存在方式。

练习应该持续多长时间呢？我建议你先尝试一个星期，所以我将其称为“修行周”。

练习结束后会发生什么呢？在一周的练习结束后，回顾一下，哪些即时满足的形式是真正值得继续实践的，而哪些是可以自此戒掉的。然后再根据具体的需要，酌情恢复部分活动，但需要以一种更有意识和节制的方式来控制。谨慎地做取舍，坚定地摒弃那些没有真实存在价值的活动或事物。

例如，你的习惯是一天中无数次地浏览电子邮箱或社交媒体——只要手机或电脑上跳出新通知，或只要你有15秒的空闲，你就会不可控地点击查阅，这种习惯就会导致你沉迷于垃圾多巴胺，导致注意力的分散，使意识的存在感降低，并频繁地打断正常的思维和工作流程。这个习惯还会使你变得更加疲惫和不安，因为注意力长期无法集中在重要的事情上。

在“修行周”练习期间，你可以尝试将查阅电子邮箱的次数控制在每天一到两次，这是为了满足工作的需要，同时彻底地远离社交媒体（以及其他类似的应用程序）。在修行周结束后，你可能会意识到，在绝大多数情况下，你不需要每天查阅两次电子邮箱。当然，你也可以决定每天只查阅两次社交媒体平台的更新，每次十分钟，而且仅限于一个特定的平台。

这一切会对你的个人驱动力产生什么影响？在修行周练习期间，你培养了自己对人生意义和享受的渴望，但不会通过琐碎的活动来满足这种欲望，因为你暂时性地屏蔽了这些选择。每牺牲一个垃圾多巴胺的来源，你的能量和驱动力水平就能够上升一个台阶。每清除一个干扰项，你对目标的关注力就会提升一个等级；清除十个分心的活动，就意味着你的专注力可以得到十倍的提升。

> 求知若饥。
>
> ——史蒂夫·乔布斯（Steve Jobs）

当你在短时间内将所有即时满足感的来源从生活中切断时，会发生什么？你的大脑会反叛，所以你需要找到一个产生多巴胺的新方式。你可以顺势利用这个机会，训练你的大脑通过追求长期目标来寻求满足感，主要通过将所有从即时满足活动中腾出的时间和精力集中在追求长期目标上来实现，即每天回顾设定的长期目标，并每天采取行动推动自己朝着这个目标进发，最终使其成为多巴胺的唯一来源。

主动地寻求无聊的状态，然后驱动自己为长期目标而努力，这将是一种值得欢迎的分心——一种享受和快乐！但是，为了确保这个练习可以取得最佳的效果，你需要在练习过程中切断所有导致分心的来源。如果你遗留了任何快速多巴胺的其他来源，你的大脑将条件反射地将注意力转移到该渠道上。

修行周练习背后的理念是，在短时间内一次性地体验所有（有点激进的）转变，会比一次一点的循序渐进式体验要更容易，因为激进的方法可以让你更好地集中精力，看到所有这些看似微不足道的小多巴胺成瘾累积起来将对你的整个人产生多么显著的影响。

短时间内的彻底戒断，往往比试图在一段较长的时间内循序渐进地逐步减少诱惑要更容易，因为前者设定了非常明确的、黑白分明的规则，而后者则涉及了试探性的操作，要求你做出很多的决策和选择，使你卷入一场自我控制冲突的持久战。医生迪安·奥尼什（Dean Ornish）博士在其关于密集型生活方式改变（intensive lifestyle change）的研究结论中也肯定了这一观点，他发现，让人们一下子抛弃很多坏习惯，比一点一点地抛弃要更容易。

对我们大多数人来说，最大的挑战是戒掉数字媒体（应用程序、网站、社交媒体、新闻、新媒体视频等）。这些与其他快速多巴胺的来源不同，在现代生活中，我们很难彻底地摒弃数字媒体的使用。然而，这些显眼而闪亮的多巴胺按钮，正在用长期的、过度的刺激劫持你的大脑。它们正在破坏你的动机，分散你的注意力，这与冥想和自律的意义背道而驰。

因此，改善我们与数字媒体的关系是至关重要的，而修行周练习的激进重置，可以是一个很好的开始。

在修行周期间，确保自己吃饱、睡好、每天冥想、锻炼、与亲朋好友保持联系，或者与任何让你的心灵温暖的东西保持联系。在这一周中，这些事情可以补充你的意志力，帮助你度过可能面临的情绪低谷。

在完成修行周的练习之后，如果你觉得自己仍有意愿和余力，可以尝试为期一个月的练习，或每周设置一天来执行这个练习。你甚至可以选择对一项上瘾的活动专门设置修行模式，即彻底地、永久地远离这项活动。最起码，你可以在每天开始的时候，进行“一小时的修行周”练习，作为每天早晨的例行练习（详见第34章）。

下一步的操作非常简单：在日历上为你的第一个修行周预定时间。

方法2 延迟分心因素

> 一个令人难以接受的事实是：你最顽固的分心活动，在你自己看来合情合理。
>
> ——詹姆斯·克利尔（James Clear）

一周的修行练习（及与其类似的操作）看起来是一个伟大的重置过程，然而，它们只会在一年中特定的时间或一周中特定的某一天发生，你要如何应对其他时间的分心？这就是技巧2和技巧3要解决的问题。

每个人天生都知道如何去拖延，但却搞错了拖延的对象，因为我们往往拖延着不去做那些有意义但令自己感觉不适的事情。相反地，我们本应该拖延那些看似微不足道但却令自己感到十分舒服的事情。我将这个方法称为"拖延分心的诱惑"，它的操作十分简单：当你出现强烈的冲动，想要沉溺于某件可能导致分心的事情时，拖延它。将注意力集中到你正在做的事情上，将这种分心的事物留到以后再做。通过推迟，即时满足感可能就不再那么"即时"了。

而这个"以后"应该是什么"时候"，取决于你个人的决定，对于你想要彻底杜绝的分心事物，考虑到它们可能带来的有害影响或浪费时间的后果，答案可能是"拖延到永久"；而对于其他伤害性较轻的分心活动，你可以允许自己偶尔地放松，将它们作为自己在重要目标上取得进展的奖励。但在任何情况下，至少确保拖延半小时再放纵自己的沉溺。

同样地，这个方法并不会导致你的生命变得无趣，反而会令你倍加珍惜这些延迟得来的快乐。你首先剥夺了自己享受的权利，然后将其作为一种奖励，奖赏自己的进步，这种体验带来的快乐会更强烈。

但要确保这个方法发挥作用——事实上，要确保所有的训练方法发挥作用——的大前提是，你要学会暂停和意识的技巧，如果你只是无意识地放纵自己，甚至没有注意到自己正在放纵，那么就不可能应用技巧来转变自身的行为。如果你的确存在这个问题，请回顾前文提到的冥想、反思和融合这三个核心的意识实践（详见第16章）。你越是能够放慢脚步、用心地体验生活，就越是容易意识到自己存在放纵自我的倾向并在此基础上采取相应的方法解决问题。

因此，"有意识地拖延分心诱惑"的方法，实际上是PAW方法（详见第17章）的一个变体，唯一的区别在于第三个操作步骤：意志力。在这里，步骤3的操作要求你拖延分心的事物或活动，重新专注于设定的长远目标。

首先，使用三次呼吸法来实现暂停（P）：每当你遭遇可能导致分心或任何类型冲动的诱惑时，暂停并深呼吸三次。

其次，运用意识能力（A），意识到自己正在分心，感受诱惑的程度大小。

最后，充分调动意志力（W），做出有意识的决定，将分心/享乐的事物留待日后再做，并将注意力重新转回有利于促进长期目标实现的活动。

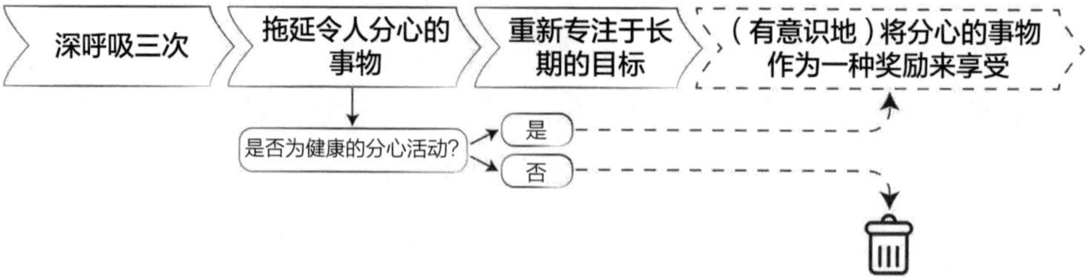

你可以根据具体需要多次重复上述流程，直至完成需要做完的工作，但这个过程不一定非要令你感到特别困难，你可以同时通过将视线中可能导致分心的事物移除来帮助你集中注意力，例如关闭一个浏览器，或将手机设置为飞行模式，或调成静音模式面朝下放置，或将巧克力放回冰箱冷藏等（关于通过环境调整或设置提升专注力的更多具体方法详见第26章和第33章）。

延缓满足一时冲动的做法，可以使你更清楚地看到事情的本质，做出更有利的选择。

看到这里，你可能会疑惑，为什么我们不能直接拒绝去做这些事情，而是要选择拖延呢？拒绝的抵制效果不是更好吗？这是因为，彻底地拒绝在大多数情况下取得的效果并不理想。当你意识到这是一个代表永久性拒绝的“不”时，你的大脑就会反叛并拒绝接受这个指令。著名心理学家罗伊·F. 鲍迈斯特是《意志力》（*Willpower: Rediscovering the Greatest Human Strength*）一书的合著者，他在书中讲述了一个实验，解释了拖延做法的原因：

> （……）与其他两组相比，那些告诉自己“现在不行，以后再吃”的人经受巧克力蛋糕的诱惑和困扰的程度更低……那些在推迟条件下享用巧克力蛋糕的人，实际上比在自我否定条件下的人吃得更少……结果表明，告诉自己“我以后可以吃这个”在头脑中产生的作用，与“此刻就享用”的效果差不多，它在一定程度上满足了人们的渴望——甚至比实际吃到了蛋糕更有效地抑制了食欲。

两位作者通过研究得出的结论是：“拒绝吃甜点需要意志力，但显而易见的是，告诉自己‘晚点吃’比‘绝对不能吃’带来的心理压力要小得多。从长远来看，这将降低个人对甜点的渴望程度，进而减少实际的摄入量。”

匿名戒酒者协会实际上也采用了类似的戒酒疗法。所有酒精上瘾患者为了戒酒做出的承诺是“我今天努力不喝酒”，因为这比“我从此以后再也不喝酒了”要更容易做到。通过每天推迟诱惑来欺骗你的大脑，你就有可能做到无限期地推迟这个诱惑。

与修行周一周的训练不同，延迟诱惑的方法简单易行，随时随地都可以操作。你现在就可以花点时间，随机选择一个会令你分心的事情，做出坚定的承诺，记住练习的步骤，并开始拖延导致分心的事情。你也可以设置某种外部的提醒，让自己时不时地操作这个练习。在一天结束之后，可以写日记记录训练的效果，增强责任感和提升自我意识。

方法3　承诺装置法

承诺装置法是指你在今天刻意地做出某个选择，以限制自己明天的选择范围，其目的是帮助未来的自己进行自我控制，并确保朝着正确的目标前进。其根本目标是为未来可能出现的冲动选择和环境压力创造一个缓冲区。

承诺装置法的一个经典案例，是希腊神话中塞壬的故事。塞壬是一种危险的生物，她们用迷人的音乐引诱附近的水手，使他们把船撞向岩石。在这个古老的故事中，尤利西斯（奥德修斯）想在不跳海或撞船的情况下，听到塞壬的歌声，所以他命令手下把他绑在船的桅杆上。这就是一个承诺装置法，这种预防性的措施，限制了他未来的选择，防止他冲动行事，跳入海中。

那么，你的警报器是什么？你将如何把自己绑在桅杆上？

在我们的现代生活中，这种承诺装置可能是选择从手机中删除社交媒体应用程序，或在电脑浏览器上阻止浪费时间的网站弹出，这样你就不能在自己感到无聊或想拖延时使用它们。它还可以是购买一个长期的健身房会员或在线长期订阅报刊，这样，打破健身或阅读的承诺就会产生经济后果。另一个例子是不在家里放巧克力或薯片，这样，当你在凌晨2点醒来找东西吃时，不健康的零食就不是一种选择。你还可以通过安装一些浏览器插件，限制自己在某些网站上停留的时间，此外，你还可以取消自己在社交媒体应用或视频网站上的订阅，并隐藏视频网站上“相关视频”的选项。

有些人会选择跟朋友或家人签署一个正式的赌约，承诺在一定时间内实现一个目标，并缴纳押金，只有在自己真正实现了目标的情况下，才能够拿回押金，如果没有，朋友或家人就按照约定，将这笔钱捐献给一个反慈善组织（一个你不愿意把钱交给它的组织）。或者，赌约也可以是一种社会后果，而不是经济后果，例如，在失败的情况下，你的朋友就可以在社交媒体上发布令人社死的尴尬照片。

事实上，我们有很多创建承诺装置的方法，你可以充分发挥自己的想象力，但需要牢记，整个训练的目标是避免自我控制的失败，或至少增加一个足以让你放缓脚步、停止沉溺于一时放纵的障碍。

本章要点

在本章中，你了解了多巴胺、即时满足的陷阱，以及把人生长期目标置于享乐之前的必要性。除了之前意识支柱的相关训练方法之外，你还学到了三种处理分心问题的强大方法。如果你不知道自己应该关注哪一个，下面这个快速导图能够帮助你厘清各个训练方法之间的关系和侧重点。

解决分心的各种方法		
	修行周	做一次，达到彻底重置的效果
	延迟分心因素	在分心事物出现的时候都可以练习
	转移焦点	
	转换认知	
	承诺装置法	可以选择的额外辅助练习

- 当你不再关心人生的长期目标或愿望时，就会处在漠不关心的状态，因为你被其他事情分心了。你习惯于通过微小的快乐来满足人类对成就感和目的的需求，这些小的快乐承诺提供这两样东西，但却不可能兑现，只会让你沉迷于更多一时的享受。
- 相对于长期的幸福而言，一时的享乐不过是快餐一样的存在，你可以快速而毫不费力地得到它们，但它们不会真正地满足你，因为它们没有你真正需要的营养成分。
- 你无法改变大脑的工作方式，但可以决定把你的“追寻的能量”花在哪里——你追求的美德类型。如果你把它花在追求即时的享乐上，就没有精力去追求更深层次的美德或成就——人生的长远目标，这肯定是一项糟糕的投资。
- 你需要健康的多巴胺水平才能确保生活正常地运转，所以问题不在于多巴胺本身，而在于我们寻求体验多巴胺的方式。当你可以延迟体验奖励时，多巴胺会激励你保持在正轨上，它使你保持专注和理性。然而，当我们反复寻求体验强烈但短暂的多巴胺爆发（即时满足）时，它会耗尽我们的动力，并可能导致成瘾。

- 我们的大脑不知道如何处理现代环境中的许多超常刺激源，所以大脑对唾手可得的各类多巴胺刺激变得上瘾。你需要通过培养自主意识来结束这种恶性循环，主动地限制那些给你快速注射多巴胺的活动，转而专注于能提升多巴胺基准线水平的活动——如体育锻炼、学习和冥想。

- 将长期目标置于即时满足之上，这不会使你的生活变得无聊或枯燥。相反，研究表明，随着自我控制能力的增强，你的幸福感和生活满意度实际上会增加。另外，短暂的享乐很快就会得到“纠正”，它们并不会改变你的长期感觉。

- 一个美好的人生，应该既有长期的目标，也拥有即时的快乐。这种平衡是通过优先考虑人生的长期目标来实现的，但也要为短期快乐留出空间（详见石头、鹅卵石和沙子的比喻）。这将使你能够用更长期和更健康的多巴胺刺激来取代“垃圾多巴胺”的刺激。这也将使你能够毫无愧疚地享受生活中的小乐趣，并更加珍惜它们。

- 即时满足应该是一种待遇或奖励，而不是默认的生活状态；它应该是我们有意识地允许自己偶尔放纵的东西，而不是不受控制的沉迷；它应该是提高我们福祉的东西，而不是试图掩盖潜在的内心空虚的东西。

- 帕累托原则：将80%的可用时间、金钱和精力用于促进人生最高价值和目标实现的事情，20%用于享乐和分心。或者，如果你足够有能力，可以将这个比例调整为90/10。

- 技巧1——修行周一周。进行为期一周的垃圾多巴胺排毒，避免所有分心和诱惑，同时培养存在感、满足感和专注工作的能力。通过长期目标满足你对人生意义和享受的渴望，而不是即时满足。

- 技巧2——拖延分心的事物或活动。当你有一种强烈的冲动想沉溺于分心的事情时，拖延它。把注意力集中在你正在做的工作上，把分心的事情留到以后，这样即时的满足感就不再那么“即时”了。这也是PAW方法的一种操作形式。

- 技巧3——承诺装置法。通过今天做出的有意识的选择，限制明天的选择的可能性，其目的是帮助未来的自己练习自我控制，并确保自己在目标的轨道上前进。

第23章
意识能改变找借口的习惯

为你的局限而辩解，那你就真的把自己局限在里面了。

——理查德·巴赫（Richard Bach）

对自己撒谎是一回事，但深信不疑则是另一回事。

——斯蒂夫·帕里斯菲尔德（Steven Pressfield）

一个人要么通过放弃借口来实现梦想，要么通过放弃梦想来为借口辩护。

——奥林·伍德沃德（Orrin Woodward）

借口就是你为了不履行承诺、放弃习惯的养成，或想要去做你明知可能给你的人生带来“–1”效果的事情时告诉自己的东西。借口可以让你的情绪冲动合理化，这样你就不会为自己的破例行为感到内疚。

随便跟一个拖延症患者聊一聊，你会发现他/她是找借口的个中好手；而跟一个成瘾者交谈，你会发现他/她是找借口这个游戏的金牌得主。人类仿佛天生擅长将不合理的行为合理化，并为自己违反任何规则的行为找到辩护的借口。

与自律领域的许多其他挑战一样，人们为自己找借口的习惯也有着神经学的基础。通过前面章节的内容，我们已经了解到，人类原始的爬行动物大脑的最首要任务，是保存能量、保证生存，其次是避免痛苦，然后是追寻快乐的体验，理性大脑及其所有的目标，都是相对较晚进化而出的功能。因此，在为自己的行为找借口时，我们总是试图蒙蔽理性的大脑，诉诸原始的爬行动物大脑，以证明凭冲动行事的合理性，主要的方式就是通过找到看似合理的借口。

坏习惯很容易养成，你只需要走最轻松、阻力最小的路径就行，有时候这就意味着遵循当下令你感觉良好的东西，而不考虑其长期的后果。养成好的习惯则是一个艰难的过程：需要主观的努力和持之以恒的毅力。你需要遵循的是理性大脑告诉你的好东西，不管当前的感觉是好还是坏。

但借口是一种逃避付出努力和坚持的方式，同时也将使你避免为此感到难过（避免了情绪上的困扰）。“在避免痛苦的同时，还能节省能量？这不就是我想要的！”——这就是原始的爬行动物大脑对借口的理解，也是它痴迷于借口的原因。

如果我们的目标仅仅是生存，那么这种进化而来的遗传倾向非常有效，但对于寻求满足感、成就感和有意义贡献的现代人而言，这反而是自取灭亡的行为。因为当你利用各种借口，将自己表现得不够好的行为合理化时，你个人的潜力就得不到充分的发挥。

> 如果你的人生计划就是成为一个逊色于个人全部潜力的人，那么我警告你，你的余生都将为这个决定追悔莫及。
>
> ——亚伯拉罕·马斯洛（Abraham Maslow）

一些借口将导致你无法开始追逐梦想，甚至无法产生任何梦想。还有一些借口是后来才慢慢涌现的，它们导致你无法持之以恒，或使你无法全力以赴。

下面是一些逃避努力（或逃避全力以赴地努力）的借口示例：

- 我可能永远也不会成功，因为________。
- 也许我太老了，不适合做这个。
- 我没有时间/金钱/支持来完成这个任务。
- 我将在完成________（未来的事情）之后再去做。
- 我没有足够的天赋/足够的人脉/足够的智力/足够的经验。
- 我没法成为像________（榜样）一样的人，因为我的童年经历太糟糕了。
- 我已经错过了人生的机会，现在已经太晚了。
- 没有什么能够保证我一定会成功。
- 我做不到，我从来没有完整地贯彻执行过任何事情……

下面是逃避习惯、拖延或拒绝履行承诺的借口示例：

- 现在不是合适的时间。我将在________再开始。
- 我就破例这一次，因为________。
- 我现在太累了/太忙了/没有动力去做________。
- 我现在不是很想去做________。
- 反正我也没有什么进展。
- 让我先考虑一下吧。
- 来一口/一杯/一轮也没什么大碍吧。
- 这将让我感觉良好和放松。
- 就这一次不做也无妨。
- 这个星期不是做________的好时机，我下周一再重新开始吧。
- 每个人都在这样做，我也这样做，没关系吧。
- 明天再做！

哪些是你常用的借口？

你因为相信这些借口而付出了什么样的代价呢？

转变“破罐子破摔”的极端思维

前来接受我的心理指导的人经常给出的一个借口就是破罐子破摔的极端思维（all-or-nothing thinking），所以请允许我花一点时间解读一下这个思维。

这种破罐子破摔的极端思维，是指在违反了规则一次之后，你习惯性地为自己进一步违反规则的行为进行辩护，认为自己大势已去、无法挽回，于是决定破罐子破摔算了。然而，因为需要从零开始，你给未来的自己创造了不必要的负担。这是一个非常普遍、非常具有局限性的思维模式。

这种极端思维模式可能会以这样的方式发挥作用：你承诺每天在跑步机上跑20分钟，并在周一和周二分别完成了20分钟的跑步；但你周三没有跑，因为太忙了；周四的时候，你又觉得非常疲惫，于是告诉自己：“哦，好吧，反正我昨天也没有跑步，这一周都不可能实现坚持跑步的目标了，那干脆从下周再重新开始好了。”

又或者你向自己保证，连续30天拒绝垃圾食品和甜品。在坚持到第五天的时候，你去参加了一个生日聚会，每个人都在喝可乐，于是你也喝了一杯。然后你想着，“哦，好吧，我今天已经喝了可乐，已经破戒了，不妨再来点儿热狗和芝士蛋糕吧”，或者“今晚我有一个聚会，可能会破戒吃很多垃圾食品，所以不妨将今天当作打破规则的一天，午餐也来点垃圾食品算了！”，又或者“我已经因为亲吻这个人，犯下了欺骗伴侣的错，不妨更进一步算了，反正都已经犯错了……”

这种破罐子破摔的极端思维，就好比因为一辆车上的一个轮胎没气了，就把其他三个轮胎也卸掉，反正都不能开车了，还要轮胎做什么呢！

扭转这种错误思维模式的方法，首先是要独立地思考每一个选择，不要将其作为一天/一周/一个月的整体目标的一部分而捆绑在一起，不要把整体目标考虑为+1或-1。将每个选择本身都视为+1或-1的选项，这样一来，周一和周二坚持用跑步机跑步，然后跳过周三和周四，周五和周六继续坚持跑步，比就此彻底地放弃要好得多，因为至少你得到了4个+1分的结果。同样地，对于垃圾食品而言，只喝一杯可乐是-1，但再加上热狗和芝士蛋糕的话，对你的健康目标来说就是-3而不是单纯的-1了。

诱惑产生作用的方式往往是这样的：你输掉了自己的小手指，但它们却想要你的整个手掌。所以请记住：失去一根小手指（局部败退）总比输掉整个手掌（全盘皆输）要好得多！

破罐子破摔的思维："要么+7，要么归0！"

切合实际的期望："一个+4的结果，总归比一个归0的结果要好得多！"

在这里，第二个关键做法，就是放下不切实际的期望和完美主义倾向（详见第21章），你认为"一次的失败"会导致全盘皆输，于是习惯性地想要从零开始，因为你认为一次的失败就已经全盘否定了你的努力，将导致你无法养成任何良好的习惯，所以不如干脆从现在开始放纵自己的享受。这种思维将导致这个习惯在未来成为你的负担。

要解决这个问题，你需要做好心理预设，要提前想到自己可能遭遇失败、挫折和挑战。一旦你意识到自己已经误入歧途，首先就要止损，然后回归正确的轨道，继续前进。然后从重新开始的地方，竭尽全力地去做，这就足够了。

我们需要通过冥想练习来培养这个技能：一旦你在冥想中注意到自己的专注力偏离了正轨，就要将其回正，让自己专注于冥想对象（通过呼吸控制等），你不要对自己说，"哦，我有了一个别的想法，所以这次的冥想已经废了，不如现在就停下来，明天再试好了！"相反地，你要意识到分心的现象，并尽快地将注意力拉回来。同样的做法也适用于生活中所有其他习惯的培养和目标的实现。

下面我们一起来了解还有哪些方法可以帮助我们解决其他类型的借口。

方法1　挑战你的借口

想象一下，你经历的阻力是你的心理健身房里的一个杠铃。

每次它出现的时候，你要么走开，变得更弱；要么拿起它，变得更强。

——帕特里克·埃德布拉德（Patrik Edblad）

借口本质上就是各种各样的思想，所以完全可以通过改变思考问题的方式来解决它们。这种思维或视角的转变，可以通过本书第17章中论述的PAW方法来实现。

比如说，你做出承诺要每天练习冥想，但借口是今天不仅特别忙，也不是特别想做，按照PAW方法的训练步骤，第一步是暂停这种错误的思维（P），放慢行动的节奏，打断这种为自己的破例行为找借口的模式。也就是说，你先不要因为找到了一个放弃的借口而直接放弃，而是先深呼吸。

第二步是意识到你正在给自己讲述一个错误版本的故事（A），清楚地看到脑海中产生的想法，并意识到它们正在引导你走向什么样的结果（+1或-1的结果）。在这个步骤中，给产生的想法贴上标签会很有帮助，你可以简单地在内心告诉自己“借口出现了”或“我正在将自己错误的行为合理化”。又或者，你可以通过将脑海中产生的借口客观化，为其命名，从而将借口与真正的逻辑区分开，甚至可以通过命名更进一步地使其负面影响显化，例如“‘我做不到’先生又来了”，“‘抱怨者’正在喋喋不休”，等等。

第三步是运用意志力（W），这就意味着你需要有意识地改变当前的状态。在这种情况下，你需要挑战产生的借口，改变内心的自我对话。下面是一些实操的示例：

借口	挑战借口	转变
我明天再做……	你昨天就说了同样的话，但今天还是老借口！	如果我现在不做，就永远也不会做了，这样一来，明天就跟今天没什么两样，我不会有任何长进。
今天实在是太累了，而且我真的不想运动……	哪一天不累呢？如果你只能够在感觉不累的时候锻炼，你觉得你能够坚持多久呢？	我的感受怎么样其实不重要，我只需要去做完最低限度的运动量就行了，但无论如何，都不能直接放弃！
今天破例一次，放纵一下自己，能够帮助我放松，令我感觉良好……	没错，破例和放纵的确会让你放松、感觉良好，但需要付出什么代价呢？如果你总是这样想，你会成为什么样的人呢？	现在，如果想要让自己感觉放松又感觉良好，我还有什么其他更健康的选择吗？
大家都花时间玩社交媒体啊……	“大家”显然都比从前要更焦虑和抑郁了不是吗？你这就是典型的从众心理！	如果我把花在社交媒体上的一半时间用来追逐目标的实现，我将能够取得什么成就？
我没有那个时间和金钱来追逐这样的梦想	这个世界上拥有时间和金钱资源比你更少，但却获得了成功的人多了去了！	这对我来说真的很重要吗？如果是，我现在可以做什么，使自己朝着这个梦想更进一步？

下一次，当你发现自己又在找借口时，一定要运用PAW的方法，即暂停、意识和自我对话。充分调动自身的意志力，将借口转变为能够增强行动能力的东西。你可以反复地重复这个过程，不限次数，直到原来的借口不再出现为止。

不要总是等到“感觉适合”的时候再开始行动，只要你能够战胜懒惰和不适感，就一定可以最终取得令自己自豪的成果。如有必要，你可能还需要运用拥抱痛苦的相关技巧（详见第20章）。

不要觉得自己很辛苦，不要将自己当成受害者，就算客观上你确实遭受了不公平的待遇（详见第12章）。要知道，选择权总是在你手上，你只需要确保每时每刻都能够做出符合自身最佳利益的选择即可，尽可能多地积累“+1”的行为，直到积少成多，逼近突破的临界点，从而将你真正地推向自己的目标，或做出你想要做出的改变。

快速练习

1. 思考一下，你想要在生活中的哪三个领域或目标方面变得更自律。

2. 想一想你最近三次违背这些目标的承诺/意图的情况。

3. 找出你用来使违规行为合理化的借口都有哪些。

4. 在每个借口的下面，写出你如何挑战或戳穿这个故事的漏洞。

5. 写下你可以用什么自我对话来重塑这种情况，并将自己偷懒的行为转变为行动。

6. 承诺在下次出现同样的借口时，做出这种转变。

7. 每天回顾这份清单，以21天为一个周期，或直到新的思维方式成为你的第二天性。

方法2 “POWER可视化”方法

在个人成长领域，当人们论及“可视化”时，他们通常指的是，在“吸引力法则”（law of attraction）概念的启发下，想象自己毫不费力地实现了人生的目标，并正在享受最终的成功。但这并不是我所说的“可视化”的概念。

为了克服借口、阻力、失败和前进道路上的其他挑战，你需要将克服它们的过程可视化，而不仅仅是幻想最终皆大欢喜的结果。事实上，研究人员希瑟·卡佩斯（Heather Kappes）和加布里埃尔·厄廷根（Gabriele Oettingen）发表的一项研究表明，只设想最终的成功实际上是有害的，因为这将耗尽你努力的动力，因为你的大脑已经错误地认为，所有的工作已经达成，这就导致你在追逐目标实现过程中所需的能量值降低。

“可视化”是正念自律的一个工具，主要用于演练持之以恒的毅力。你要想象自己做出需要做的行动、如何面对障碍，然后成功地克服诸多挑战。我将其称为“POWER可视化”方法（POWER Visulization）。你可以将它作为挑战各类借口的补充，也可以将其作为一种技巧单独使用。

“POWER可视化”方法

整个设想（可视化）流程如下：

1. 准备（Preparation）。舒适地坐着或躺着，闭上眼睛，使用自己最喜欢的冥想技巧，使自己达到平静的放松状态。

2. 障碍（Obstacle）。想象自己正朝着自己的目标或理想努力，然后想象自己直面道路上可能出现的障碍。尽可能详细地想象它们，并感受那一刻的感觉——你可能会体会到恐惧、借口或怀疑，会感受到烦躁或困惑，会经历分心、失败和灰心等负面的情绪。

3. 意志力（Willpower）。看到自己暂停（P），意识到这种情况的存在（A），并有意做出努力，改变自己的状态（W）。想象自己记住了学到的各类工具，并充分调用意志力来应用这些工具和方法。

4. 能量（Energy）。体验因挖掘内在资源和克服障碍而产生的高能量状态，感受这种感觉将带来的力量和活力。

5. 结果（Result）。想象自己克服了障碍，向前迈进，并充分地感受这种感觉有多好。

例如，如果你想要追求的成功是与伴侣的良好关系，你可能会想象到彼此之间的冲突、误解和争吵，并因此而感到挫折和困惑。然后想象自己找到了解决问题的工具、清晰的思路和能量，然后成功地解决了所有问题，从亲密关系的风暴中走了出来，缔结了更加强大与和谐的关系。这与简单地想象一个永恒的蜜月期截然不同，因为前者是实际和现实的，而后者是不切实际的，因为没有什么人际关系能够永远处于蜜月期。

让整个视觉化过程尽可能生动，仿佛你自己正在亲身经历一般。如果你不善于想象，那么就以任何适合个人的方式去设想。最重要的是要确保感觉的真实性，营造身临其境的感觉，这样才能激发大脑以一种不同于以往的方式思考和决策。

其他解决方法

在第29章关于克服疑虑的内容中，你将学习到两种同样能够有效地克服借口的技巧，即“现在不行”技巧和“清除所有备选方案”技巧。这两种技巧基本上适用于所有的借口，能够一下子消除许多内部的障碍。如果本章提供的诸多技巧对你而言都没用，你可以尝试一下第29章论述的这两个方法。

最后，你可能还应该考虑培养某种形式的责任感（详见第35章）。我们大多数人都是自欺欺人的专家。我们既不能清楚地看到自己的借口，也不能抛开这些借口、持续行动。我们可能需要有人来做我们的镜子，帮助我们保持正确的方向。因此，如果你能找到一个有胆识、懂心理（即了解人类大脑运作方式）的问责伙伴，也会有很大帮助。或者你也可以考虑聘请一位自律领域的专业教练从旁指导。

借口是一种自我破坏的形式。不管你使用什么手段，利用什么方法，都要克服借口。只有这样，你才能够在不拉手刹的情况下向前迈进。

本章要点

- 借口就是你为了不履行承诺、放弃习惯的养成，或想要去做你明知可能给你的人生带来“-1”效果的事情时告诉自己的东西。借口可以让你的情绪冲动合理化，这样你就不会为自己的破例行为感到内疚。

- 破罐子破摔的极端思维，是指在违反了规则一次之后，你习惯性地为自己进一步违反规则的行为进行辩护，认为大势已去、无法挽回，于是决定破罐子破摔算了。为了改变这种情况，你需要单独考虑每一个选择（不要与其他选择捆绑在一起），并放弃不切实际的期望，即认为自己能够从一开始就完美地贯彻和执行。

- 方法1——挑战你的借口。运用PAW方法（详见第17章）打断想要半途而废的思维模式，注意你对自己讲述的故事及其后果（+1或-1），通过挑战你的借口来转变故事的思维。为你最常用的借口建立一个做出转变的操作清单。

- 方法2——“POWER可视化”方法。通过使用可视化（准备、障碍、意志力、能量、结果）的方法，将克服借口、阻力、失败和其他挑战的过程视觉化。不要只想象最终的成功结果，因为这实际上反而会导致你丧失继续努力的动力。

- 克服借口的其他办法有：“现在不行”技巧和“清除所有备选方案”技巧（详见第29章），或者建立某种形式的第三方问责制。

第24章
回顾："意识"支柱

意识支柱是正念自律的基础。它让你拥有选择如何应对生活中发生的事情的自由，从而帮助你确保自己的生活与人生的目标和更崇高的价值观保持一致。没有主观的意识，我们不可能实现真正的自律，因为你将以一种条件反射、随波逐流的方式生活，你的未来不过是过去的机械重复。而有了主观的意识，你就可以按照人生的志向来设计未来的路径。

自我意识具有清晰性。它要求你保持彻底的自我诚实，以看穿事物的本质。它是中立的，它既不拒绝也不羞愧。它也接受你的本来面目，不存在自我暴力或贬低。

你通过冥想（每天早上）、融合（全天）和反思（晚上写日记）这三个核心练习来培养意识的能力。"融合"要求你在日常生活中练习PAW方法——包括三种意志力的技巧，这样你就能朝着人生的志向（+1）迈进，而不是远离它（–1）。这就是意识支柱的核心概念。

意识支柱

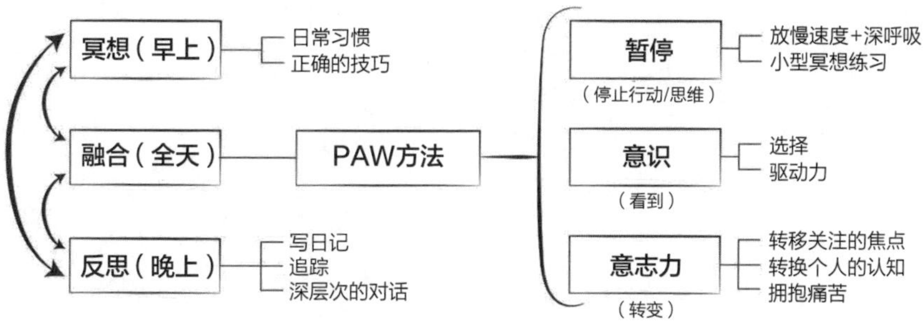

- PAW方法和与意识相关的其他实践也能帮助你直接克服自律的三个最大障碍：缺乏毅力、容易分心和习惯性找借口。

- 要持之以恒地坚持，你需要通过ROAR方法调动主观意识来释放糟糕的情绪，同时放下不切实际的期望（完美主义和虚假期望综合征）。
- 为了克服容易分心的毛病，你可以通过“修行周”训练，重置多巴胺的来源和水平，或使用“拖延分心法”和“PAW方法”中的意志力技巧。你还可以选择使用“预防打破承诺的装置”来增加坚持下去的热忱。
- 为了克服借口，你可以使用“挑战你的借口”（PAW方法的一个变通）方法，也可以使用“POWER可视化”方法。

现在深吸一口气，考虑到你已经清楚自己想要实现什么愿望（人生的志向），并且做到了利用意识的工具来保持自己朝着目标进发，现在是时候了解正念自律的第三个，也是最后一个支柱的相关内容了。

第四部分

支柱3：行动

第25章
“行动”步骤1　设计你的路径

能够利用自律，为自己设定明确的目标，然后每天为之努力，这将比任何其他单一因素更能保证你的成功。

——布莱恩·崔西（Brian Tracy）

优先去做你最不想做的事。

——克利福德·科恩（Clifford Cohen）

自律是一种能力，能使你在该做某事的时候去做某事，无论你是否觉得喜欢。

——埃尔伯特·哈伯德（Elbert Hubbard）

缺乏实际行动的愿望，不过是一厢情愿的幻想；缺乏实际行动的意识，不过是软弱无力的想法；如果没有行动，你做出的承诺和设定的目标也将是一纸空文。

因此，正念自律的最后一个基本要素，也是其第三大支柱，就是采取行动的能力。只有付诸行动，所有的设想才有可能成为现实。但仅仅采取行动是远远不够的，所有的行动必须是有的放矢、和谐一致和高效率的。

在行动支柱的步骤1中，你将学习如何将你的人生志向和目标转化为里程碑和习惯，然后你将学习如何克服自律行动可能遭遇的剩下四个障碍：丢三落四、拖延症、自我怀疑和冥顽不化。

采取行动需要主观的努力，而人类的大脑却不喜欢努力。事实上，在一万年前，懒惰往往被视为一种美德，因为懒惰意味着能量的节省，而节省能量可以增加生存的机会。如今，在现代社会中，懒惰意味着截然不同的情况：你可能因为懒惰而几乎很难存活。此外，如果你的人生目标不仅仅是活下去，而是活出精彩的人生，那么懒惰就不是一个可取的选择。

支柱3：行动

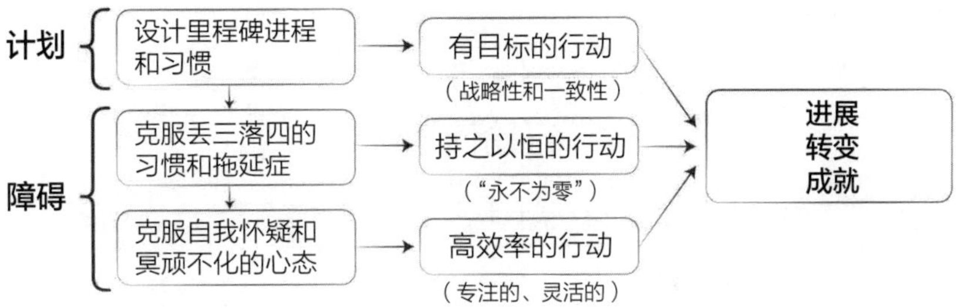

你的行动计划

要推动长远目标的实现，你需要有条不紊地采取行动，为此你需要制定一个行动计划，这就是你开辟疆土的地图。没有行动计划，你就很容易在不知道自己做什么的情况下，盲目地投入大量的精力，并难以取得预期的结果，这将导致挫败感和半途而废。

制定一个合理的行动计划，可以帮助你避免前进道路上的两个陷阱：

- 低估了旅程的难度。
- 低估了个人的潜力或能力。

如果你低估了旅程的难度，就会无意识地导致资源分配的不合理，即给予某个特定目标或任务的时间、精力、耐力、意志力或金钱等资源远远低于实际的需要，结果将导致你面对旅途中不可避免的挑战、障碍和不确定性时感到措手不及。每当这些情况发生时，你可能会感到心灰意冷、精疲力竭。

而如果你低估了自己的能力或潜力，当你看着前方充满艰险的道路时，你可能会感到力不从心，可能会认为，“我不可能做到的”。因为你没有明确前进的道路，因此很容易感到气馁，并开始怀疑自己。

将一段漫长的旅程拆分成数个小的里程碑，然后制定相应的行动步骤，这可以帮你避免前述两个陷阱。你将更好地掌握为实现既定目标需要的东西，并对未来需要付出的努力形成健康的认知和尊重。你也不会轻易地被困难打倒，因为你非常清楚接下来的步骤是什么。这些步骤已经被拆分到足够小，所以你完全有能力完成每个步骤的任务和要求。

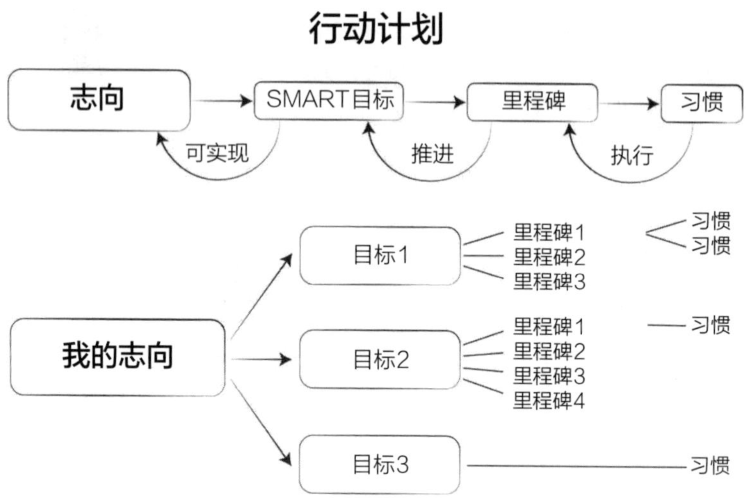

现在，让我们开始着手为你设计一个行动计划吧！

选择你的里程碑目标

你的志向，就是最终的好处，它是你的新身份，你想要成为的那个人。在本书第9章中，我们将其转化为SMART目标，因为这些目标更具体、更具有时限性。现在，我们需要将你设定的一部分SMART目标进一步分解为里程碑（阶段性目标）。

一个志向可能包含许多个具体的目标，涵盖梦想、价值或任务的不同方面。而每个目标往往至少需要设计几个里程碑，这些里程碑就是我们为实现一个目标需要经历的关键阶段。下面是一些例子：

志向	快乐的家庭生活	分享我的智慧	健康和活力
目标1	在35岁之前，嫁给一个聪明、爱我的人	在明年年末之前，写出一本关于领导力的书，并获得一定的影响力	今年圣诞节之前，减重40磅
里程碑1	提升自己	前期调研、写计划	先减重10磅
里程碑2	找到一个好的伴侣	写出初稿	再减重10磅
里程碑3	经营这段亲密的关系	付梓出版	继续减重10磅
里程碑4	结婚	充分营销	减掉最后的10磅

如上表所示，就一些目标而言，里程碑是不同类型的任务或子项目（如上表中前两栏的愿望），而对于其他类型的目标，因为其性质更容易量化，其里程碑将是同一类型活动的不同进展（上表第4栏的目标）。

此外，给每个里程碑设定一个开始和结束的日期也很有帮助，但这些日期都只是计划，而非现实。尽管现实很少完全地跟着计划走，但计划依然是非常实用的工具。设定明确的开始日期和最后期限，将有助于保持努力的势头、建立紧迫感，并正确地引导资源的分配和利用。

因此，以下是你在正念自律之旅中接下来要做的事：

1.选择一个需要关注的愿望，以及其包含的一个SMART目标；

2.将这个SMART目标拆分成若干个里程碑事件；

3.给每个里程碑添加一个开始日期和最后期限；

4.按照上述步骤，分解每一个志向和目标。

里程碑或阶段性目标使你能够更好地集中精力，避免因为目标过于远大而感到不堪重负。这些里程碑明确了需要操作的各个步骤，可以帮助你积累前进的动力，并让你能够更快地、阶段性地品尝到成功的滋味。你可以设定非常远大的理想，但你需要将它拆分成SMART目标，然后把这些目标分解成可实现的里程碑。

如果你暂时还没有明晰自己的人生志向，那么可以从改善生活中的某个领域入手，为自己设立一个相关的SMART目标，从这个目标出发培养实现转变所需的习惯。

行动步骤

将设定的目标分解成具体的里程碑事件。

选择你需要养成的习惯

设定了明确的里程碑之后，你可以将每一个里程碑都分解成需要养成的习惯。习惯就是你需要具体去做的事情，以确保每个里程碑的完成。随着你从一个里程碑到下一个里程碑的进展，这些习惯可能会有所改变。

习惯是对设定的目标的一种承诺，是你为了推动目标实现而分配的时间和精力。如果你的愿望没有转化为习惯，它将永远得不到实现。

根据里程碑的不同性质，习惯主要有三种类型：

- 行动的习惯：当你需要履行的承诺涉及一个单一的活动，例如“每天早上冥想20分钟”，或“在睡觉前写完感恩日记”时，你需要养成行动的习惯。
- 替代性习惯：当自律的目标是为了打破一个坏习惯或克服一个有害的冲动时，需要养成的习惯将是用一个更健康的行动，来取代你在一个特定的提示后采取的错误行动。例如，“每当我想抽烟的时候，就要做5分钟的有意识的呼吸”。
- 任务型习惯：当设定的里程碑是一个复杂的子项目，且包含不同类型的活动（例如，推出博客，或购买你的梦想之屋）时，你的习惯将以时间承诺的形式出现，例如，“每周五天，从晚上7点到9点投入在项目上”。在这段分配的时间里，你将按顺序一个接一个地完成推进里程碑所需的任务。

实现一个具体目标可能有许多不同的方法，因此，也有不同的习惯可能对这个目标有用。每个习惯都代表一种不同的策略。如果你的目标是减肥，那么与食物有关的习惯，可以是遵循低碳水化合物饮食，也可以是每天一次的间歇性禁食——多种不同的习惯可以取得异曲同工的效果。

列出需要养成的习惯

下一步的操作，是搞清楚自己需要养成哪些具体的习惯，以支持目标的实现。为了实现志向，你将需要成为什么样的人？理想中的自己——实现了既定目标的人，应该有哪些习惯和行为？

先从第一个里程碑开始，列出为了达成这个里程碑需要完成的所有重要事项，这些就将成为帮助你朝着目标迈进的日常习惯。下面这些问题可以帮你弄清楚所有的重要事项：

- 为了实现设定的目标，我需要做出什么样的改变？
- 哪些活动能够帮助我朝着目标前进？
- 我必须形成哪些新的信念或养成什么新的思维方式？
- 实现了我设定的目标的人，会有哪些习惯、日常活动或美德？

要回答上面的最后一个问题，你还可以利用我们在志向支柱（步骤1）的练习中列出的“人生榜样”的相关内容，去分析是什么让他们成为你理想中的人生榜样，这将为你提供一张清单，让你明白自己要做什么事情，或培养出什么样的品质。另外，你也可以利用“未来的、理想的身份”作为基础，回答前述问题。

在完成所需的活动清单之后，回顾整个清单，试着找出你需要养成的一个或两个基本习惯。没有这些活动的执行，你不可能取得任何实质性的进步。

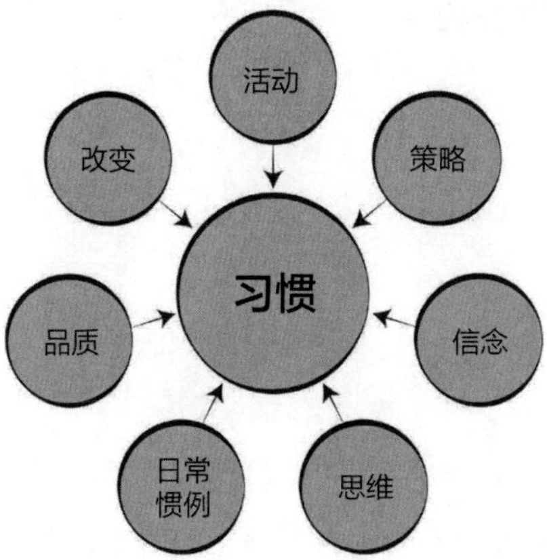

以健康这个目标为例，需要养成的基本习惯可能是日常锻炼和有规律的睡眠，或者是日常锻炼和适度的饮食控制。就幸福感的目标而言，需要养成的习惯可能是冥想练习，或学会从繁忙的生活和工作中忙里偷闲地休息一下。就财富相关的目标而言，需要养成的习惯或许是定期的储蓄和关注可能的投资机会。如果你的目标是事业有成，可能需要养成的习惯是每天花上一小时学习一项重要的职场技能。如果你的目标是改善人际关系，那么需要养成的习惯可能是变得更有同情心或每天练习欣赏或赞美他人。就个人的成长而言，需要养成的习惯可能是写日记和阅读好书。

寻找基石习惯

在你的生活中，你可能想要养成一系列不同的习惯，以实现自己在健康、事业、个人成长、兴趣爱好和人际关系等方面设定的目标。然而，你不需要现在就开始一股脑地培养所有的习惯。事实上，这不仅是一个糟糕的想法，也可能会令你感到不堪重负。根据我作为一个自律践行者和自律教练的经验，一蹴而就的做法很少取得应有的效果。

与其把自己压得喘不过气来，不如选择一两个基石习惯，然后从它们开始着手。根据查尔斯·都希格（Charles Duhigg）的说法，基石习惯是“人们在日常工作中引入的小变化或习惯，这些变化或习惯将潜移默化地延续到他们生活的其他方面”。换句话说，基石习惯应该是一种具有积极的多米诺效应的单一习惯，使你在其他习惯方面变得自律更加容易。

下面是一些基石习惯的例子：

- 每日冥想
- 定期运动
- 健康的睡眠
- 晨练
- 写日记

这些都是适用于几乎每个人的基石习惯，即每个人都可以从中受益。当然，也会存在一些专门适用于你设定的目标和人生愿望的基石习惯。如果你想写一本书，一个基石习惯可能是每天抽出一个小时，断开所有的社交媒体，专注地写作；如果你想提升自己的手艺，基石习惯可能意味着在练习课程的第一个小时里，专注于掌握基本知识；如果你的目标是打造更快乐的家庭生活，基石习惯可能是让晚餐时间变得更有仪式感，要求所有的家人都放下电子设备，全身心地投入晚餐时间的交流和享受之中。

快速练习

选择你的第一个基石习惯——可以是一个适用于所有人的常见习惯，如冥想，也可以是与个人目标相关的某个具体习惯。用简单的语言，写下你想建立的第一个基石习惯的最低要求和最理想状态。

微调你的习惯

现在，你已经清楚地了解自己需要养成哪些习惯，以确保自己朝着目标进发，从而实现人生的志向，下面要做的就是对已有的习惯进行微调，使其变得更有效。因为有效的习惯必须是具体的、设定了时限且最好是令人乐在其中的习惯。

使习惯变得具体

有效的习惯会准确地告诉你在什么时候、什么地方去做什么。如果你的习惯是模糊的，你就很难在任何时间内遵循它们。下面是一些具化习惯的例子。

SMART 目标	无效的习惯	有效的习惯
2个月内减重30磅	每天早上做运动	在附近的健身馆，每天早上7点开始做30分钟的CrossFit①健身运动
在3月之前，写出一本关于领导力的书（篇幅为200页）	每天晚上睡觉之前抽时间写作	每天晚饭之后，在家里书房，写上1000字
今年，将夫妻双方对婚姻的满意度从60%提高到90%	夫妻双方进行更多的沟通，就彼此的需要和想法进行交流，共同思考如何改进夫妻关系	每周五晚上花20分钟用XYZ②问题模型对婚姻关系进行反思
再也不要冲孩子大吼大叫	在生气的时候，告诉自己要保持冷静，并记得深呼吸	不管在哪里，在与家人相处之前，花5分钟进行意识深呼吸练习
每天浏览视频的时间不要超过30分钟	写一张便签条，提醒自己要限制花在浏览视频上的时间	每次只要我打开视频，就打开手机，设置一个30分钟的闹钟提醒

让你的习惯成为一种享受

有效习惯的一个要素是具体性，正如上表所示，而另一个要素则是消除执行的阻力。如果你讨厌转变的过程，或者无法理解其价值或逻辑，就很难专注于新习惯的养成过程。为了确保长期目标和人生愿望的实现，你需要专注于新习惯的养成过程，而不仅仅是最终养成这个习惯的目标。这就是习惯的意义所在：专注于过程，而非最终的结果。

如果我们不得不去做自己不喜欢、觉得无聊或觉得没意义的事情，自然会倾向于拖延或分心。反过来看，如果我们能够从养成习惯的过程本身获得一些满足感，那么为了实现人生目标而严于律己的过程，也变得更加自然和容易接受，你将因此更加全身心地投入新习惯的养成过程。

要确保一个习惯有效，就得保证你学会享受这个过程本身。如果你能够学会真正享受实现目标必须完成的活动，你就能够更轻松地保持专注，并长期保持这些习惯。为此，你不仅要学会热爱最终的人生目标，也要学会享受实现目标的旅程，使这个过程本身也成为一个目标。这种方法，不仅使过程更令人愉快，也会让习惯变

① CrossFit：起源于美国的健身训练体系，它不以身体外型为主，不强调孤立肌肉训练，而是以获得特定的运动能力为目标。——编者注

② XYZ:一种阐述问题的有效模型，即“我有一个问题，当你做X时导致结果Y，而我的感觉是Z”。——编者注

得更高效。

要做到这一点其实很简单，你只需要在追求愿望实现的同时，找到一个自己可以乐在其中的过程，或者学会享受你已经找到的道路，二者的最终结果都是一样的：你将确保自己能够投入、专注和参与。持之以恒的能力也将自然而然地出现，失败开始变得不那么重要，你也更容易坚持计划，直到目标得以实现。

这个方法之所以可行，是因为“条条大路通罗马”。实现一个目标的方法有无数种。例如，假设你想要塑身，那么有数百种不同的运动方法可选，如果你讨厌跑步或举重，那么可以尝试打网球、武术，或做任何你认为有趣的运动。即使这些选择已经被证明在客观上对特定目标的实现不太有效，但它们对你而言会很有效，因为你享受这个过程，能够更好地集中注意力，愿意付出更多的努力，并能够长期地坚持这项运动。

这就要求你找到那个自己可以享受的过程，如果无法做到，那么你就需要学习如何享受自己本能不喜欢的事情的过程，例如，每天进行CrossFit健身运动是实现瘦身目标的最有效方法，哪怕你不喜欢运动，也需要尽力学会享受它。

那么，如何学会享受一项自己不喜欢的运动？你可以尝试增加这项运动给你带来的奖励感，关于这个话题，我们将在行动支柱步骤2中进一步阐释。但为了帮助你选择合适的习惯，我将在这里先行简述。

你可以通过利用积极重评（详见第19章）的方法，使一项活动具备内在的奖励性，例如思考这项活动的美德，专注于其奖励，改变你关于这个活动的自我对话，等等。如果这些方法行不通，你可以添加一些外在的奖励。有一种方法被称为“诱惑捆绑”（temptation bundling），这个术语由凯瑟琳·米尔克曼（Katherine Milkman）教授创造，即将自我放纵的行为与一个能够促进目标实现的活动配对。以运动的目标为例，你可以在跑步机上边跑步边听音乐。

尽管这个概念受到该领域其他专家的高度赞扬，但我不认为诱惑捆绑是一个理想的解决方案，至少从冥想的角度来看，肯定不是。我们已经生活在一个充满了分心事物的世界里。诱惑捆绑可能会进一步分散你的注意力，使你不那么专注于活动本身，它只是让你能够忍受整个活动的过程。这个方法也不太适用于那些需要集中注意力的活动（如工作或学习）。

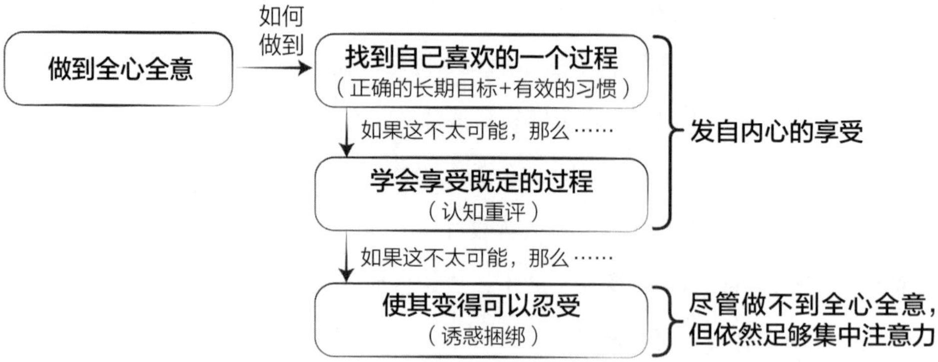

鉴于上述原因，我几乎没有在本书中再提及“诱惑捆绑”的技巧，然而，它仍然比讨厌自己正在做的事情，并每时每刻感到度秒如年要好得多。因此，你不妨将这个方法作为最后的撒手锏，在根本无法选择自己喜欢的过程，也无法让积极重评的方法发挥作用时使用。

这个方法可以很好地发挥作用的一个前提是，诱惑出现在促进目标实现的活动之后，而不是同时出现。例如，“只有在打扫干净厨房之后，我才会看自己最喜欢的电视节目”，或“写完500字之后，我才会吃一块巧克力”。然而，这并不是真正的诱惑捆绑，我称其为诱惑排序。

总结：确保你选择了一个令人愉快的习惯，如果做不到这一点，就花点时间决定，如何使这个过程变得令人愉快，或至少是可以忍受的。

打好基础

现在，你已经知道了应该做什么，即需要培养什么样的习惯、做什么活动、养成什么样的品质，下面就是决定如何去做，同时做好积极的准备。

你是否需要任何特殊的工具、知识或其他外部环境，以便能够完成新习惯的养成？如果是，要做的第一步就是把这些东西准备好，否则你将无法开始。这可能是买一双跑鞋，找到合适的导师或在线课程，下载使工作变得更便捷所需的应用程序，买一个日记本，整理日程安排，在房子里为新活动腾出空间，与家庭成员就你的新时间表和他们可以期待的东西进行交谈，解决一个悬而未决的事情，等等。

不要让这些成为拖延的借口，也不要让自己觉得还没有准备好。为了防止这种情况发生，现在花点时间为新习惯或活动确定一个开始日期。把这个日期写到日历上，并在开始日期之前完成所有必需的准备工作。然后，当开始日期到来时，无论你觉得自己是否准备好了，无论你是否已经确定了一切，都要如期开始。

贯彻执行新的习惯

基于你目前了解到的内容，以下是建立新习惯所需的行动步骤：

1. 决定你需要培养的两个最重要的习惯；
2. 使它们具体化并设定时间限制；
3. 让它们成为一种享受；
4. 获取所需的工具，并事先做好准备。

在行动支柱的步骤2中，你将学习所有关于习惯机制的细枝末节，包括如何为习惯选择理想的提示或触发器，如何驾驭外部环境，如何选择最低限度的行动和理想的行动，以及如何使新的习惯更有价值。在阅读完步骤2的内容之后，你将拥有一切你需要的信息，以确保你可以为实现人生志向采取有目的的、一致的行动。

安排定期回顾

如果你采取的行动是有目的的、一致的，但方向不对怎么办？这会导致你在付出大量的努力之后进展缓慢。如果你不愿意学习和纠正方向，你就会落入冥顽不化、固执己见的陷阱。

为此，在追逐目标的过程中，持之以恒是必要的，不断地适应和调整也同样重要。正念自律并不意味着盲目地埋头向前推进，而是有意识地调整方向，时刻保持深思熟虑。也许，你正虔诚地遵循着饮食和运动的方案，但体重却丝毫未减；又或者你每天不厌其烦地练习冥想，但还未体验到任何好处。你可以继续坚持自己正在做的事情，但却无法保证取得预期的效果。这时候，你可能需要进行一定的调整。

不要一意孤行地推进，用蛮力的方法迫使自己前进，并希望所有这些辛苦的量变最终能够触发质变。不要只是“设定一个目标，然后将其束之高阁”，这将导致你的习惯或整个努力的过程缺乏生气。要始终关注前进的方向，始终保持好奇心，确保整个过程充满开放性和灵活性。

> 虚心若愚。
>
> ——史蒂夫·乔布斯（Steve Jobs）

你需要不断地微调整个努力的过程。做到这一点的一个有效方法是定期回顾，这将帮助你搞清楚哪些努力是有效的，哪些是无效的，以及你需要做出什么改变。你可以将回顾的频次设置为每周、每月或每季度一次。

在回顾进展时，你需要问自己：“我是否需要继续坚持目前的战略，还是我需要做出一些改变？”关于这个问题，没有适用于一切情况的经验法则，因为有的时候，环境的变化要求你做出改变，又或者你发现某种方法对自己而言并不是特别有效。而有的时候，你只需要坚持更长的时间才能看到积极的结果，因为你在特定行动路线上投入的时间尚不足以得出任何有意义的结论。

你将需要根据不同目标的具体情况进行回顾和审查，依赖于自己的直觉，教育自己，并尽可能得到相关领域专业人士的指点。即使你对下一步应该做什么没有明确的想法，也不可跳过这个自我反思的过程。不要停止询问正确的问题，哪怕你可能无法立刻得出任何答案。

你要做的就是设定一个计划，制定一个战略，始终如一地执行它，并永远不要停止学习和调整。

本章要点

制定你的行动计划

- 将人生志向和SMART目标分解为不同的里程碑和习惯，然后采取一致、专注和灵活的行动。
- 制定一个行动计划将帮助你避免低估这个过程的难度或低估自己的潜力。

制定相关的里程碑目标

- 选择一个需要专注的愿望和其中的一个SMART目标。
- 将该目标分解为不同的里程碑（阶段性目标）。
- 为每个里程碑添加一个最后期限。
- 选择你将开始第一个里程碑的时间。
- 重复上述步骤，为每个愿望和目标设定里程碑。

养成新的习惯

- 习惯是对设定目标的一种承诺，是我们分配时间、空间和精力来推进目标实现的行动和方法。
- 习惯有三种类型：行动的习惯、替代性习惯和任务型习惯。
- 在选择习惯时，要考虑到选择有助于目标实现的改变、行动步骤、路线和心态。
- 与其同时尝试建立许多习惯，不如选择一两个关键的基石习惯作为切入点。基石习惯具有积极的多米诺骨牌效应，使你更容易在其他习惯方面变得自律。
- 为了使一个习惯有效，它需要包含确切的工作内容、时间和地点。而且，它应该是你喜欢或能够学会享受的事情。

- 通过获得所需的工具、知识和外部环境来做好前期准备，这样你在开展活动时就能减少摩擦和阻力。不要让摩擦或阻力成为拖延的借口。

定期回顾

- 你需要定期回顾，以了解哪些行动是有效的，哪些是无效的；要保持整个过程的开放性和可指导性；永远不要停止学习。

第26章
“行动”步骤2　设计你的习惯

成功不外乎是一些简单的自律每天练习后的结果。

——吉姆·罗恩（Jim Rohn）

如果你永远无法改变你每天做的事情，就永远不会改变你的人生。

成功的秘诀就在你的日常生活中。

——约翰·麦斯威尔（John C. Maxwell）

坏习惯很容易养成，但会令你的人生变得难以忍受。

好习惯很难养成，但会使你的人生变得轻松。

正如歌德所说，“凡事在变得容易之前都是困难的”。

——布莱恩·崔西（Brian Tracy）

在本书第1章中，我说过大多数人认为培养习惯就是自律的全部内容。截至目前，如果你已经阅读了前面的所有章节，就可能已经意识到，虽然培养习惯是自律的一个重要构成部分，但自律的意义远不止于此，正如第1章中所定义的那样：

> 自律是一个人以更高的目标和价值观为准则，持之以恒生活的能力。它是个体克服内部障碍和外部障碍的能力，使人可以专注于对个人而言有意义的事情，并让它指引个人的思维方式、做出的选择和采取的行动——直到成功地把目标变成现实。

到目前为止，本书论述的所有内容，都旨在帮助诸位建立良好的习惯、改掉坏习惯，它们是正念自律的永恒原则。在上一章中，你已经将自己的志向转化为具体目标、里程碑和有效的习惯。在这一章中，我们将进一步了解习惯养成的所有细节信息。

习惯与自律

养成一个习惯需要多长时间？不同的专家对此有不同的研究，得出的意见和建议也不尽相同，有人说只需要18天或21天，有人说需要254天。在任何情况下，就算是相对较短的习惯养成周期后，行为往往会变得自动化，只需要很少的自我控制或意志力来维持。因此，习惯往往被认为是通往自律的捷径。

出于这个原因，大多数人把大量的注意力放在培养习惯上，而很少关注整个自律的养成过程。他们希望通过使用最新的应用程序和技巧，尽快“破解”建立一个新习惯的密码，然后希望在接下来的人生中，自动收获良好行为的果实，而不需要付出更多的努力。

然而这种理想的情况很少发生，正如我们在第4章中看到的那样，并不是所有需要自律能力的行为都可以自动化，有些行为总是时刻需要调动意志力（比如冬天洗冷水澡），有些行为则过于动态，无法预测（比如处理人际关系中的冲突）。

此外，无论培养一个习惯需要的时间是长还是短，这都只是故事的一半，另一半则是如何维持它。你可能只需要一个月的时间来养成一个新习惯，但需要用一生的时间来维持它。即使是已经建立起来的新习惯，也会在一个月后消失，尤其是当你身处的环境或日程安排因新工作、关系破裂、旅行、搬家、家庭纠纷等外部事件而发生变化时。

自律并不是那种练习一次就可以一劳永逸的事情，也不仅仅只是养成良好习惯的“创立成本”。你永远无法真正地放弃自律，因为一旦你松懈了自律，坏习惯就会卷土重来。只要你仍有目标尚未实现，只要你仍渴望在人生的任何领域有所突破，你就需要保持自律。这就是我撰写本书的初衷，使自律成为一种生活的基本设置。

如果你不坚持洗澡，身体就会变脏；如果你放弃经营人际关系，它就会变淡；如果你不关注自己的思想，注意力就会分散。身体变脏和生病，是其本性；注意力的分散也是其本性；人际关系需要维护和经营也是本性。同样地，人类大脑的本性是享受舒适而不是努力奋斗，它喜欢即时满足而不是长远的目标，它中意垃圾多巴胺而不是健康的多巴胺。如果你停止约束自己，你的人生目标和愿望将自动丧失驱动力，导致前进的动能消散。

你的生活质量是习惯性思维和行动质量的反映。因此，拥有正确的习惯对你的生活和实现人生的目标极为重要。现在让我们来学习如何通过了解自动型行为的三个核心要素（即提示、行动和奖励）来建立习惯。

选择你的提示线索

所谓提示，就是环境中的触发器。它们将促使你采取行动，以获得最终的回报。在日常生活中，我们每个人都有着不同版本的“提示—行动—回报”的循环。如果它们是在你个人无意识之间形成的，就可以演变成我所说的“自动形成的习惯循环”；若它们是你有意识地创建的，那就是“有意识养成的习惯循环”。

下面是“自动形成的习惯循环”的一些案例：

提示	自发的行动	回报
电话提示铃声	接听电话	感到兴奋、获得乐趣、获得信息
咖啡的香味	享受一杯咖啡	感到更清醒和舒适
醒来后觉得疲惫不堪	关掉闹钟睡回笼觉	获得更多的休息
桌子上有一沓待处理的文件	拖延症	暂时性地得到喘息
感觉情绪低落	漫无目的地浏览电视节目	感觉自己恢复不少
与伴侣见面	开始喋喋不休地抱怨对方	逃避承担责任

下面是“有意识养成的习惯循环”的一些案例：

提示	有意识的行动	回报
看到跑步鞋就放在门边	穿上跑步鞋，然后出门跑步	感到更健康、更有活力
闹钟响起，提醒你要开始冥想练习	开始冥想	感觉更平静、注意力更集中、思维更清晰
打开储藏室找零食，但只找到了水果	吃水果	因为健康的饮食而感觉良好
在枕头上找到日记本	开始写感恩日记	感觉更满足、更有成就感
工作日的早上7点闹钟响起	起床去健身房锻炼	感觉自己的健康目标正在慢慢实现
吃完了午餐	将吃的食物记录到饮食日记上	感觉更好地控制了自己的饮食
注意到自己的情绪被触发了	做一个简短的深呼吸冥想练习	感觉又好了起来

在正念自律的道路上，我们要练习的是意识到我们的自动习惯循环（这样我们就能改变坏习惯），并创造新的有目的的习惯循环（这样我们就能建立好习惯）。

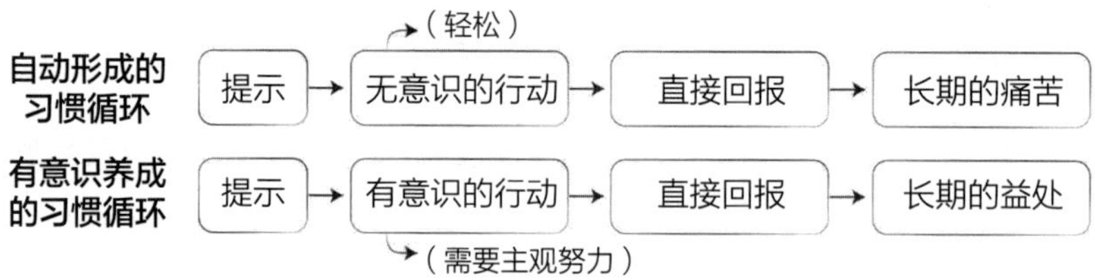

很显然你需要使自己能意识到可能导致消极行为的线索。要做到这一点，你需要开始注意一天中的哪些时间、地点、人物、感觉、互动以及其他的线索可能会触发你去做一些自己不应该去做的事情。这将是改变坏习惯的第一步。

下面，我们一起学习如何为可推动长期目标实现的习惯创建提示线索。

选择你的提示线索

在上一章中，你选择了自己想要建立的习惯，以推动长期目标的进展、实现人生的志向。为了落实这些习惯，你需要选择一个提示/触发器，提醒自己去做这些事情。

选择线索或提示，实际上就是利用周围的环境为自律提供支持。通过改变周围的环境（时间、空间、人物），你可以让自己想要落实的行动变得更容易。选择线索，就意味着创造一个推动自己朝着理想的自我迈出一步的触发器。

使用习惯培养的提示线索，基本上就是告诉自己，“当X发生时，我将做Y”或“在X之后，我将Y”。这个公式实际上表达了你的意图和决心，即每当你遇到所选择的线索（X）时，就会贯彻落实新养成的习惯（Y）。

大多数人发现，在手机上设置闹钟、在日历上写下事件提示，这些都是用来提示新行为的最佳方法，它们都是时间型的提示线索。

如果你想要确保每天开始工作后的第一个小时的时间都花在重点工作事项上，不妨创建一个名为“重点工作”的常规日历提示。这个线索将确保你在每天开始工作后的一小时内，不会分心去做其他事情，还可以确保你每天都能看到这个提示。你想要保证自己在开始工作之前先在跑步机上运动10分钟吗？那就在手机上设置一个7点响起的闹钟，提示命名为“现在就去锻炼”。你想要养成晚上11点之前就睡觉的习惯吗？那就在10点45分设置一个闹钟，提示命名为“准备去睡觉吧！”

尽管以时间为线索的提示能够发挥很好的作用，但其他类型的提示也同样有效，例如：

- 当我的闹钟在晚上10点响起时，我将开始准备上床睡觉。
- 当我在结束一天的工作后看到孩子们时，我会拥抱他们并与他们共度时光。
- 当我的工资每个月打到账户上时，我会计划每月预算。
- 当我早上刷完牙时，我会去冥想10分钟。

- 当我感到焦虑时，我会暂停并做3分钟的深呼吸。
- 当我在餐桌上时，我会把手机调到飞行模式。

使用“当X时，我将Y”的公式建立新的习惯，能够帮助避免因需要做出过多的选择而导致的决策疲劳。因为你只需要做一次决定，之后的每一次你都很清楚自己需要做什么。当提示发生时，你就做特定的行为，没有什么新的东西需要思考或决定。

那么，如何为新习惯的养成选择最好的触发器呢？你需要一个可靠的提示，并且具体到你想培养的特定习惯。

如果你想要确保新的习惯每天都得到执行，那么就需要确保提示的线索也每天都发生，或者干脆创造一个提示。如果某个习惯需要在特定的地点发生，那么就将提示线索与该地点关联起来；如果新习惯是每当你遇到某个人时想要采取的行动，那么就将提示线索与那个人关联起来；如果新习惯是你想要在产生某种情绪时做出的反应，那么就将提示线索与该情绪或感受关联起来。这些听起来像是每个人都懂的道理，但有的时候，再次强调人尽皆知的常识也能够帮助提升我们对其的重视程度。

此外，设置的提示越具体、越可靠，你就越是容易做出想要采取的行动。例如，“在早上刷完牙后”是用来养成冥想习惯的一个好提示，因为这是你（希望）每天早上都要做的一件事情，尽管冥想的具体时间可能不尽相同。如果这个提示也总是发生在同一个时间（比如10点响起的闹钟），那还能够带来额外的好处，因为它将为你的日常安排带来更强的一致性。这是一个推荐的做法，但不是强制性的——你只需要尽可能地充分利用自己的外部环境和条件即可。

例如，“在结束一天的工作后看到孩子们时”，可能发生的时间并不总是一致的，但它依然是“与孩子们共度美好时光”这个行为的好提示，因为它总是会直接触发后续的行动。然而，如果你把它作为“每天冥想”活动的提示，那么这就是一个糟糕的提示，比如说在周末，你可能一整天都在“看到”孩子，所以你这个提示将发挥不了任何作用。又或者你的孩子们在度假或去他们朋友家里过夜，那么你想要养成的习惯可能根本不会发生。

将自己期望养成的习惯与一个现有的习惯关联起来，这是习惯养成领域许多专家推崇的一种有效策略，斯坦福大学的心理学家福格（B.J.Fogg）称之为“使用锚定习惯”（using an anchor habit），詹姆斯·克利尔（James Clear）称之为“习惯堆叠”（habit stacking）。不管使用什么名称，其本质是利用你已经养成的一个既定习惯/惯例，将其作为新行为的提示。

在日常生活中，习惯出现的顺序也很重要。如果你想要养成的新习惯是困难的、不愉快的或枯燥的，可以考虑（a）将其放在你喜欢的事情之后立即进行，或者（b）作为你享受其他令自己更愉快事情的条件。以（a）为例，如果你需要完成一些枯燥的研究，可以在洗完澡或吃完饭之后立即进行，这就充分利用了你高涨的意志力，并更容易获得成果。而（b）的例子是一起床就读几页自己最喜欢的书，但前提是不打瞌睡、保持清醒。

设置一个提示线索并不意味着你就一定能够执行新的行为，它仅仅是一个触发器、一个提醒。要采取行动，你可能依然需要调动意志力。运用意志力意味着哪怕你不喜欢需要采取的行动，但你依然可以执行它（关于承诺与动机的概念详见第31章）。

在结束本节的内容之前，让我们一起了解一下在创建新习惯的提示时，人们通常会遭遇的几个问题。

第一个问题：如果你设置的提示无法发挥作用，该怎么办？

这是我在一些自助教练学员和冥想的学生身上看到的一个普遍存在的挑战。如果这些提示不再发挥作用，要么是因为这个提示一开始就没得到正确的设置，要么是你在将期望养成的行为变成习惯之前就将它消磨殆尽了。如果你也出现了这个问题，那就需要考虑更加坚定自己的意志，重新建立同样的提示，或者把提示的线索换成新的、更有效的东西。

第二个问题：我们可以在涉及创造力的活动中使用类似的提示吗？

作为一名自助教练，我也曾与一些艺术家合作过，他们经常提出的一个反对意见是："我们不可能简单地在一天中安排一个所谓的灵感时段，因为灵感总是飘忽不定的。"是的，我们没有办法控制灵感出现的方式或时间，但我们总是可以创造机会，让自己在灵感出现之前做好准备，这就是自律和习惯培养能够带来的好处。许多颇有建树的艺术家都有自己的创意表达的习惯性流程。

编剧雷蒙德·钱德勒（Raymond Chandler）给自己设置了这样一个简单的写作规则：要么写作，要么什么事也不做。"我发现这很有效。这是两条非常简单的规则，（a）你不是一定要写作；（b）但你也不能做别的任何事。"在同样的思路下，有人曾经问过萨默塞特·毛姆（Somerset Maugham），他是按计划常规写作，还是只在灵感来临时才动笔。毛姆回答说："我只在灵感来临时写作，但幸运的是，灵感每天早上9点准时出现。"

快速练习

花几分钟时间，为你想建立的三个新习惯选择提示线索，现在就采取必要的措施来实施这些提示。如有必要，考虑一下这些习惯的排序，并准备好在提示之后仍然需要行使一些意志力执行相关行动。

改善周围环境

不可否认的是，周遭的环境的确会影响我们。如果你的办公桌十分整洁，办公室的环境十分安静，电脑桌面上也没有超过50个不同文件的图标或遗留项目的文件乱糟糟地挤成一团，那么你肯定更容易专注于手头的工作。当你身处健身房时，得益于周遭火热的环境，你会比独自在车库训练更容易进入锻炼的状态。如果你在家里专门设置了一个用于冥想的角落，将其布置得充满平静的气氛，而不是随意地坐在客厅的沙发上开始冥想，这或许会更容易让你进入深度冥想的状态。

周围的环境可能使自律变得更艰难或更容易，尽管我们并不想依赖环境——因为环境总是不可控，且不见得总是有效（详见第4章）。但只要有可能，我们都要尽力改善环境，使事情的推进变得更容易，这将是一个明智的做法。

总的原则是利用默认的力量（power of default）：

- 让坏习惯变得尽可能的难（默认不去做）。
- 让好习惯变得尽可能的简单（默认为被提示去做）。

因此，通过改变身处的环境和消除诱惑来源，会使打破坏习惯变得更容易。想要戒烟？那就不要总是跟吸烟的朋友混迹在一起，家里也尽可能不要放烟草；想要停止在游戏中浪费时间？只需要卸载所有的游戏程序即可。想要改掉每5分钟就要看一次手机的坏毛病？关掉所有的手机通知信息，或直接打开“请勿打扰”的模式。

除了改掉坏习惯之外，还可以尝试养成好的习惯。通过大量的积极提示，新习惯的养成会变得更容易。我经常建议客户实施的一个方法，是将一个自制的图片作为手机锁屏，并附上一条信息，提醒他们做出的承诺或希望变成什么样的人。考虑到我们每天要拿起手机50到100次，这可以作为一个持续的提醒——直到你习惯了它，对其熟视无睹，然后你需要设置一个新的屏保图片。

另一种方法是找到一个物件、一条鼓舞人心的信息或一张图像，来提醒自己要牢记长期的目标。你想要继续保持对健身目标的热情吗？不妨买一件自己想要穿进去的衣服，将它挂在房间的墙上，让自己一直可以看见它。然后，每次看到这件衣服，你都会想起瘦身的目标，然后开始努力运动和锻炼。你想要提醒自己多喝水吗？那就在家里的每个角落都放上一瓶水。你想要每天早上喝完咖啡之后就去跑步吗？那就把跑鞋放在咖啡机的前面，让自己一眼能够看到它。你想要用阅读来取代看电视吗？那就把想要读的书放在电视遥控器上面。

改掉坏习惯 → 将所有的触发物从环境中移除

养成新习惯 → 在环境中添加无数提示新习惯的触发物

下面是我自己在生活中充分运用“改善身处环境原则”的一些案例：

- 我的手机上没有安装任何社交媒体应用程序、游戏或新闻应用程序。
- 我的手机从晚上9点到早上8点处于飞行模式，基本上每天都是如此。

- 我睡觉时，将手机放在离床5英尺远的地方，所以我从来不会伸手按下闹钟然后继续睡懒觉。
- 我的家里没有蛋糕、甜甜圈、馅饼、松饼、口香糖或糖果，永远没有这些储备。
- 我的工作环境，包括物理环境和数字环境，都是简约而整洁的。

想要让好习惯的养成变得简单，你需要做好相应的准备，拥有所需的工具，以尽可能地减少摩擦和阻力。你可以提前做好正确的选择，让每一样所需的东西简便可用，这将使新行为的建立变得简单易行。如果你想要每天自己准备饭菜，确保吃得更健康，就可以考虑在周日的晚上，提前切好整个星期需要的蔬菜，这样一来，你每天都能既快速又轻松地做好饭。想要每天早上在你特别喜爱的项目上投入一个小时吗？准备好所有的工具，只要时间一到，你所需要做的就是坐下来开始工作。

最后，在刚开始建立新习惯时，可以将日常的时间表（早晚需要完成的例行工作）打印出来，贴在家里几个显眼的地方，提醒自己要去做相关的事情。不要纯粹地依赖大脑的记忆，也不要偷懒只设置电子版的提示。在你走进房间、去洗手间、厨房或出门开车时，最好让自己看到这些提示。基于同样的逻辑，你也可以考虑使用纸质版的习惯记录表。

通过改变环境使其反映你想要成为什么样的人，这样它就能够提供积极的影响，让你更快地得偿所愿。

快速练习

你今天要对周围的环境做出的最重要的五个改变是什么？

选择你的行动

确定了提示线索之后，就要开始行动了。它是你想要建立的新习惯，是一种行动，如果定期地执行，就可以帮助你实现阶段性目标，并推动长期目标和人生志向的实现。

在上一章中，我们已经看到，习惯可以分成三种类型：行动的习惯（例如，每天早上阅读30分钟）；替代性习惯（例如，吃一个苹果而不是吃薯片）和任务型习惯（包含多个步骤的复杂活动或日程）。我们还了解到，习惯最好是具体的，而且最好是你喜欢、享受或者能够学会享受的东西。现在，下一步就是将能够促进长期目标实现的新习惯，与你在上一节中选择的提示线索关联起来。从小处着手会很有帮助，我将这个方法称为“最低限度行动”（minimum action）。

最理想的行动，是你希望可以达到的状态。而最低限度行动，是你无论喜欢与否，不管怎么样都需要执行的最基本的行动，也就是没有任何借口可以逃避的行动。最低限度行动必须遵循“永不为零”原则（关于“永不为零”的概念详见第31章）。

最理想的行动	最低限度行动
写下1000字	写下200字
跑步1小时	跑步20分钟
跟进20个潜在客户	跟进3个潜在客户
对5个职位进行技术分析	对1个职位进行技术分析
冥想30分钟	冥想5分钟
用吉他练习我弹得最好的5首歌曲	用吉他练习我最喜欢的歌曲
每2个小时休息10分钟	每2个小时休息5分钟
打扫整个屋子	把盘子放进洗碗机里清洗
做50个俯卧撑	做5个俯卧撑

正如表格内容所示，这些例子中的行动，不管是最理想的，还是最低限度的，都非常具体。而且，在所有情况下，承诺都针对行动本身（例如，跑步1小时），而不是针对其结果（例如，通过跑步减重15磅）。二者之间的区别在于，最理想的行动是你希望所有这些习惯可以达成的结果，而最低限度行动是你获得（和保持）行动驱动力的一个最低起点。

现在，我们回到有效习惯的概念。你做出的承诺应该十分具体，并包含了最低限度行动的内容。当然，你每天的目标都应该是达成最理想行动的规定，但只要你能够完成最低限度行动的要求，这一天就没有白费！哪怕只完成了最低限度行动，你也没有违背承诺。你得到了“+1”的效果，习惯的循环依然是完整的。并且你可以获得令人感觉良好的成就感！

最低限度行动存在的意义，是为了让你感觉新习惯的养成更容易，这些行动将使你无论如何都能够保持努力的势头。被誉为积极心理学之父之一的米哈里·契克森米哈赖（Mihaly Csikszentmihalyi）教授谈到了“习惯的激活能量”（activation energy of habits），即落实该行动需要付出多少努力或克服多少阻力。拥有一个激活成本接近零的最低限度行动，以及拥有一个随着个人承诺增长而不断增强的最理想行动，是确保习惯得以维持的关键。

换句话说：在培养任何新习惯的初期，要从真正的小事做起。这就是为什么在我“不设限的人生”的冥想课程中，我会指导学生从3分钟的冥想课程开始。然后逐渐增加时长，在5个星期的训练周期内，最后每个人每天都能冥想15分钟。那些有更大抱负的人——也许是因为他们已经能够每天冥想30分钟，但也只是断断续续——在开始时抵制这种从小处着眼，然后循序渐进的方法。然而过了一段时间，他们就明白了这个方法的价值，因为他们也借此建立了一个坚实的日常冥想纪律（这是他们以前做不到的）。

从小处着眼，循序渐进地提升难度，这比从第一天开始就设定充满野心的标杆，并很快因为要求过高而感到挫败要好得多。在尝试养成新习惯时，一开始让自己感觉轻松一点，才有希望继续坚持，最终养成新的习惯。在培养新习惯的前3到4周，你的首要任务是让它顺利进行，而不是追求令人惊叹的进展。只有当新习惯已经稳固时，你才应该开始逐渐提高要求。

在一开始，你的确可以将动力和野心作为养成习惯的燃料，但不要因此设定不可能持续的要求，这将导致你很快失去动力，进而半途而废。在培养新的习惯时，最困难的事情往往是克服最初的惰性。因此，在最初的几周里，训练的重点应该只是在提示出现时，执行和贯彻新的习惯，为此你需要消除所有潜在的摩擦和阻力，使之尽可能地容易落实。

一旦你达到了可以坚持完成最理想的行动，并且没有一天错过最低限度行动，在必要的情况下，那么你就可以专注于使最理想的行动持续更长的时间，或提升其执行的质量。在这个阶段，你也可以尝试提高最低限度的要求，但要非常谨慎——因为你肯定不希望最低限度行动的要求都已经高到了你想要放弃或拖延的程度。

人类的大脑天生想要节省能量以确保生存，并且大脑非常喜欢将行为自动化以节省能量，如果你每天都做同样的事情，实际上就是在告诉你的大脑，“嘿，我需要每天都使用这个技能……”然后大脑就会意识到，“好吧，那我就把它变成一种习惯，这样你就不需要再浪费精力来决定需要做什么，或不需要做什么了”。每次在看到提示线索之后执行你选定的行动，都是在强化习惯，这实际上也帮助大脑节省了能量。

黄金法则

行动就是你想要建立的习惯，提示是你的触发器和提醒。我们需要提醒，因为自律的一个主要障碍是遗忘。在你选择的活动成为自发的习惯之前，你将需要主动提醒自己去做。在这一点上，你不能依赖记忆，而是需要一个有效的提示来提醒你。如果你已经遵循了本章的行动步骤，那你肯定拥有了一个有效的提示，并且知道当你看到它时应该做什么。

只要对你有效，无论什么类型的提示都是可以的，你可以充分发挥创意。如果提示不再有效，你还可以尝试随着时间的推移更改提示的方式。只要遵循下面这条简单的规则，就可以确保提示的有效性。这条规则非常简单，符合常识，以至于我写下来的时候略感尴尬，觉得这就是一句废话。但常识并不意味着人们总是能够遵守，所以我还是多啰嗦一句。

一接收到提示，就立即采取行动。

如果你在看到/听到提示的那一刻，选择了忽略它，并对自己说，“好的，我回头再做”或“我很快就去做”，那么全世界最神奇的提示或最好的提示系统也没什么用。

要知道，在接收到提示的时候，你只有两个选择：采取行动，+1分；选择忽略，-1分。因此，请牢记这条简单的黄金法则：一接收到提示，就立即采取行动。

行动起来！

在上一章中，你选择了需要培养的习惯，以推进SMART目标的进展，达成里程碑目标，并实现人生的志向（步骤1）。然后，在本章（步骤2）中，你选择了触发相关习惯的提示、最理想的行动和最低限度行动，以及你需要在环境中做出的改变，以确保目标更容易得到实现。所以，到了这个阶段，你已经清楚地知道该做什么、何时做以及如何做。

下面只剩最后一件事，就是真正地采取行动。不要再拖延了，你已经具备了为实现人生志向而采取一致的、有目的的行动所需的全部要素。

现在就做出承诺吧，今天就行动起来。

你的承诺需要设定一个时间框架，即便你希望自己永远都可以坚持实践养成的新习惯，承诺“永远”是不现实的，永远是一个太过长久的周期，无法帮你集中注意力和保持努力的动力。你需要一个明确而可行的时间框架，例如30天。开始采取行动培养关键的习惯后，你可以承诺在30天内，无论如何都要每天坚持（详见第31章）。在30天周期结束之后，当你拥有了继续坚持的动力时，就可以放开这个时间框架，尝试以“永远”为目标，并减少执行过程中的阻力和摩擦。

在一个习惯彻底形成之后，你可以着手去培养第二个习惯，在第二个习惯也成功建立之后，再去培养下一个习惯。以此类推，直到你在日常生活中建立起所有你需要的习惯，使你可以与你的人生目标和价值观保持一致。

在此之后，你只需要专注于贯彻和落实相关的行动步骤，保持对长期目标的关注，并根据实际情况适当地调整。然而，这将是一条充满各种挑战的道路。如果它是一条坦途，或许根本不值得追求，因为它不可能带来任何成长。

在意识支柱部分的内容中，你学会了如何克服自律的两个主要障碍：分心和借口。在接下来的章节中，我将带领大家了解妨碍我们采取自律行动的另外三个障碍，分别是拖延、怀疑和失败。

本章要点

简介

- 习惯是实现自律的捷径，但不是所有的行动都可以变成自发的行动。
- 建立一个习惯可能需要一个月的时间，但要保持这个习惯则需要一辈子的努力。即使是已经建立的习惯，也会在一个月后消失，尤其是当环境或日程安排发生变化时。
- 你需要持续关注养成的习惯，以确保习惯得以坚持。

选择你的提示线索

- 提示是环境中的一个触发器。它提醒你去做你承诺要做的事情（有计划的习惯循环），或者诱使你去做一些你可能不想做的事情（自动的习惯循环），以获得最终的回报。
- 使用提示来培养习惯，基本上就是告诉自己，“当X发生时，我将做Y”或“在X之后，我将Y”，养成这种条件反射可以避免决策疲劳。
- 选择一个可靠的、专门适用于你想养成的习惯的提示语。如果提示每天都在差不多的时间发生，效果会更好。
- 拥有一个提示并不意味着你就会去执行新的行为，它只是提醒你应该去做，要采取行动，你仍然需要运用一些意志力。
- 如果你的提示不再有效，考虑以更坚定的意图，重新建立习惯，或将其更换为新的、更有效的东西。
- 利用默认的力量：通过消除诱惑（默认不去做）使坏习惯变得尽可能难以持续，或通过增加大量的提示（默认为被提醒去做）使好习惯的执行变得尽可能容易。
- 通过为自己准备好所需的工具，并提前选择好所需的一切，来消除执行习惯时可能出现的阻力。

- 将时间表打印出来，贴在家里几个显眼的地方，确保自己能够经常地看到提示。
- 任务1：为你想要培养的三个最重要的习惯选择提示语，并落实相关行动。
- 任务2：在环境中做出五个改变，使习惯的养成变得更容易。

选择你的行动

- 最理想的行动是你想做的事。最低限度行动是你无论如何都要执行的最基本的行动，它是你没有任何借口不去做的行动，而且必须遵循“永不为零”的原则。当然，你的目标是每天完成最理想的行动，但只要你能够完成最低限度行动，那么就可以算是遵守了承诺。
- 在建立任何新习惯的初期，都要从真正的小事做起，这样你才能战胜惰性。从小处做起还可以减少习惯养成所需的激活能量，使你更容易形成动力，保持坚持的动力和势头。
- 任务3：用简单的语言，写下你想建立的第一个习惯的最低限度行动和最理想的行动。

黄金法则

- 你设置的提示就是提醒，你需要提示来提醒自己，不要忘记执行习惯养成所需的相关行动。
- 如果你选择忽视它，那么世界上最好的提示系统也没有用。所以要遵循这条简单的黄金法则：一接收到提示，就立即采取行动。每一次都不能例外。

第27章
“行动”步骤3 设计你的奖励

要养成一个新的习惯，你需要的就是我在上一章中提到的两个要素：提示和行动。而要维持一个习惯，你就需要确保自己还具备第三个要素：奖励。

人类的大脑以“令人感觉良好”的化学物质的形式寻求奖励。寻求奖励的神经回路在大脑中发挥作用的能力，仅次于“确保生存并避免痛苦”的机制。不管这种奖励是身体层面的愉悦感、情感层面的满足感还是心理上的成就感，这都不重要，大脑将致力于追求这些奖励，而这也是推动你采取行动的原因。

了解这一点很有用，因为它告诉我们习惯培养方面的一个主要原则：请给你的习惯附上一个即时兑现的奖励。我们设定的很多长期目标要求我们长期而持续地采取行动，并只有在目标实现后，才能体会到巨大的回报（前提是，我们成功地实现了目标）。这就是一些更深层次的，更远大的人生目标发挥作用的方式。然而我们的大脑并不是这样运作的，大脑想要现在就看到成果，这样的活动才能令大脑感到有价值。大脑需要在你采取行动之后，立即体验到某种形式的奖励。这也使得“奖励”成为习惯培养的第三个要素，它也是强化良好行为的关键要素。

现在，让我们了解一下从你试图建立的习惯中体验到奖励的不同方式。下面这些奖励将按照理想程度的高低排序：从最理想的情况（内在奖励），到别无他选的情况下只能选择的奖励（痛苦的后果）。

内在奖励（最佳选择）

截至目前，本书所有的内容都在强调和提倡内在奖励，即在活动本身中寻找奖励。当你拥有一个强烈的愿望，并且设定的目标与愿望保持一致时，内在奖励就会自动出现。否则，你可能需要使用转换认知的相关技巧（详见第19章）来培养这种内在奖励。比方说，如果你渴望获得长久的健康、保持身材、精力充沛，就会自然而然地倾向于享受体育锻炼和健康饮食的过程。如果你本能地不喜欢这些东西，也可以通过特定的观念转变的技术，学会享受这些活动（因为它们符合了你想要的生活）。

当你能够享受活动本身（例如，“我喜欢吃沙拉”），或享受活动带来的感觉（例如，“我喜欢吃完沙拉后身体的轻盈感”），或享受做了对自己有意义的事情后获得的情感满足（例如，“我很高兴我做了对健康有益的事情”）时，内在奖励就发生了。

内在奖励是最好的奖励类型，因为它们是最自然的，可以在活动本身中找到。你去跑步，并不是因为这是你给自己设定的作为观看你最喜欢的电视节目的交换条件，也不是因为你跟别人打了赌，如果不去跑步就要承担很严重的后果。你去跑步，只是因为你喜欢跑步，或者喜欢跑完步之后大汗淋漓的感觉，或喜欢你因为跑步而朝着瘦身的目标又迈进了一步的心理满足感。

这就是通往内在奖励的三条途径，你只需要拥有其中之一，它就会对你起作用。但如果你能把三种类型奖励中的两个或全部结合起来，这个习惯就会更加牢固。

内在奖励的不同类型

- 享受活动本身
- 享受活动后的感觉
- 享受通过活动朝着目标迈进一步的满足感

如果你对这些有助于促进目标实现的活动还没有产生天然的享受感，也无须过度担忧，下面的几种方法可以训练你的大脑找到这种内在奖励。

你可以通过使用“转换认知”的技术（详见第19章）来学会享受活动本身。转换认知的技术能够让寡淡无味的甘蓝吃起来像美味的零食，让健身房里痛苦的肌肉燃烧过程感觉像是内心能量宇宙的大爆发。观念的转变将让你学会享受坏事中好的一面，直到它看起来不再像是一件“坏事”。此外，增加活动的多样性，也可以帮助你更好地享受活动本身（例如，在健身房里改变运动的组合，或者每天中午吃不同样式的沙拉）。

通过有意识地关注自己在活动前后的感觉，你也可以学会享受活动带来的好处。在活动的前后，问问自己："我此刻的身体、思想和情绪的感觉如何？"留心是否获得了积极的转变。这可能会使你意识到，冥想练习让你从注意力分散和烦躁的状态转变为平静而注意力集中的状态；30分钟的跑步让你从昏昏欲睡变得充满活力和能量。随着身体变得更协调，你也更容易找到这些不同类型的内在奖励。

最后，你要学会通过与未来理想的自己重新建立联系（详见第18章）、放大志向的重要性（详见第8章）和培养对自己的感激之情，来享受完成这些促进目标实现的活动带来的心理满足感。毕竟，你刚刚为自己做了一件了不起的事儿：你向理想的生活又迈进了一步！你已经取得了进步，无论多么微小，完全可以为此而兴高采烈！让自己沉浸在这种喜悦之情中，大胆地庆祝它，如有需要，可以夸大其程度，确保你的大脑对此留下印象。

关注自己正在取得的进展，庆祝自己正积极地在实现梦想的道路上迈进。当你感觉自己正在成长和取得进展时，这个过程自然会带来一种回报感，你就会更容易保持前进的动力和走在正确的道路上，不断渴望那种朝着愿望又迈出一步的进步感。这就是为什么最低限度行动的概念如此重要——它使你能够持续体验到小阶段的胜利，而这是一种有效的内在奖励。

不管是什么东西，只要我们有意识地关注，它就会成长，而反过来说，得不到足够关注的东西，其重要性自然会削弱。我将这称为"注意力法则"（Law of Attention）。利用注意力法则来增强回报感，因为通过将注意力更长时间地集中于长期愿望和目标上，你就是在采取与志向一致的行动，从而感受到回报感。

每当你运用意志力践行自律的行为时，你就会自然地增强自信，这将使你对自己和生活更满意。你可以调整自己，找到并体味这种感觉，或有意识地唤醒这些良好的感觉，然后通过有意识地关注，放大其体验，延长其持续时间。

快速练习

通过使用至少两种上面解释的方式，在你选择的行为中，找到一种体验内在奖励的方法。

外在奖励（有效方法）

尽管我发自内心地相信，每个人都能够学会从培养的习惯中获得内在奖励，但为了确保论述的完整性，我觉得还是有必要顺带简单地介绍一下非常流行的“外在奖励法”，即通过增加外在奖励“入侵旧习”的方法。

首先需要说明的一个问题是，为什么外在奖励往往比内在奖励的方法更受欢迎？因为这些外在奖励承诺提供达成目标的捷径，而我们生活在一个捷径至上的社会。外在奖励提供了类似内在奖励的好处，但不需要像内在奖励那样，要求我们专注意识和转变心态。

之所以说“类似的好处”，是因为外在奖励会欺骗你的大脑。就外在奖励的概念而言，与其说你学会了爱上沙拉，不如说你通过添加一些调味品，掩盖了你不喜欢的沙拉味道；与其说你爱上了跑步，不如说你通过一边听音乐一边跑步，使整个过程变得可以忍受。即便你无法享受做论文研究的过程，但通过提供一个外部的奖励，使自己期待论文的完成，依然是一种有效的方法。这种外在奖励法激活了大脑的奖励中心，刺激你采取行动，推动目标的实现。这的确是有效的做法，在某些特定情况下，这可能是你唯一的选择。但外在奖励并不像内在奖励那样理想（如果没有指出这一点，肯定是我的失职）。相较于内在奖励驱动的模式，如果你过度依赖外在奖励，你可能更难坚持一个习惯或持续地追逐目标。

下面，我们来具体了解一下外在奖励的不同类型。与内在奖励一样，外在奖励也有三种类型：

外在奖励的不同类型

- 诱惑捆绑（混合享受的感觉）
- 诱惑排序（将习惯作为享受的前提条件）
- 代币法（提供象征性的奖励）

第一种方法被称为诱惑捆绑，即将你选择的行为与你喜欢的活动（有趣的东西）混合在一起。这将使你在执行积极习惯时体验到一些奖励，尽管这些奖励并不来自核心活动本身。这将使事情变得更容易，因为外在奖励利用了一些令你感到快乐或有趣的活动来抵消努力过程导致的痛苦。这是一个已经被证明为有效的激励方法，例如，已经有研究表明，运动时听音乐会使人的吃力感减少10%。

第二种方法是使你想要养成的习惯成为享受某种奖励的前提条件。在科学文献中，它通常被称为“自我奖励”（self-rewarding），但我更喜欢把它称为诱惑排序，以便把它与第一种方法联系起来。诱惑排序的基本逻辑是：选择自己喜欢的一项活动或享受，将其作为你完成促进人生目标实现的活动后给予的奖励。确保这个方法有效的关键在于，除了完成既定的活动，你不能以任何其他方式体验到这种特定的奖励，否则就违背了其设置的初衷。

诱惑排序的基本公式是：“只有当我完成_______（选择的习惯）时，我才会获得_______（外在奖励）。”它也是第22章中提到的“先满足志向，后追求享乐”原则的一种表达。将“使你有负罪感的愉悦之事”作为优先完成与长期目标相关的事的奖励，你就可以在没有负罪感的情况下尽情享受。

如果在“沉闷无趣的习惯”之后能够立即体验到外在奖励，效果会更好，因为这将使大脑更容易将二者关联起来。

第二种外在奖励——诱惑排序的效果比在同一个活动中尝试混合习惯和享乐要好。但它的主要问题是，我们可能会很容易上瘾，即没有了外在奖励，就无法培养特定的习惯。这个方法的另一个潜在问题是，你可能会将它作为沉溺于不健康奖励的借口。为了避免这两个问题，诱惑排序可以被视为习惯培养的一个训练方法，选择一个不会严重削弱你的目标的奖励。

请记住，要确保诱惑排序的方法产生效果，你需要真正地遵守承诺，即只有在满足条件的情况下，才能享受自己喜欢的活动。这实际上要求自律的能力。如果你是一个喜欢破例的人，那么可能需要辅以一些正式的问责机制，或者其他强有力的防止破坏承诺的装置，才能使其发挥作用（相关技巧详见第22章）。

想要养成的习惯	外在奖励	奖励的公式
每天早上5点醒来	阅读我最喜欢的书	“只有在早上5点起床了的时候，才能够阅读我最喜欢的书”
不吃糖	社交媒体	“只有在拒绝了所有糖果的时候，才能够使用社交媒体”
做完所有的家务	看一部电影	“只有家里彻底打扫干净之后，才能看一部电影”
存下X美元的钱	去巴厘岛旅行	“只有存够X美元的钱之后，我才能去巴厘岛旅行”
每周游泳3次	晚上跟朋友一起出去玩	“只有每周完成了3次游泳，我才会跟朋友们出去玩一个晚上”
晚上11点上床睡觉	玩游戏	“如果没做到晚上11点就上床睡觉，我决不允许自己打游戏”

第三种外在奖励的方法可能是最无害的，并且无须担心我在本节开篇提到的警告。它基本上是给自己一个象征性的奖励，以代表你的进步——比如金色星星、积分、扑克牌筹码，或者任何你喜欢的东西。这在心理学上被称为代币法（token economy）。

然后，列一张清单，在积累了一定数量的代币之后，你可以给自己提供作为奖励的体验或事情。此外，你还需要确保决不允许自己以任何其他方式做清单上的事情或体验到上面的奖励，这将确保你将所有的精力都集中在收集代币上（即通过履行习惯养成所需的活动）来“支付”这些奖励。选择的奖励也应该是既令你感到兴奋，又不会使你追求的目标受到削弱的。例如，将“在酒吧买醉一晚”作为“一整个星期没喝醉”的奖励将是毫无意义的。

痛苦的后果（最后的手段）

前面两种类型的奖励就好比是胡萝卜，当胡萝卜（正面奖励）不起作用时，就要上大棒了。最后一个奖励的类型，就是大棒。在这个方法中，你需要做的，是尽可能避免痛苦的体验，而不是追求快乐的享受。其主要逻辑是将痛苦的感觉、金钱损失或可耻的经历与未能履行习惯培养的活动关联起来。

未履行承诺 ——→ 痛苦、损失或羞愧感

在宾夕法尼亚大学的一项研究中，研究人员考察了哪种类型的经济奖励能更好地激励人们达到每天走7000步的目标。一组研究对象在达到目标的每一天，都能够收到钱；而对照组的人，则会提前拿到全部的奖励，但在没有达到目标的每一天，都会被扣钱。13周后，结果显示，预先收到全部奖励的那组人表现得更好。

这就是所谓的损失规避（loss aversion）：我们对失去某样东西的恐惧，比对获得同样东西的渴望更有驱动力。对于一些人来说，或者在某些情况下，大棒可能是唯一有效的方法。然而，大棒策略的问题是，在惩罚消失后，人们几乎总是会故态复萌。研究表明，当人们使用这种方法减肥时，一旦惩罚的威胁消失，他们的体重几乎瞬间反弹。因此，这种策略可能只对短期收益或任务有用。

如果你仍想继续使用这种方法，并将经济损失或羞耻感与不受欢迎的行为联系起来，请回顾“承诺装置法”部分的建议（详见第22章）。另外，如果你想利用身体上的不适/疼痛作为大棒，可以使用一种叫作巴普洛克（Pavlok）的电击设备，将未来因为诱惑而不作为或错误行为的疼痛带到现在的意识中，从而重新训练原始爬行动物大脑的神经通路。

选择你的奖励

习惯养成的最佳方法，就是学习如何以理想中的活动为目标而努力——通过学习享受它、意识到它的直接好处，或在朝着目标前进以及与理想自我保持一致后放大心理满足感做到这一点。这才是培养良好习惯的最能持续的长期策略。

但在某些情况下，我们确实不可能做到这一点。

丹·阿里利（Dan Ariely）博士在其关于“自我控制”的演讲中，讲述了自己亲身经历的一件事，说明了适当使用外在奖励来激励一个困难行为的做法。为了治疗肝硬化，他需要每周给自己打三次针，持续一年半，但问题是，每次注射后的15个小时内，他都会经历可怕的副作用。他只能通过给自己一个奖励来确保坚持下去：他在给自己注射后，立即看电影。就这样，他能够忍受药物的副作用，并最终挽救了肝脏。

有时候，内在奖励可能是无效的，就好像上面的例子。或者有时你想要去做的事情可能是暂时性的（例如，完成一个研究项目），而不是一个需要长期坚持的终生习惯或目标（例如，每天冥想或保持健康）。在这种情况下，可以尝试诱惑捆绑（可接受）、诱惑排序（更好）或代币法（最佳）等外在奖励。

如果所有的胡萝卜策略（奖励）都失败了，那么你可以用痛苦后果的大棒来帮助自己保持状态。但是，在运用大棒政策之前，我劝你停下来思考一下，如果在为实现目标而采取的习惯或行动中有如此大的阻力，这个习惯或行动真的符合你的长期目标和价值观吗？你追求的是真正的目标吗？

本章要点

• 通过在希望养成的习惯上附加一个直接的奖励可以强化你的理想行为——可以是身体上的愉悦、情感上的满足或者心理上的满足。人类的大脑喜欢奖励，尤其是在行动之后立即出现的奖励。

• 内在奖励是最好的奖赏类型：

➢ 内在奖励有三种类型：享受活动本身（例如，“我喜欢吃沙拉”）；享受活动后的感觉（例如，“我喜欢吃完沙拉后身体的轻盈感”）；享受做了有意义或重要的事情后获得的情感满足（例如，“我很高兴我做了对我的健康有益的事情”）。

➢ 你可以通过使用积极重评、正念自律，或将活动与对未来的自己的好处联系起来，来训练自己体验内在的奖励。

• 外在奖励提供了与内在奖励类似的好处，并承诺提供更不费力的捷径。然而，外在奖励可能不具有长期的可持续性，因为它们往往会消失，也不能帮助你更深入地专注于特定的活动。

➢ 诱惑捆绑法指将期望的行为与你喜欢的活动（有趣的东西）混合在一起。

➢ 诱惑排序（或自我奖励）是使你的习惯成为享受某个奖励的前提条件。只有在前提条件得到满足的情况下，才允许你自己享受该奖励。其基本公式是“只有当我做出（期望的习惯）时，我才会得到（外在奖励）”。

➢ 代币法是给自己一个象征性的奖励，代表取得了进步——如金色星星、积分或扑克筹码等等。用这些代币来购买进入理想项目/体验的权限。

• 痛苦后果的方法实际上是让你避免痛苦，并且应该只在所有其他方法都失败时使用。它要求你把痛苦的感觉、金钱损失或可耻的经历与未能履行习惯要求的行为联系起来，但这种策略只对短期收益或任务有用。

所以现在你已经学会了培养习惯的三个关键因素：提示、行动、奖励。下面是对前面两章的快速回顾。

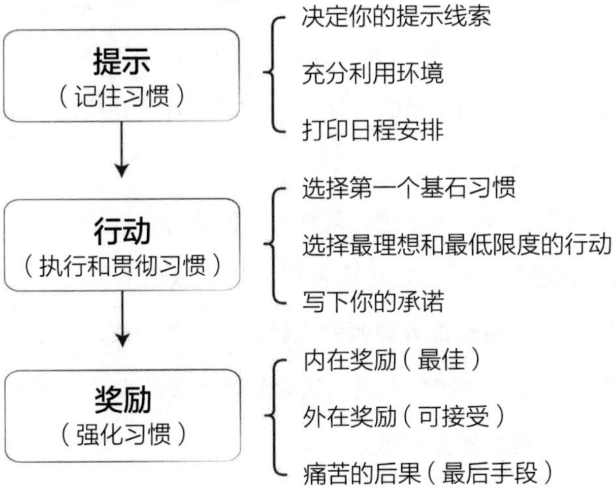

第28章
如何解决拖延症

设置了有效的提示（详见第26章）之后，你会记住要采取行动，然而这并不意味着你能够真正地贯彻和执行。有时候，你心里记得要采取行动，但出于各种原因，最终什么也没干。这就是拖延症的后果——它导致你无法行动、拖延目标的实现，并削弱你对远大志向的追求。

我们为什么会拖延？答案是为了逃避某种形式的痛苦，这个痛苦可能是身体层面的、精神层面的或情感层面的。这种痛苦也许是焦虑和恐惧的痛苦，例如对失败的恐惧、对损失的恐惧、对被他人评判的恐惧，甚至是对成功的恐惧（详见第11章）。也许是对任务的厌恶，例如，当我们认为需要完成的事情是无意义的、无聊的或过于艰难的时候，拖延症就会出现。

市面上已经出版了好几本关于拖延症及其成因的书，但拖延症的核心症结就是：在预见了痛苦的情况下，人类的原始爬行动物大脑就会启动，自发地将我们从痛苦中“拯救”出来。然后，我们会选择一个能够快速、轻松地提供多巴胺的活动来安抚自己的情绪。多巴胺暂时抑制了情感层面痛苦的体验，但这只会使情况变得更糟。

拖延症的恶性循环

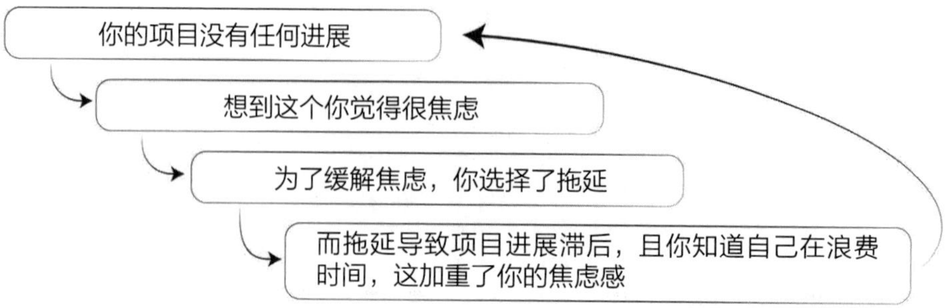

如果拖延是在逃避痛苦，那么真正克服拖延症的方法只有三种：

- 减少采取行动的痛苦。
- 增加拒绝行动的痛苦。
- 拥抱痛苦并努力克服。

市面上所有旨在克服拖延症的不同“技巧和窍门”大多属于这三类，如果不在这个范围内，那么它们很可能也无法解决核心的问题。例如，许多关于解决拖延症的博客文章会建议你安装特定应用程序，以限制你访问某些浪费时间的网站，将其作为预防拖延的一种方式。虽然这种策略可能非常有用，但老实说，在我们彻底解决自己试图避免的潜在痛苦之前，消除一个分散注意力的来源不过是缓兵之计，治标不治本。我们总是能找到其他的办法，用其他的东西来拖延进度——这是人类的爬行动物大脑最擅长的事情。

在正念自律中，我们处理拖延症的方式与处理大多数自律挑战的方式相同：使用PAW方法（详见第17章）的变体，即暂停、意识和意志力。第一步是暂停片刻、深呼吸、放慢响应的速度。然后，通过问自己“我此刻想要躲避什么痛苦”，来意识到拖延症背后隐匿的痛苦根源。

找出你试图逃避的东西，确保回答尽可能具体而细致，深入地剖析自己并找出真正的原因。如果找不到问题的根源，你可能永远都克服不了拖延症。然后，利用下面三种意志力方法中的一种来改变你的状态，以确保你可以采取符合长期目标要求的行动，并得到一个+1的结果。

方法1　减轻采取行动的痛苦

如果一个活动对推动人生目标的实现很重要，并且不会造成任何痛苦，你肯定不会拖延。因此，要战胜拖延症，你可以尝试的第一个做法就是减轻相关行动的痛苦感。做到这一点的一个方法，就是学会享受活动本身，这是我在上一章提到过的概念。另一种方法，是将任务拆解为“小步骤”，或者社会科学家和行为专家福格所说的“小习惯”。

任务或习惯	循序渐进的小步骤
每天冥想30分钟	冥想3分钟
写一本200页的书	每天写250字
不再吃垃圾食品	每周戒掉一种垃圾食品
清理地下室	每天丢掉5件无用的物品
填报税务	先把表格第一栏的内容填完
去跑步	先把跑步运动服穿上
晚上10点上床睡觉，不要熬到午夜	先争取每天晚上11:45上床睡觉

这些循序渐进的小步骤就是我在第26章中提到的“最低限度行动”概念的延伸。不同的是，这些小步骤操作仅用于习惯的养成，是我们想要养成的习惯的最简化版本。但最低限度行动不仅可以用来养成习惯（如冥想、跑步、写作），还可以应用于习惯之外的日常惯例、项目和行动步骤——如清理车库或完成一些枯燥的研究。

其背后的理念非常简单：根据你的需要分解设定的任务或需要养成的习惯，直到拖延现象消失或变得可控。任务应该分解到什么程度？我推荐这个经验法则：如果你依然对下一步的行动感到困惑，或觉得太难，那么就需要继续分解为更小的步骤。

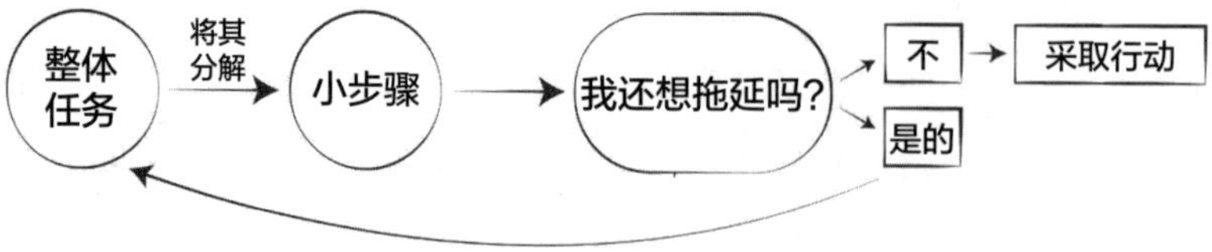

按照这个逻辑对任务进行拆分，可以消除不堪重负或无从下手的感觉，并减轻与活动本身相关的其他类型的痛苦。任务的拆解为你提供了一个简单的方法，让你朝着长远的目标继续迈进。你迈出的这一步或许并不大，但依然很有意义，因为它让你尝到了阶段性成功的美妙滋味。就这样一步接一步地朝着目标进发，可以逐步地累积信心和动力，并创造不断进步的势头。

通过无数个阶段性的小成功来建立信心非常重要，正如我们在第4章中看到的那样，如果你主观地认为个人的意志力不足，那么可支配的意志力就会减少。但如果你不断地尝试挑战一些超出了当前技能或能动性水平的事情，并屡屡败北，也同样会损害自信心和继续努力的动机。这同样对意志力的总量产生不利影响，进而导致你更难以越过眼前的障碍，无法取得实质性的进展。

反过来说，如果你专注于迅速地收获许多阶段性的小胜利，你就会感到信心倍增，相信自己可以取得长足的进步，并坚信自己一定会成功。随着自信心的增强，努力的动机和坚持的意志力也会不断得到强化。

根据《胜利者效应》(*The Winner Effect*)一书的作者、神经心理学家伊恩·H.罗伯逊(Ian H. Robertson)的说法，成功和失败的经历都将对我们产生深刻的影响。比如说，动物在战胜一些较弱的对手之后，再与更强的竞争者较量时，胜算将会比直接面对强敌大得多。这是因为，每一次较小的成功都将增加睾丸激素和多巴胺，这使它更加自信、专注和强大。同样的情况也发生在其他物种身上，包括人类。因此，请不要把所有的能量和精力都花在面前的第一个障碍上。相反地，可以尝试把它分解成循序渐进的小步骤，通过完成一个又一个的小目标，不断向前迈进，随着时间的推移，逐步建立起自信心和能力。

下面两张图展示了从“大而远”的目标着手和从“小而具体”的目标着手后，在驱动力方面可能造成的差异。

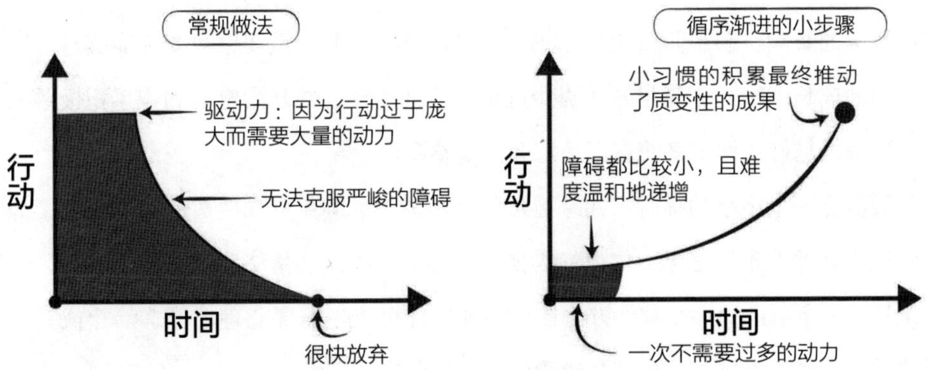

利用“循序渐进的小步骤”的方法，你不仅可以保存前进的动力，而且如前所述，你会不断积累前进的势能。牛顿第一运动定律指出，静止的物体保持静止，运动的物体保持运动，除非受到其他力量的影响。对于动力和生活习惯的培养来说，最困难的部分始终是迈出第一步。一旦你获得了对自己有利的前进动力，在正确的轨道上保持前进的势头就变得更容易了。

因此，在初期阶段，你应该只关注如何启动，不要追求理想化的成果，也不可操之过急。通过使用“循序渐进的小步骤”，你应该可以尽可能轻松地完成设定的小目标，并逐步养成所需的习惯。

> 无须追求完美无缺的开始，只需要迈出至关重要的第一步。
>
> ——杰克·坎菲尔德（Jack Canfield）

不要总是追求完美，只需要确保今天比昨天更好即可。争取每天都有1%的进步，随着时间的推移，微小的量变也能够累积为质变的成就。

下一次，当你感到迷茫或困惑，并想要拖延时，请将面前的大任务拆分成更小的项目，直到接下来的操作步骤非常的清晰和简单，以至于你没有任何理由去推迟或逃避为止。如果你还不知道下一步该做什么，那么搞清楚下个步骤的操作，就是你下一步的任务了。

每天都完成的循序渐进的小步骤很快就会累积成显著的成果，并对未来的几年产生积极的影响。起步阶段迈出的第一步是小还是大并不重要，只要你能够持之以恒、不断成长就行。你越早开始克服起步阶段的惰性，并开始整合和积累积极的习惯，效果就越好。你未来的自己一定会为此感谢你。

最后有一个小小的提醒：如果拖延的毛病是为了避免更深层次的心理痛苦，如羞耻感或某种形式的恐惧，你可能需要先想办法解决这些情绪。在这种情况下，仅仅采用“循序渐进的小步骤”方法或许不够，你可能还需要心理辅导、治疗或其他形式的个人成长支持，才能够翻越障碍、继续前进。

方法2　强化不行动的痛苦

正如我们在意识支柱部分看到的那样，每一个决定都很重要，每一个行动都有后果：它要么让你朝着远大的目标迈出一步（+1），要么让你更远离目标一步（-1）。

远离人生的目标和理想的自我是痛苦的，但我们往往没有注意到这一点。在忙忙碌碌的日常生活中，我们的头脑塞了太多事情，很容易就忘记了长远的人生目标和价值，看不到拖延的代价和后果。

> 在重要的事情上拖延，就意味着选择拖延一个更好的未来。
>
> ——詹姆斯·克利尔（James Clear）

如果你清楚地知道，拖延着不肯去写毕业论文，意味着你很可能毕业之后就失业、找不到满意的工作或可能沦落到与专业无关的行业，你还敢拖延吗？如果你清楚地知道，拖延着不肯结束一段有毒的恋爱关系，意味着你在更长的时间内，找不到更好的对象，你还会拖泥带水地不肯结束吗？如果你清楚地知道，拖延着不肯清理车库，意味着要花更多的时间坐在家里为这个艰巨的任务而头疼，你还会拖延不去清理吗？

如果不作为的痛苦足够清晰、足够真实，你就不会去拖延了。

没错，反思拖延症的后果的确会令人感觉痛苦，但这才是问题的关键——我们要确保不作为的痛苦远远大于采取行动的痛苦，这样你才能够向前迈进。当不作为的痛苦变得无法忍受时，你就必须采取行动（但希望你在这之前就能够采取行动）。

下面这些问题可以帮助你强化不作为的痛苦感：

- 我因逃避此事而陷入什么痛苦？
- 这个决定对未来的自己有什么影响？
- 不作为的隐藏成本是什么？
- 这个拖延的决定，可能会训练我走向成功还是失败？

所有这些问题都指向同一个结论：不作为最终是痛苦的。对这些问题进行深入反思，直到你能感觉到后果（而不仅仅是在理智上知道）。你还可以使用转移焦点或转换认知（详见第18章和第19章）的技巧，重新与你的志向、与未来的自己建立联系，并更进一步地增强不作为的痛苦。

虽然“循序渐进的小步骤”就像清路机一样帮你扫平前面的障碍，使你容易前进，但“让拖延变得痛苦”就像拉弹弓：你在制造一种张力，直到你无法再承受这份紧张度。当这种张力达到最大时，它将推动你以极快的速度前进。到了这个时候，拖延将无法再阻止你，没有什么能阻止你。

方法3 拥抱痛苦

人们经常拖延，是因为总是心存幻想，以为合适的时机尚未到来，总是要坐等自己愿意采取行动的那一天。然后，时机到了，但我们依然还是不想行动，于是再次拖延。所有这些行为，都是为了避免采取行动的痛苦。

在方法3中，克服拖延症要求你拥有不顾自己的感受，直接行动的能力。它要求你不要逃避努力的痛苦，而是主动地拥抱它。要做到这一点，你可以强迫自己采取行动，也可以通过正念自律来接受这种痛苦，使其不再那么难以忍受。后一种方法就是本书提倡的方法。

请参考“拥抱痛苦”中的方法（详见第20章），了解更多关于如何拥抱痛苦的细节信息。

本章要点

拖延实际上就是大脑在逃避痛苦、寻求安慰。拖延将使我们无法做出重要的行动，也无法享受因此而带来的好处和成长。正念自律会让大脑学会接受有意义的痛苦，使我们超越爬行动物的本性。

痛苦的另一面，是伟大；而舒适的另一面，是一事无成。牢记这一点，你就可以做出决策，推进促进目标实现的活动。要么降低这些活动的痛苦程度，要么充分意识到不作为的代价，要么学会有意识地拥抱痛苦。

拖延发生在你记得要采取行动，但为了逃避某种形式的痛苦（身体、精神或情感层面的）而拒绝行动时。使用下面三种方法中的一种来克服拖延症：

- 首先，通过将任务分解为循序渐进的小步骤来减少行动的痛苦，直到下一步行动不再令人困惑、痛苦或难以承受。遵循这个策略可以逐步累积信心和动力，无数的小行动会随着时间的推移而增加，最终产生质变。
- 其次，通过牢记最初的愿望并使用本章提供的反思问题，强化不作为的痛苦。这个方法将令你痛苦地意识到，拖延采取行动，将最终导致你陷入更大的痛苦，因此你必须要向前迈进。
- 最后，拥抱痛苦、接受痛苦，用意志力或正念接受的方式为拥抱痛苦提供动力。

第29章
如何克服自我怀疑

当你怀疑自己的力量时，就把力量交给了怀疑。

——奥诺雷·德·巴尔扎克（Honoré de Balzac）

唯一限制我们对明天的认识的，将是我们对今天的怀疑。让我们带着坚定而积极的信念向前迈进。

——富兰克林·D. 罗斯福（Franklin D. Roosevelt）

我们的怀疑是叛徒，它使我们因害怕尝试而失去了很可能赢得的好处。

——威廉·莎士比亚（William Shakespeare）

当你百分之百确定某件事情是正确的时候，你说的话就会充满自信和权威；当你百分之百确定某事是可实现的时候，你就会专注于这个目标，并坚定地向前迈进；当你百分之百确定某项技术会奏效时，你就会全心全意地练习它，直到你取得成果。

确定性能够带来力量和专注，帮助你坚持不懈；它能使你不害怕失败和挫折，继续采取行动；它能吸引你，并使你富有魅力。

怀疑的作用则相反。怀疑代表了不确定性，它会令你倒退，拖慢你前进的脚步，消磨你的能量，并可能使你过早地放弃。怀疑使你犹豫不决、不敢前进，即使前进，也终将半途而废。在你犹疑不定的时候，任何有意义的目标都无法实现。无论要实现何种目标，你都必须全身心地朝前走！

不要问自己世界需要什么，问问自己为什么而活，然后去做，因为世界需要的是鲜活的人。

——霍华德·瑟曼（Howard Thurman）

根据意志力研究者罗伊·鲍迈斯特博士的说法，不确定的状态，是一种意志力耗尽的状态。当你深陷怀疑之中时，就没有那么多精力专注于向前迈进。如果能够克服疑虑，你就会因为得到了一些确定性而增强了个人意志力，即使这种确定性之后可能会被新的确定性取代。

怀疑或不怀疑

在科学革命的推动下，怀疑现在成了一个比几个世纪前更难以战胜的敌人。这是因为在现代生活中，人们过分强调理性、线性思维和分析性思维。怀疑和怀疑主义被认为是荣誉的徽章和智慧的标志。在某种程度上，怀疑的确当得起这些赞美，但智慧也存在不同的类型。

怀疑和质疑的能力是批判性思维的基石。没有怀疑，就不可能实现科学的探索。对假设进行测试，使我们能够放下固有的偏见，找到事物的真相。问题是，每一种美德也同样有阴暗面（详见第38章）。如果分析、质疑和怀疑是你唯一拥有的工具，而且你把它们用于一切事物，用于生活的所有领域，那么你就在限制自己的潜力和发展。

不断怀疑你对事物性质的结论，会推动你前进，但不断怀疑你对自己能力的结论则截然相反。

就自律而言，有三种类型的怀疑会阻碍我们的进步和发展：对自己的怀疑、对道路的怀疑和对目标的怀疑。斯科特·盖勒教授（Scott Geller）在他的演讲《自我激励的心理学》（*The Psychology of Self-Motivation*）中谈到，要自我激励，就需要实现三个“是的”，即“是的，我可以做到这一点”“是的，这一定行得通”以及“是的，这值得努力”。而下面三个疑虑，是阻碍我们获得这三个“是的”的原因。

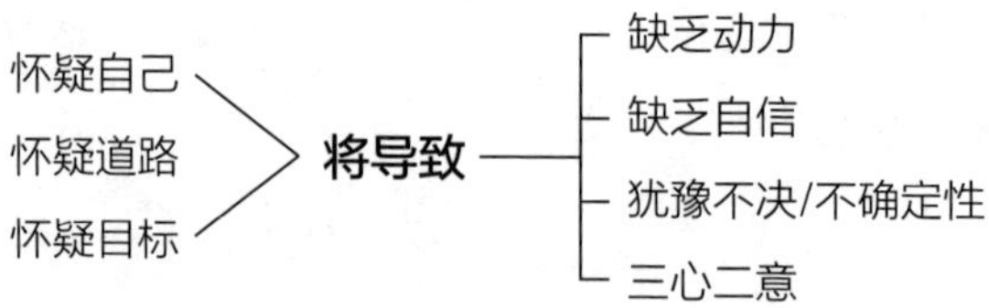

第一种是怀疑自己，即怀疑自己的能力。这会导致你质疑自己的能力，总是假设自己不够好，不可能实现目标。这种类型的思维，就像是头脑中的病毒，是大脑击败了自己。为此，你需要不惜一切代价克服自我怀疑（我会在后文中提供更多相关的内容）。

第二种是怀疑道路，即怀疑你选择的战略。你可能对自己的能力有把握，但如果你不断地怀疑自己的方法，每周都改变策略，也不可能取得任何进展。因此，要花时间研究并找出最适合自己的前进道路，获得最好的导师、建议和体系，相信你一定可以找到这些资源。但在获得所有这些东西之后，你需要对自己有信心，相信自己选择的道路一定会通向成功，并充分预估这个旅程需要的时间，保持耐心。在质疑道路的正确性之前，要坚持足够长的时间。

第三种是怀疑目标，即你的志向。当事情的进展比预期的慢，当挑战不断累积时，你可能会产生这样的感觉：你将永远无法实现设定的目标，你可能觉得这对你来说太难了。为了保护自己免受这种痛苦，你会逐渐丧失对目标的兴趣（例如，“也许这不适合我……”），并转而去追求转瞬即逝的风尚。利用强烈的愿望、毅力和自信心，你可以克服这个问题（详见第7—9、13章和第21章的相关内容）。

怀疑能够帮助我们理解事物，但却对事物的实现不太友善；怀疑是知识的朋友，但却是专注和创造力的敌人；怀疑使你的分析更加敏锐，但却削弱了你的决心，消磨了你的能量。因此，怀疑的能力可以在生活中占有一席之地，但它不是你每次都应该使用的武器，也不必与每件事都有关。在保持前进和自律方面，怀疑的弊大于利。

快速练习

现在暂停片刻，深吸一口气，然后问自己：

- 我是如何怀疑自己的能力的？
- 我是如何怀疑自己选择的策略的？
- 我是如何怀疑设定的目标的？

这些问题的前提是你心存怀疑，这是很有可能的，大多数人至少会对这三个问题中的一个产生共鸣。

花10分钟的时间完成这个评估怀疑的工作。仔细地检索你的大脑，找出与自己、选择的道路和设定的目标有关的所有怀疑的感觉，把它们写下来，每行写一个。

我们为什么会怀疑

> 相较于失败，怀疑更容易扼杀梦想。
>
> ——苏西·卡塞姆（Suzy Kassem）

如上所述，人们之所以会怀疑，第一个可能因素是我们过度依赖理性分析的能力，过度地推崇怀疑的美德，最终因为过于极端而陷入了怀疑的阴暗面，因为我们试图质疑生命中的一切存在。怀疑就好比是一把伟大的锤子，将所有的一切都视为需要锤打的钉子。但问题是，并非每件事都是钉子，或需要被质疑。

导致自我怀疑倾向的第二个可能因素是童年环境和经历的影响。我们中的许多人都是在父母的过度批判、兄弟姐妹的打压下成长，或者还可能承受了校园霸凌，又或者我们经常被拿来与另一个各方面看起来都更“优秀”的孩子作比较。这就导致我们被灌输了这样一个信念：我们不够好，不够优秀。于是，自我怀疑就成为我们的第二天性。

导致自我怀疑的第三个可能因素是遭遇过重大的人生挫折。也许你本身非常自信，自尊心也很强，并且过得一帆风顺。但突然之间遭遇了重大的挫败，跌入人生的谷底，这种创伤性的经历导致你很难再相信自己的能力。你不仅内化了惨痛失败导致的损失，还内化了一个更加失败的自我形象。自此之后，你内心的声音总会告诉你，要保守，不要冒险。你试图通过保守的策略保护自己，远离可能感知到的任何危险。

导致自我怀疑的第四个可能因素是糟糕的伙伴。与我们朝夕相处的人对我们的影响很大。我们阅读的人（作者、博客、社交媒体账户）和聆听的人（朋友、家人、同事、播客）也深深影响我们，他们影响着我们的想法、感觉，以及我们做出的决定。

如果你的身边有不合适的人，你就会变得很容易怀疑自己，无法专注于人生目标的实现，并感到缺乏追求梦想的动力。当你尝试在生活中追求新事物时，有些人会嫉妒你，并试图暗中阻碍你，其他人则可能更加“用心良苦”地劝你“脚踏实地、不可好高骛远”，以避免经历失败或死亡。

导致自我怀疑的第五个可能因素是缺乏正确的视角。我们有时候会将自己与其他看起来更有能力或更优秀的人对比，将自己取得的结果与其他人更快取得的结果进行比较，将自己努力的过程与别人最终的结果进行比较，并因此而感到灰心丧气。又或者，我们错误地认为当前面临的困难将成为永远无法逾越的大山，它们将永远存在，我们永远不可能战胜它们。这些都是我们在缺乏正确视角时可能会产生的错误结论。

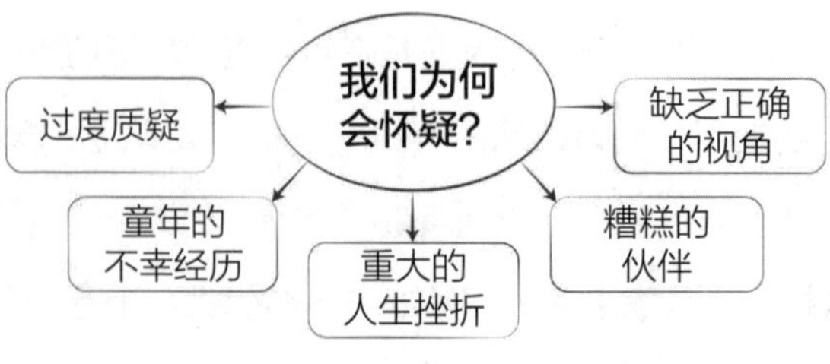

导致你养成自我怀疑习惯背后的原因是什么？不妨花点时间来反思一下。

如果原因是周围的人太糟糕，克服怀疑的最好办法就是重新找到一群良师益友。生命太过短暂，没必要浪费在一群损友中间。将那些只会令你失望的人从生命中剔除，并寻求那些能够鼓励你、激励你的人做伴。这样做是为了自己，为了他人，也为了所有等待着你向前迈进并将自己在创造的事物变为现实的人（详见第35章）。

接下来我们来讨论一下如何克服剩下的四种怀疑。

方法1　“现在不行”技巧

仅仅试图通过说服自己的方式来战胜怀疑会非常困难。如果自我怀疑是一个人，他就是一个顽固的怀疑论者，不管你说什么，他都会驳斥你，“没错，但是……”。这是一个永远无法被说服的人。有的时候，你需要选择暂停与他的争论，转而去专注于向前迈进。

怀疑有其存在的价值和意义，但并不是每时每刻都需要怀疑。合理的怀疑是建设性的，能够帮助你从一个新的角度看问题，但过度怀疑将导致缺乏确定性，使你无法正确地思考。这就是怀疑的弊端，也是做到自律的一个重大障碍。

克服这个弊端的一个好方法，是尝试无怀疑实验。你承诺自己，在一段时间内，不允许存在任何怀疑。每次产生怀疑的时候，简单地告诉自己，“现在不行”。通过这种回应，恐惧、疑虑和焦虑被暂时中止，你不需要立刻搞清楚如何永久地消除这些怀疑，因为你已经获得了前进所需的空间！在“无怀疑”时间结束后，你才可以质疑自己的能力，重新评估选择的方法，并且只有在真正需要反思和怀疑的情况下再做！

这种心态的转变极其简单，但却非常有效。你能够轻松地控制住怀疑的心态，因为这是一个“实验”，有着明确的开始时间和结束时间。这个实验会让怀疑不能萦绕在你的脑海，因为怀疑知道，它们有的是发挥作用的时间，但“现在不行”。

在无怀疑实验期间，你将全心全意地专注于手头的任务，充满坚定的信念和高涨的热情，不允许有任何怀疑的存在。你只需要培养这样一种感觉：你很确定自己选择了正确的道路，而目标的实现不过是迟早的事。你坚定地相信，自己走的每一步都让你更靠近目标，哪怕看起来并不是这么回事。

如有必要，在实验期间，尽可能让自己保持极度的乐观和狂热的信念。并在实验结束后，暂停下来反思、学习，然后带着更深刻的理解重新出发。保持练习的节奏，在必要的时候随时进行无怀疑实验，最终你脑海中的怀疑可能会彻底消失，不再出现，就像我曾经做到的那样。

> 在怀疑自己之前，先怀疑这个怀疑。
>
> ——刘易斯·普格（Lewis Pugh）

开启无怀疑实验之后，无论脑海里蹦出来什么疑惑或恐惧，都要学会视而不见。“现在不行”的技巧，相当于在你的大脑按下一个暂停按钮，调用你真正擅长的技能（拖延），用于解决真正值得拖延的事情（怀疑）。

所以，当怀疑来临时，告诉它“现在不行”。拖延怀疑，拖延恐惧、忧虑和焦虑，拖延戏剧化的情绪和困扰。在选定的时间段内，将你所有的精力都集中在手头的任务上，对其他的事情都按下暂停键。先行动，后怀疑。

至于“无怀疑实验”应该持续多久，取决于你个人的需要。它可以是每天早上一个小时，让你将自己对写作技巧的不安全感放在一边，只管埋头苦写；它可以是一个持续30天的时间框架，在这个时间框架内，你遵循某种特定的饮食习惯，而不是不断地称体重，看看饮食是否有效；它可以是长达一年的时间，其间你将致力于追求一个新的商业理念，而不被其他“商机”干扰。设计适合个人情况的“无怀疑实验”，然后全心全意地贯彻执行。在“现在不行”技巧的帮助下，暂停所有的疑虑和恐惧。

如果疑虑再次出现怎么办？用坚定而平静的内心声音重复“现在不行”。如有必要，可以多次重复这个练习，最终你的大脑能学会拒绝怀疑的声音。你需要控制自己，而不是让怀疑的声音控制你。为你的思想设定界限，夺回主导权——这就是冥想的核心要义。

“现在不行”是一个不需要理性分析的方法。对于你习惯性自我否定的思想而言，这是它急需的一个喘息空档。执行这个方法之后，你将惊讶于自己能够完成的工作量，挖掘出你甚至不知道自己拥有的资源。这里面蕴含着巨大的力量。

“现在不行”的技巧与“延迟分心因素”（详见第22章）类似。事实上，你也可以用“现在不行”技巧来克服许多自律的敌人，如分心、借口、恐惧，或任何其他限制性信念或情绪状态。

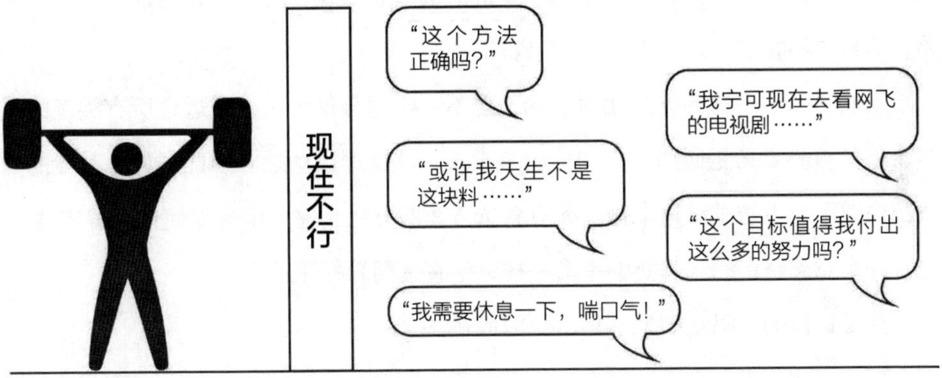

这个技巧当然没办法消除怀疑背后可能隐藏的所有情绪痛苦，但它能够防止疑虑和恐惧破坏前进的脚步。一旦你在生活中创造了这个“无怀疑”的空间，就能更顺利地向前迈进，遭遇更少的阻力，并沿途品尝到阶段性小胜利的滋味，同时防止过度分析的头脑因为沉迷于质疑一切而阻碍了进展。实践了这个方法之后，即使恐惧和疑虑仍然存在于心间，它们也不再定义你或主宰你，也不能再阻止你前进的脚步。

方法2　清除所有备选方案

在《孙子兵法》中，中国战略家孙武建议“围师遗阙，穷寇勿迫”。其背后的逻辑是，在人们感到走投无路时，他们会全力以赴地战斗，爆发出前所未有的能力。

我们可以将同样的策略应用到日常生活中。当我们别无选择，只能做出改变时，必然就会全心全意地为这种改变而努力。当我们必须背水一战时，我们就会成功，没有怀疑的余地，所以不会产生任何怀疑。

如果你必须在未来两周内多赚1000美元给身患绝症的孩子支付药费，你一定会想方设法地弄到这笔钱，不会拖延、分心或怀疑自己，只会集中精力，全力以赴地搞钱。

如果我们在A计划之外，总是还有B、C、D等备选方案，就很难产生强烈的能量。因为失败的后果不那么可怕，所以更容易从目标上分心、找借口，或拒绝行动。当你知道哪怕摔倒，背后也有一个舒服的垫子做缓冲时，你肯定就不会好好走路，你根本不在乎不好好走路的结果。

当然，孤注一掷的方法相对极端，也不一定适合每个人，或适合所有类型的目标，但其核心要义是通用的，即你越是投入，就越难以动摇。因此，如果其他的方法都失败了，不妨试试这个排除所有备选方案的方法，它一定会促使你获得成功。

一个意志坚定的人，能够像箭一样，笔直地朝着标靶进发。

你是这样的人吗？如果不是，原因何在？

方法3　重获新视角

> 消除怀疑就像摘掉眼罩。
>
> ——蒂姆·法戈（Tim Fargo）

自我怀疑不过是看待事物的许多可能方式中的一种，它是一种叙述方式，而且是一种限制潜力的叙述方式。因此，克服这三种怀疑的第三个方法，就是跳出思维定式，重获新的视角。

做到这一点的第一个方法是秉持暂时性的视角，即提醒自己，无论你正在经历什么挑战，它终会过去，不会永远持续下去。三个月后，你不会再面临同样的障碍。如果三个月的时间不够久，那么三年之后，你肯定已经达到了一个新的高度，不需要再纠结于眼前的困扰，前提是你继续在这条道路上前行，并积极地采取了行动。

永远要记住："所有的事情都将成为过往。"将这句话写在你能够经常看到的地方，将它牢牢地印刻到你的脑海中，在需要的时候，反复地提醒自己要记住这一点。

转变思维定式的第二个方法是调整预期，即调整对努力的过程将持续多长时间，以及可能遭遇什么类型的挑战的看法。我已经在本书第21章论述了相关内容，谈到了坚持不懈的美德及其敌人：虚假期望综合征。

假设你想要成为伟大的歌唱家（或掌握任何其他类型的技能），你找到了歌唱领域最优秀的老师，抱着极大的热情去听课学习。但在短短两周的课程之后，你开始感到失望，因为进展不如预期般迅速。但这其实是一种正常的经历，并不是产生怀疑的理由。但是，你开始认为自己的嗓子不行（怀疑自己），或者认为这种学习方法行不通（怀疑道路），或者认为也许唱歌并不适合你，或者不值得你这样做（怀疑目标），并因此半途而废。要解决这个问题，你可以重新调整自己对整个歌唱学习过程的期望。

重获新视角的第三个方法是放弃不合理的比较。比较会让你怀疑自己的能力和选择的道路是否正确。其中最常见的一种比较，是将自己发展的过程与他人取得的结果比较。想象一下，你还是一个艺术领域的新手，却看着别人毕生的杰作，心想"我永远也画不出这样的作品……或许我不适合画画"。又或者，你是一个网球运动员，每天想着"我的进步还不够快……我永远也做不到像桑普拉斯那样打球……"。但这样的比较真的公平吗？

永远不要将自己努力的过程与别人已经取得的成就做对比，你不需要比他们更好，你只需要成为最好的自己就可以了。

比较仿佛也是人类大脑的一种天然倾向，我们没办法停止比较，但可以学会更明智地比较。如果你需要激励，可以与那些在对你而言有意义的事情上取得更多成就的人比较，同时趁机了解他们是如何取得这些成就的，需要走什么样的路径；如果你需要自我同情和鼓励，就与过去的自己或进展不如自己的人比较，看看自己是不是已经走得更远，取得了更多成果。但一定不要将过程中的自己与别人的最终成就进行对比。

你是否正在进行一些自我贬低的比较？如果是，就应该用更能够赋予积极能量的比较方式取而代之。为此，你还可以使用转变自我对话的方法（详见第12章）和改变消极思维的方法（详见第22章）。

在本章的开头，你已经完成了反思怀疑的练习，即列出了你怀疑自己、怀疑道路或目标的所有方式。现在花一分钟回顾一下这份清单，并决定你将使用哪种方法来克服每种类型的疑虑。

本章要点

- 确定性带来力量和专注，它帮助你坚持不懈，使你即使遭遇了失败和挫折也能继续采取行动。

- 怀疑会拖你的后腿，使你慢下来，并耗尽你的能量。你将变得犹豫不决，不敢向前迈进。即使向前迈进，你也是半信半疑的状态。怀疑有时是一种美德，但也有其弊端。如果你试图把怀疑应用到你生活的每一个领域，你就会陷入困境和挣扎。

- 在自律方面，你需要克服的三种怀疑是：怀疑自己（质疑自己的能力/价值），怀疑道路（质疑自己选择的策略，并不断地调整），怀疑目标（因没有进展而失去继续努力的兴趣）。人们产生怀疑的原因，可能是过度依赖分析性思维、童年经历导致的条件反射、遭遇人生的重大挫折、糟糕的伙伴，或缺乏正确的视角。

- 方法1："现在不行"技巧，即承诺在一段时期内，不允许自己产生任何怀疑，只需专注于手头的任务，带着充分的信念和信任为目标而努力。通过在脑海中告诉自己"现在不行"，遏制住所有的疑虑、恐惧和分心。需要说多少次，就说多少次，只要能确保自己平静而自信地进行。

- 方法2：消除所有备选方案。当你别无选择，只能做出改变时，你就会全心全意地为这个改变而努力。当你拥有其他选择，或者失败的后果不那么可怕时，你就很难获得那种不顾一切努力的能量。因此，消除所有的备选方案将使你变得完全专注和投入，但这是一种极端的方法。

- 方法3：重获新视角，跳出思维定式，将全局看得更清楚。牢记当前面临的任何挑战都是暂时的（"一切都会过去"）来获得暂时性的视角。同时调整你对旅程的持续时间以及你将遇到的困难的期望。放弃不公平的比较，如将自己努力的过程与别人的最终结果进行比较。

第30章
如何应对失败

如果跌倒七次，就爬起第八次。

——谚语

心境的博弈的关键在于，所有的痛苦最终都会结束。当你能理解这一点时，能否胜利就看你可以忍受多久了。

——大卫·戈金斯（David Goggins）

朝着设定目标前进的道路，可能会比你预期的更长、更难，你可能会经历许多错误的开始、怀疑、失去动力、困惑、疲惫、争夺注意力的各种事情、分心、意外的结果、失败和延误。了解这一点很重要，因为如果你预判了挑战的存在，你就为它们的到来做好了心理准备，反之可能会被打得措手不及。

战胜失败需要运用两种不同的技能。第一种技能是预先防范，这样失败就不太可能发生，即便失败了，也可以迅速地重整旗鼓；第二种技能是学会优雅地面对失败，避免陷入羞愧、灰心、自我厌恶或恐慌等负面情绪的深渊。现在让我们来学习如何培养这两项技能。

制定应急计划

如果你认为，在养成习惯之后，只要不折不扣地执行，就可以顺顺利利地达成目标，不会遭遇任何失败，那你注定要失望。这种不切实际的期望会导致你在遭遇哪怕一点点偏差的时候，就开始怀疑自己，或者陷入不成功便成仁的极端思维之中（详见第23章）。如果你期望前进的道路会很容易、很顺利，你就会陷入虚假期望综合征的陷阱，进而削弱坚持下去的能力（详见本书第21章）。如果你期望自己的自控能力是无懈可击的，你就会陷入“自我限制的偏见”之中（详见第38章），然后遭遇现实无情的鞭挞和纠正。

解决前述错误心态的方法，是制定一个应急计划，确切地规定你将如何应对可能出现的每一种类型的挑战，无论是内在的挑战还是外在的挑战。在准备了应急方案之后，你就不会被突发事件吓到，面对未知的挑战也更有弹性，因为现在你清楚地知道你将如何应对每一个挑战。并且失败的可能性也变小了，因为你更期待挑战的出现，并为它们做好了准备，这也使你为这段旅程分配了更多的意志力。

制定应急计划是我经常要求专业的自助训练客户们使用的一个工具。假设他们的目标是每天早上锻炼30分钟，我就会通过提出几个问题，引导他们制定一个应急计划，下表提供了这个应急计划的一些示例。

如果……，你会怎么做?	应急计划
没有按时起床	晚上下班后再做吧
你觉得非常累	放轻松，将锻炼时间缩减到15分钟，但还要坚持锻炼
你没有想去运动的动力	我需要的不是动力，不管有没有动力都要去锻炼
你正在旅行途中	做好每天的行程安排，预留锻炼的时间
锻炼到一半电话响了	锻炼前把手机调成飞行模式，或无视来电，完成锻炼后再打回去
你忘了要锻炼	设置提醒，这样就不会忘了
运动的设备坏了	换一套运动练习，但不要停下锻炼
锻炼变得非常困难	要记住，再难的情况也会过去，锻炼的痛苦肯定比健康状况不佳的痛苦要好
有人请你吃想要戒掉的食物	我会说，“谢谢，但是我现在不吃X食物了”，或“谢谢，我今晚只想吃沙拉”

如果你从来没有经历过类似的问题，在所有这些挑战出现时（不用怀疑，遭遇挑战是必然的），你可能会措手不及。你没有时间去搞清楚问题的根源，也没有足

够的意志力去寻找和实施解决方案。最后会怎么样呢？你直接放弃了，当天就不锻炼了，因为你失去了锻炼的动力，但这导致你违背了自己的承诺，得到了一个“-1”的结果。

正如我们在第22章看到的那样，尤利西斯制定了一个应急计划，他知道自己将要面临的挑战，知道对塞壬的期待。他对自己和敌人都做到了知根知底，这就是为什么他决定把自己绑在桅杆上。

你同样也需要一个应急计划。

> 知彼知己者，百战不殆；不知彼而知己，一胜一负，不知彼，不知己，每战必殆。
>
> ——孙武

谁是你通往自律的敌人？常见的嫌疑人是：疲惫、忙碌、借口、拖延、动力不足、分心、失败、来自他人的批评等等。忽视你的敌人，你将无法保护自己。因此，意识也是关键。

你需要预测到前进道路上的崎岖，想到它会比想象中更艰难，明白障碍一定会存在，知道自己会遇到阻力。所以，提前了解自己的弱点、借口、可能的失败点。知道什么可能触发你的情绪，导致你冲动行事。了解并期待这一切，但不要让它压垮你。相反地，要提前制定一个应急计划，这样你才能够脱颖而出、攀登成功之巅。

通过这个过程，你可以事先就如何应对诱惑和挑战做出决定。当它们出现时，你已经明确地知道如何处理它们。这样一来，你就需要更少的意志力来确保自己朝着目标努力。在某种程度上看，你在失败发生之前，就已经战胜了它。

如果事情实际上比你预期的要容易得多，而且那些挑战都没有出现呢？那么，相信你会对这种意外之喜感到非常兴奋！

快速练习：创建你的应急计划

下一步，你需要完成一个障碍的评估，并创建你的应急计划。你将创建简单的“如果……就”情景，它也被称为“实施计划”。

1. 制作一个清单，列出所有可能诱使你打破习惯或破坏承诺的挑战、借口和障碍（如果 ______ 发生）。

2. 在每个项目的旁边或下面，写出你将如何应对。具体说明你将采取的确切行动，或你将使用的确切的自我对话（我将________）。

3. 每周至少复习一次，直到将清单内容全部内化。

4. 如有需要，通过“POWER可视化”的方法对大脑进行编程，以贯彻落实应急计划（详见第23章）。

如何优雅地接受失败（ALFA方法）

到目前为止，我们在本书中探讨的一切内容，都是为了帮助你成功建立习惯和实现目标，都是为了帮助你避免“失败”。例如，我们谈到了要关注过程，不要纠结于结果；谈到了从真正的小事做起（“循序渐进的小步骤”和“最低限度行动”），并实现逐渐的成长；谈到了帮助你克服分心、拖延、借口、遗忘和自我怀疑的几种方法，还学习了如何创建一个应急计划。

然而，即使你拥有最好的工具，并全心全意地努力遵循本书提供的原则，你仍然会面临挫折，并可能不时地“失败”。遭遇失败时，你可以选择用一种给自己带来情感痛苦、使你更难自律的方式来处理这种失败，或者你可以用正念和自我同情来处理，知道失败不过是阶段性的结果，而不是世界末日。一时的失败不是人生的终结，不会定义你是谁。

我们如何从正念的角度应对失败？你只需承认发生了什么，从中吸取教训，原谅自己，并采取行动（重新承诺）。正念自律十分强调意识，正如我们在第16章所看到的那样，意识是中性的，你不需要感到羞愧或内疚。

如果你忘记了自己的习惯，最终拖延了进度，或者屈服于分心了，接受这个现实，并继续前进。如果你给自己找了一个蹩脚的借口、相信了这个借口，因而打破了承诺，那就从中学习经验教训，并继续前进。如果你这个星期过得很糟糕，充满了各种顽疾的复发和错误的决定，得到了多得数不清的“-1”，原谅自己并继续前进。

羞辱情绪没有用

改变自己并非易事，因为总有巨大的惯性阻碍你的变化，这种惯性想让事情保持原状，但你想改变它们，所以你需要比惯性更强大。但有时，惯性会获胜，你如何选择应对这些暂时的“失败”，将决定你是否会继续朝着正确的方向前进。

正如我们在意识支柱中看到的那样，当你羞辱自己或充满负罪感时，你正在创造一种情绪困扰的状态，正在为自己带来（不必要的）痛苦。你知道，当我们遭受痛苦时，我们真正擅长做什么吗？寻求快速缓解！所以把羞愧、指责或内疚等负面情绪叠加到一起只会让你进一步失败，因为现在的你处于情绪困扰的状态，倾向于通过即时满足和转移焦点来寻求解脱，这能够几乎不费吹灰之力地为你提供感觉良好的体验。

我们可以得出一个明确的结论：你越是为自己的失败感到羞耻，就越有可能半途而废，或者至少进一步偏离理想的轨道。其他形式的消极的自我对话，如自我批评、内疚和对自己感到失望，也可能导致同样的后果。

对大多数人来说，羞辱是一种无效的策略，只会让他们因为害怕再次经历这种情绪压力而无法行动。然而，这并不是一个普遍适用的规则。对有些人来说，健康的自我批评和对遭受羞辱的恐惧，反而可以成为他们向前迈进并做一些真正想做的事情的燃料。

你怎么知道自己是这两种人中的哪一种？这很简单：只要观察一下，当你羞辱自己时发生了什么？你是否感到更有动力，然后向前迈进，并采取积极行动？很好，如果你愿意，就可以将这些负面的情绪作为前进的燃料。但如果你反过来选择放纵自己，进一步拖延，那么就通过使用ALFA方法①，练习善待自己，优雅地接受

① 该方法包含四个步骤，即承认（Acknowledge）、学习（Learn）、原谅（Forgive）和行动（Act）。

失败。

ALFA方法

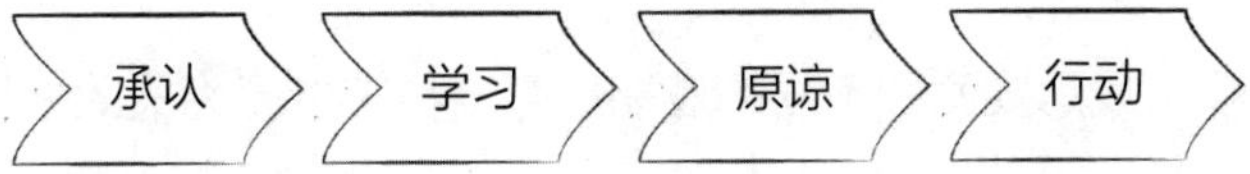

ALFA方法是一个宽恕自己并重新开始的过程，而且很巧的是，它听起来就像“α”，即希腊字母表的第一个字母，也是万物之始的象征。

这个方法的操作流程如下：

1. 承认（Acknowledge）。掌控发生的事情，不要责备自己。你要做的是用情绪中立的语言描述它。例如，不要对自己说“啊，我又搞砸了”，而是说：“我选择了拖延，现在项目已经来不及完成了。”

2. 学习（Learn）。你能从这种情况和自己身上学到什么？是什么引发了你的这种行为？你将改变什么，以确保这种情况不会再次发生？

3.原谅（Forgive）。记住你是人，并不完美，所以不要自暴自弃。释放所有自我批评、羞耻或责备的负面叙述。你犯了一个错误，但现在它已经成为过去式。如果可能的话，弥补失败造成的损失，但重点是做好继续前进的准备。

4. 行动（Act）。重新开始，记住长期目标的重要性，温和但坚决地重新承诺你的目标和习惯。跌倒多少次就爬起来多少次（详见第21章）。

在感到灰心丧气的时候，不要忘记你的人生志向和长远目标，因为长远的目标比一时的失败更重要。记住你为什么要做这一切，为什么它真的很重要（详见第8章），并知道现在发生的一切都会过去。如果你需要额外的灵感，可以阅读其他做了你想要完成的事情的人都有哪些成功的故事，以及他们一路上遭遇的失败。

去做该做的事情，从自怜自艾的阶段中走出来，这样你就可以再次走上生活的轨道，过上理想的生活。

本章要点

理论

- 克服失败需要两种不同的技能。第一种技能是为失败做好准备，这样它就不太可能发生。即使发生了，你也可以迅速恢复（通过应急计划）。第二种技能是学习如何优雅地接受失败，这样你就不会陷入负面情绪的深渊，如羞愧、灰心、自责和惊慌等等。

应急计划

- 要事先预计到，在实现目标的道路上，将充满错误的开始、怀疑、失去动力、困惑、疲惫、争夺注意力的各种事项、分心、意外的结果和延误。要为此做好准备，事先决定你将如何应对每一种不同类型的挑战，这将提升你从失败中回弹的能力。
- 公式：如果……（挑战），那么……（应对）。
- 任务：创建你的应急计划，每周回顾一次。

如何优雅地接受失败

- 你很可能会时不时地失败。遭遇失败时，你可以选择用导致情绪痛苦，并使你更难自律的方式来处理它，或者你可以用正念和自我同情的方式处理它。
- 羞愧是对失败的无效反应，因为它创造了一种情绪困扰的状态，这将导致你通过进一步沉溺于拖延和分心来寻求解脱。
- 当你失败时，练习ALFA方法。承认并承担所发生的事情；从中吸取教训，以便未来做得更好；原谅自己并弥补损失；通过重新承诺和重新开始来采取行动。
- 在感到灰心丧气的时候，记住你的志向和目标，因为长远的目标比一时的失败更重要。记住你为什么要做这一切，为什么它真的很重要，并知道现在发生的一切都会成为过去式。如果你需要额外的灵感，可以读读那些做到了你想做的事并克服了沿途中类似困难的人的成功故事。

第31章 坚持“永不为零”的承诺

有时你需要多次进攻，才能拿下一场胜利。

——玛格丽特·撒切尔（Margaret Thatcher）

你现在已经拥有了开始为实现愿望而采取一致的、有效的行动所需的一切工具和知识，下一步是现在就做出承诺：无论情绪和动机如何波动，都要贯彻执行既定的计划和习惯。

动机很重要，它往往是让你踏上追梦旅程的最初火花，是你与目标的情感联系，是一种被目标深深吸引的感觉，它激发出你身上采取行动的能量。

问题是，动机往往是转瞬即逝的。它是一种感觉，而且，像所有其他的感觉一样，它是波动的。你不能过度依赖它，因为它来得快去得也快，没有人会一直感到有动力。但反过来看，自律就是你不顾动机的水平如何，不顾你当下是愿意或不愿意而采取行动的能力。

自律就是承诺。

做出承诺，而不是依赖动机

动机可能让你开始走上这条追梦的道路，但只有自律才能帮助你坚持到最后。动机是最初的火花，而自律则是不断地煽风点火。不要依赖动机；相反，要做出坚定的承诺。

如果你依靠一种不稳定的感觉（动机）来采取行动，你的行动也会变得难以预测。这就好像如果一个水手只知道乘风起航，那他就不会走得很远。

因此，不要指望先有动机，后有行动。不要等到感到有动力时才开始行动。不要等待“感觉正确”的时机。直接行动，不管是否有动机，或动机水平如何。每天朝着你的目标方向迈出一步，无论你是否觉得喜欢，这就是抱憾的失败和长期的成功之间的区别。

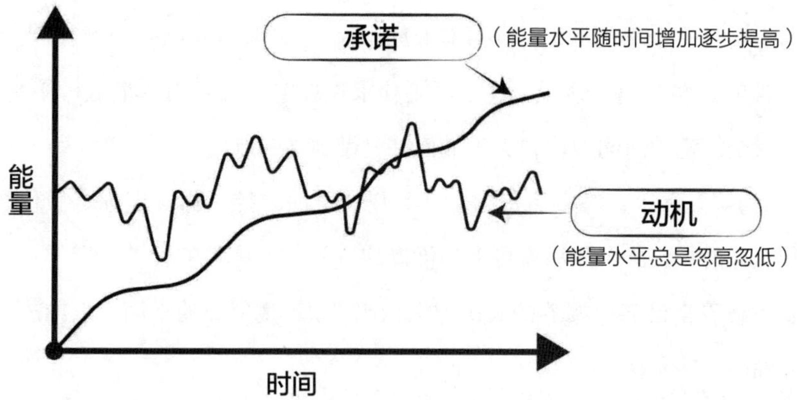

当年轻的喜剧演员布拉德·艾萨克（Brad Isaac）向杰瑞·宋飞（Jerry Seinfeld）征求职业建议时，宋飞告诉他，他需要每天都写段子。不是“觉得自己有灵感的每一天”，不是“自己觉得有趣的每一天”，而是活着的每一天！

在实现人生愿望的道路上，你将面临许多挫折、失败和失望。有时，你会怀疑自己，怀疑整个过程是否值得，这些就是决定性的时刻，这是你证明自己的能力并重新确认人生愿望的时候。这时候，只有对目标的坚定承诺才能帮助你越过障碍。

> 我一直觉得，要看一个球员的能力，不要看他在打得好的时候有多好，而要看他在打得不好的时候，他的得分和发挥有多好。
>
> ——杰克·尼克劳斯（Jack Nicklaus ）

承诺也有不同的类型，有些承诺应该是没有商量余地的，我称它们为“永不为零”的承诺。其他的承诺则需要更灵活一些，以避免给你的日常生活造成太多的压力（这将导致不必要的紧张感）。只要记住，关于承诺的心态越是可有可无，你就越有可能找到一个借口而逃避行动。

“永不为零”的承诺

当一个承诺绝对不接受任何妥协的时候，它就是“永不为零”的承诺。通常情况下，这也会是一个小的承诺，而且有时间限制，特别是在开始的时候，当你的自律性还不强的时候。换句话说，这个原则要求你决定相关习惯的最低可接受版本，并承诺在一个特定的时间段内，无论如何都要做到这一点。

“永不为零”意味着对生活负起全部责任和全面掌控，你决定你将做什么，你将成为什么样的人，并关闭所有可能的借口。

你要围绕着自己需要培养的关键习惯做出“永不为零”的承诺，以推进目标的实现。下面是一些示例：

- 我每天至少冥想5分钟。
- 在接下来的100天里，我每天早上6点到7点进行写作。
- 直到今年年底，我在睡前一定要向伴侣表示感谢之情。
- 在开启西班牙的旅行之前，我将每天学习20分钟的西班牙语。
- 在马拉松比赛结束之前，我不会喝啤酒或吃甜食。

你不可能围绕每一个习惯做出“永不为零”的承诺，那将是不现实的，也太过僵化（关于平衡自律的重要性详见第3章）。相反，你只需选择一两个关键的习惯进行“永不为零”的承诺练习，并设定开始时间和期限即可。

在你的生活中，可能有很多事情都是你想要改变的，但应该首先从一个习惯着手，专注于培养这个习惯，直到它成为条件反射，然后再选择下一个需要培养的习惯。这种循序渐进的方法相对明智，因为稳步但缓慢的前进是最稳妥的方法。每次只接受一个挑战，也能够逐步地培养你的自律性。如果你想要一蹴而就，最终只会一事无成。

在一个习惯得到彻底的巩固之后，就可以添加新的习惯了。例如，你已经养成了早上6点起床，并完成20分钟冥想练习的习惯，就可以开始尝试添加第三个习惯，即完成20分钟的晨练。新习惯的建立也将变得不那么困难，因为它“不过是我在冥想之后要做的一件事情”。

当你在生活的一个领域培养出了“永不为零”的技能时，就可以将其应用到其他领域。每新增一个习惯，自律就变得更容易一点，这就是习惯培养领域的“光环效应”（halo effect），因为你的大脑现在已经知道如何去抵制诱惑、保持专注，并优先考虑长期目标。

> 澳大利亚研究人员梅甘·奥腾（Megan Oaten）和肯·程（Ken Cheng）甚至发现了一些关于习惯养成的光环效应的证据。在他们的研究中，成功养成一个积极习惯的学生报告称，自己经受的压力减少，冲动消费减少，饮食习惯改善，酒精、烟草和咖啡因的摄入也减少，看电视的时间减少，甚至厨房里的脏碗也减少了。在一个习惯上保持足够持久的自律，不仅使做到它变得更容易，也会使其他事情随之变得更容易。这就是为什么养成了正确习惯的人，似乎比其他人在各个方面都做得更好。因为他们会定期做最重要的事情，因此，其他事情也就更容易完成了。
>
> ——摘自加里·凯勒的《最重要的事，只有一件》（*The One Thing*）

现在让我们来分别讨论一下“永不为零”承诺的三个要素：及时性、微小性和不妥协。

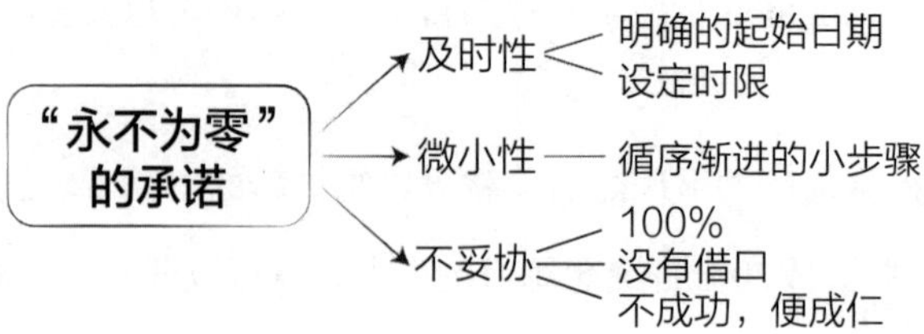

一个及时的承诺

做出“永不为零”的承诺，就像在人生之书上翻开新的一页。这是一件大事，所以它需要一个适当的开始日期。明确起始日期有助于建立预期和集中你的精力。

决定你何时开始承诺，可能是下周一，或在你生日那天，或明天，在日历上标记这个日期。如果它是一个有点遥远的未来，可以在某个地方贴上便利贴，帮助你不断记住一个新的开始正在接近，并期待它的到来！

你还需要决定承诺持续的时间长度：它即将维持的天数、星期或月份。当然，如果这个承诺是要养成一个即将定义你是谁的习惯，或者是打破酒瘾或烟瘾，那么持续的时间长度可以是终生。

2000年3月21日，我对冥想做出了“永不为零”的承诺。在参加完一个研讨会后，我告诉自己，在我的余生中，我每周至少要打坐五天。这是我第一次尝试“永不为零”的承诺，它对我很有效。几年后，我把它增加到每周七天，从那时起，我每天都在打坐冥想。

然而，如果你是一个“永不为零”的新手，一开始就做出终身承诺可能不是一个好主意。也许你可以从较小的事情开始，比如“50天内不吃糖”或“三周内，每天直面我的社交焦虑”。选择对你有意义的事情，然后无论如何都要坚持下去，不接受任何逃避的借口。

在选定的时间内，你别无选择，只能遵循承诺。只有在这个时间段结束之后，你才能重新评估该怎么做。你可能想再来一次“永不为零”的挑战，调整承诺的持续时长（更长或更短），或者让它成为你生命中持续存在的永久组成部分。

一个小而具体的承诺

“永不为零”的承诺并不一定需要很小，但在刚开始时，我强烈建议你从小目标着手。由于“永不为零”的承诺是不可改变的（至少在选定的时间段内），所以一开始最好不要应用于太宏大的目标。记住“循序渐进的小步骤”的概念，让自己更轻松地达成阶段性的目标，从小事着眼。在你掌握了基础知识之后，可以尝试在以后增加难度。

如果你从来没有定期锻炼身体的习惯，不要一上来就承诺每天都要跑步两个小时。这只会造成不适当的压力，使你感到紧张，并可能使你以失望和沮丧告终。相反，从小事做起。承诺有多小并不重要，只要它是真正的“零借口”承诺就行。无论怎样都要坚持下去，这比一开始就期望大干一场或迅速取得进展更重要。

使用这个方法，你想快就快，想慢就慢；想加大难度也行，想循序渐进也行。但是，当你做出一个决定、一个承诺、一个决议时，要把它作为一个生死攸关的情况，坚持到底。

这条规则的一个例外是，如果你的“永不为零”的承诺是一个“不去做某事”的承诺，比如说戒烟或戒酒，如果这是你的目标，而且你有足够的勇气接受几个月的戒断带来的地狱滋味，那么你可以尝试快速戒掉坏习惯。在这些情况下，直接彻底戒酒可能比尝试循序渐进的节制和温水煮青蛙更容易。

一个绝不妥协的承诺

在你承诺的时间范围内，不接受任何借口。做出的承诺是不容商量的，你可以调整“永不为零”承诺的持续时长，或者需要改变的习惯的大小和难度，但不能调整它不妥协的性质。否则，这一切就没有意义了。

一旦开始，你就要完成它，无论发生什么。从这个角度来看，这个方法是“清除所有备选方案”方法（详见第29章）的一种表达。

即使在怀疑、恐惧或痛苦的情况下，也要采取行动；即使你感到困惑或缺乏动力，也要采取行动。这就是“无论发生什么情况”的含义。如果有一天你感到精疲力竭，或者连续工作了23个小时，这都不重要。如果家里有人去世、出现经济危机、暴发新的大流行病，或者第三次世界大战开始，这都不重要。而且最重要的是，不管你觉得自己想做或不想做，这也不重要。这就是“永不为零”承诺中“永不”的全部含义。

在正念自律中，100%的承诺比99%的承诺更容易遵循，因为它能帮助你避免决策疲劳。如果规则是灵活的（99%），你总是需要考虑今天是否可以是破例的一天。但如果规则是毫不妥协的（100%），你就没有纠结的必要了。你已经做出了决定，并且需要百分之百地执行。你的头脑已经从决策的负担中解放出来，从每次都需要权衡选择的负担中解放出来，这为你节省了精力，让你可以安心地遵守承诺。

“永不为零”承诺几乎是一种等同于“不成功便成仁”的决心，这种说法可能感觉很夸张，但这就是内在力量的锻造方式。这种决心的力量，带来了自尊、自信和自爱。而有了这些，对你而言，一切皆有可能！

做出这样的承诺，可能会令你感到害怕，因为它是强大的、毫不含糊的，你可以感觉到它有多严肃。如果感觉不到，要么是因为你的承诺没有做到毫不妥协，要么是太小了。

我们要把这种恐惧和压力感看作一个好的迹象，它意味着你正在走出自己的舒适区，你正在为自己的未来孤注一掷地努力，而许多美好的事情将由此产生。

“永不为零”的承诺是意志力的燃料

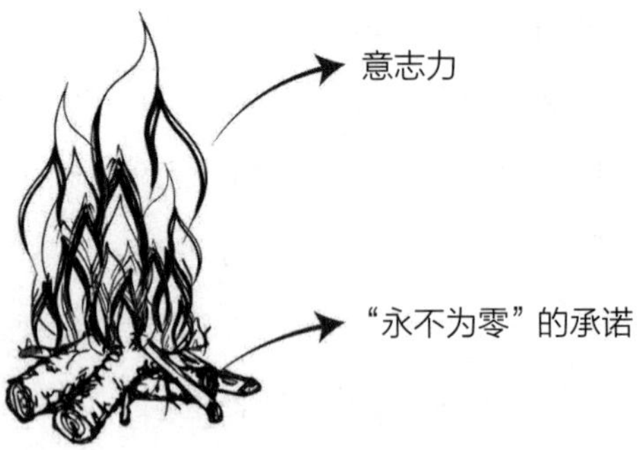

归根结底，自律的内涵远远不仅限于目标的实现，它只不过是自律的训练场。自律——正念自律——是为了发展一种内在的力量和权力。拥有了这些，你可以追逐伟大的事业。但无论如何，正念自律本身就已经是值得称赞的回报。

不要让你个人的意志力火焰因借口、例外和情绪波动而熄灭。让这一簇火焰熊熊燃烧，至少在生活的一个领域，在一小段时间内，让你的意志力成为绝对的主导。不要允许任何例外存在，让这一团烈火照亮你的人生。

划定你不会越过的界限，然后不要越过它，无论如何都不要。

这就是诚信，这就是意志力，这就是正念自律。

本章要点

动机

- 动机很重要，但还不够。你还需要依靠承诺，而不是动机，因为动机是一种随时会消失的感觉，它是起伏不定的。
- 不要期望等“感觉正确的时机”到了再采取行动，不管有没有动机，都要行动。

“永不为零”的承诺

- 围绕你的关键习惯，每次一个，做出“永不为零”的承诺。
- 一个“永不为零”的承诺是及时的、微小的、绝不妥协的。
  - 及时性：决定一个开始日期以及承诺持续的时间长度。如果它是关于一个基石性的关键习惯或者是关于戒除某种成瘾的承诺，那么它可能是持续终身的。
  - 微小性：选择最低限度的行动，遵循“循序渐进的小步骤”的概念，无论如何都要坚持下去。在开始时不要有太大的野心。
  - 绝不妥协：不存在跳过执行的任何借口，这可能令人感觉很可怕，因为它很有力量，毫不含糊。
- “永不为零”的承诺不仅改变了你的生活，而且还建立了巨大的自信心和意志力。这种内在力量本身就是一种莫大的奖励。

现在，你已经清楚地知道该做什么、怎么做，以及为什么。因此，做出承诺，每天向你的目标迈出一步。在翻开下一页之前，现在就做出承诺，这将彻底地改变你的人生！

“从今天起，我承诺每________都要做________，无论发生什么事。”

你做出坚定的承诺了吗？

第32章
回顾："行动"支柱

在行动支柱中，我们首先要为自己的志向设计一个行动计划，包括具体里程碑事件（阶段性目标）的制定、需要养成的具体习惯的选择，并准备好开启追梦之旅所需的一切工具。我们也意识到需要定期复盘，以确保前进的方向正确，采取的策略行之有效（步骤1）。

然后，我们讲了习惯培养的诸多细节信息，我们深入讨论了如何设置提示线索、如何行动和奖励（步骤2和步骤3）。通过这部分内容，我们学会了如何选择有效的提示、改善周围的环境、使习惯更容易持续，并且提出了最低限度行动（即无论如何都要完成的行动）的要求。我们发现，想要强化习惯，大脑就需要体验到直接的好处，以作为对辛苦付出的奖励。因此我们可以通过内在奖励（最佳选择）、外在奖励（可接受）和痛苦的后果（最后的手段）等类型来实现。

在志向支柱中，我们涵盖了自律的两大障碍：缺乏动力（没有任何志向）和恐惧（自我破坏）。在意识支柱中，我们学会了如何克服自律的另外三个障碍：放弃、分心和借口。最后，在行动支柱中，我们涵盖了最后的三个主要障碍：拖延、怀疑和失败。

- 克服拖延症就是通过"循序渐进的小步骤"的方式，减少采取行动的痛苦，通过自我反省加强不作为的痛苦，并学会拥抱痛苦。
- 克服三种类型的怀疑，需要你使用"现在不行"的技巧，使用"清除所有备选方案"的方法，或者转换认知。
- 克服失败，首先要通过制定应急计划来防止失败。如果做不到，则要通过使用ALFA方法，以自我同情的方式，优雅地接受失败。

最后一章归纳总结了所有这些重要的内容，强调了承诺比动力更重要的概念，并鼓励各位对自己选择的最重要习惯做出“永不为零”的承诺。

现在，你已经知道自己想要什么、接下来要做什么；知道如何克服在追梦之旅的道路上可能出现的不同类型的挑战。你已经掌握了正念自律的全部框架，那么你将如何使用它来让自己过上理想的生活呢？

第五部分

日常生活中的正念自律

第33章
正念时间管理

只顾埋头忙碌是不行的，我们要搞清楚……我们到底在忙什么？

——亨利·戴维·梭罗（Henry David Thoreau）

过好每一分钟，每个小时自然就有意义了。

——查斯特菲尔德勋爵（Lord Chesterfield）

时间管理是一个错误的说法，真正的挑战在于如何管理我们自己。

——史蒂芬·柯维（Stephen Covey）

你对待时间的方式，就是对待生命的方式。所以我们需要积极主动地管理时间，以突出人生中最重要的事情和最崇高的价值。如果你不能将时间花在追求人生目标上，这些目标就永远不可能实现。它们不可能在未来成为现实——是因为你现在并没有让其成为现实。

正念自律就是确保你打发时间的方式与人生的最高目标和价值观保持一致的艺术。这是一门让你活出精彩人生，并且能够死而无憾的艺术。

为了实现这个目标，你需要培养自己对时间花费方式的主观意识，这一点至关重要，即培养时间管理的正念要素。

如果你已经充分学习了前面两个支柱的内容，就为时间管理打下了坚实的基础。时间分配的优先顺序和对时间的主观意识是正念时间管理的两个关键要素，这两者分别体现了志向支柱和意识支柱的内容。因此，它们本身就包含了许多经典的时间管理原则。

现在，花点时间问问自己：你对自己当前利用时间的方式是否满意？在每一天结束时，当你回首往事，回顾自己度过一天的方式时，你对它感到满意吗？如果感到满意，这就是充实的生活；如果感到不满，它可能会积累成终生的遗憾或浓厚的挫败感。

正念时间管理
- **时间分配的优先顺序**（志向支柱）
  - **规划**
  - **界限**
- **对时间的主观意识**（意识支柱）
  - **意识**
  - **专注力**

要充分地利用好时间，你就需要有意识地留意利用时间的方式。这要求你做出规划、设定界限、倾注更多的意识，以及创造一个专注的环境。换句话说，你需要创造时间结构（日常惯例），并持之以恒地遵循，这就是本章的主题。

时间管理是一个宏大的主题，市面上也有很多著作以此为主题论述，因此我不会试图在这里事无巨细地涵盖整个主题的细节。但我会介绍一些核心原则，然后介绍时间管理和意识之间的重叠部分——我称之为有意识的（正念的）时间管理。如果你想了解更多细节信息和比本章介绍得更详尽的时间管理系统，我强烈建议你学习戴维·艾伦（David Allen）的《搞定：无压工作的艺术》（*Getting Things Done*）。

然而，在我们谈论正念时间管理的四个核心原则之前，让我们先简单聊聊优先事项。

明确你的优先事项

> 要么你积极主动地管理人生，要么就随波逐流地被其管理。
>
> ——吉姆·罗恩（Jim Rohn）

工作、家庭、照顾自己、健康、朋友、关系、目标、财务——我们有很多事情要处理。你在生活中扮演的角色越多，接受的项目和承诺越多，同时追求的目标越多，事情就越难协调和管理。因为你的时间和精力需要分配到如此之多的事情上，以至于你经常感到不堪重负。有时无法给每件事情以应有的关注，这往往让人感到沮丧和挫败。

那么，你要做的第一件事，就是简化生活的内容。在某种程度上，你要更加务实，不要妄想自己可以所有事情都一把抓。我们都需要学会尊重自己有限的时间和精力。为了进一步了解这个话题，我推荐你阅读格雷戈·麦吉沃恩（Greg McKeown）的《精要主义》（*Essentialism*），这是我个人最喜欢的一本自我发展主题的书。

如果你想要为自己的志向创造更多的空间，就要学会舍弃一些东西。正如我在本书第13章中提到的那样，你需要做出牺牲，舍弃那些对实现人生志向而言价值较低的东西。例如，放弃每天浪费一小时浏览社交媒体的习惯，这样你就可以把这宝贵的一小时从事有助于推动人生目标的活动。你可以先做个小实验，尝试舍弃一半的常规活动，然后你可能会发现一个惊人的事实：另一半的活动得到了双倍的精力和关注。在得到保留的这一半活动中，你会取得更快的进展，并且从中获得更强烈的满足感。

这就是按照优先性对时间进行排序：它增加了用于促进人生目标和价值实现的相关活动的时间和精力，减少了分配给其他次要活动的时间和精力，或者甚至可以完全忽略掉一堆无用的活动。在这个过程中，你需要以核心价值观和人生的目标作为指南针，做出取舍的决定，正如你已经在志向支柱中学到的那样。

然而，不管你能够多好地遵循简化和牺牲的准则，你仍然要在生活中兼顾一些不同的事情，这意味着你需要掌握正念时间管理的四个要素。你的生活越复杂，就越是迫切地需要掌握这些技能。

要素1 规划

> 高效率从来都不是偶然事件，它始终是卓越的承诺、明智的规划和集中努力的结果。
>
> ——保罗·J. 梅耶（Paul J. Meyer）

如果你不好好地规划自己的时间，其他人就会帮你浪费掉。

——金克拉（Zig Ziglar）

规划利用时间的方式将使你更有计划地生活，并确保每天都能够完成重要的事情。反过来看，没有任何规划则意味着你的生活可能变得被动——你更有可能因为各种杂务而分心，将注意力分散到许多（明显）紧急的任务上，但却在不断地被打断。在一天结束时，你不仅没有成就感，还会感到精疲力竭。

时间规划有两种类型：固定的和灵活的。在固定的时间规划中，你只需要做一次计划，然后基本上维持不变——例如，规划了固定的晨间或晚间的例行安排（详见第34章），但本章主要强调的是灵活的时间规划，这种计划每天都会随着具体情况而不断变化。

想要有效地规划时间的利用方式，你需要在每天开始时，或前一天的晚上，专门抽出几分钟的时间，决定当天需要完成哪些重要的事情，如何安排这些事情的优先次序，以及可以做些什么来确保一天的事务得到顺利的推进。下面，我们将进一步分析这三个要点。

反思1　今日的优先事项是什么？

在自律的生活中，你的志向和愿望将一直是生活的优先事项。它们将以这样或那样的形式体现在你每天的日程安排中。但是，你的生活中可能还有一些其他的重要事项，但不是需要每天都做的。此外，在生活的各个领域，你还必须对各种相互竞争的活动进行重要性排序。

下面这三个问题，可以帮助你在每天开始时搞清楚当日的重要事项是什么：

- 我今天要做什么来推动我的志向的实现？
- 我今天要完成的三项最重要的任务是什么？
- 完成哪项任务将最有助于过上幸福的生活？

如果你目前致力于追求的人生目标不止一个，那么就需要为每一个目标都选择

（至少）一项必须完成的重要任务。这个任务不一定很宏大，但你迫切地需要每天都完成它，一周七天，天天不拉下。这个日常的任务可能是阅读10分钟、打一个电话，或是选择吃沙拉而不是甜点。不要让任何一天在没有朝着人生目标努力的情况下被虚度。

至于第二个问题，你可以利用不同的框架来决定最重要的任务是什么。史蒂芬·柯维在他的经典著作《高效能人士的七个习惯》（*The 7 Habits of Highly Effective People*）中谈到了"要事第一"的原则（First Things First principle），并根据活动的紧迫性和重要性将其分为四个象限，以下是我对该原则的解读：

	紧急	不紧急
重要	人生的事务	你的志向
不重要	被动的生活方式	浪费时间的事情

将这个四象限分类法应用于你的任务和活动清单，它也许能够帮助你获得清晰的认识。因为每天最重要的事情，几乎总是来自上方的两个象限。

回答这个问题的另一个方法是应用80/20法则，也就是帕累托原则。这个原则的主要内容是80%的结果往往来自20%的活动。那么，你需要做的，就是确定哪些是能带来最大成果的那20%的活动，并将它们作为你每日的重点事项。这个法则适用于生活的所有领域，无论是工作、人际关系、爱好，还是精神方面的发展。

当人们谈论优先事项和时间管理时，往往会忽略第三个问题。既然我们谈论的是正念自律，那么你也有必要考虑一下，某些任务如果没有被完成，它可能会对你的健康产生什么影响。也许某项任务不像待办事项清单中的其他任务那么重要，看起来也不那么紧急，但它一直在你的脑海中萦绕不去，导致你在完成该任务之前，没办法全心全意地关注其他事情，那么把它作为优先事项也许是个好主意。

反思2　我今天如何确保优先事项的完成？

在决定了每天需要优先考虑什么之后，就该考虑如何完成了，下面这些问题可以帮助你找到相应的方法：

- 为了专注于确定的优先事项，我将需要放弃、推迟或委托他人来完成什么任务？
- 哪些分心和干扰可能会发生，我将如何应对它们？
- 我怎样才能确保列出的优先事项得到完成？

第一个问题将帮助你决定不需要去做哪些事情。明确了这一点，你面临的压力可能会减轻。这会帮助你腾出更多空间，使你专注于你选择在当天完成的优先事项。

第二个问题要求你预测可能出现的挑战，并事先想好应对的策略。这是大多数人没有考虑到的问题，也是导致很多人感到沮丧和挫败的原因（详见第30章）。

例如，如果你的一项任务本来需要30分钟的时间，但最后花了2个小时才完成，会发生什么？如果你上班迟到了会怎么样？如果你觉得很累，没有动力，会发生什么？如果有人要求你帮助他们处理手头的项目和优先事项，会发生什么？或者如果本应做出贡献的人没有做好他们的分内事，你要怎么办？如果你经常分心或被打断，你会怎么做？你需要知道如何应对每一个可能出现的挑战，否则应付紧急情况的压力可能会导致你做出一个日后会后悔的决定。

你可能需要让其他人知道，你在一天中的某些时间段内将无法帮他们的忙。你可能需要把手机调到飞行模式，杜绝任何可能的干扰。你可能需要为某项活动分配更多的时间，或者提前到达工作地点。你可能需要决定在一天刚开始的时候，先去做最难的事情，因为这时你有更多的精神能量可用，这就是所谓的“吃掉青蛙”的应对之法。

> 早晨第一件事就是生吞一只活青蛙，这样一天中就不会有更糟糕的事情发生在你身上。
>
> ——马克·吐温（Mark Twain）

然而，规划并不意味着事情就会老老实实地如期发生，意外情况总是会发生，但规划确实使现实对你有利，增加你成功完成重要任务的机会。

第三个问题，“我怎样才能确保列出的优先事项得到完成？”这取决于你对时间的预算和规划，然后严格执行和遵守分配给每个任务的时间段。例如，这可能意味着，如果你决定今天只有一个小时的时间花在电子邮件和行政杂务上，那么在花掉一小时之后，你就需要停下来，去做其他事情，即使仍有待处理的电子邮件在等着你审阅。就时间预算的控制而言，日历和闹钟是你最好的朋友，充分地利用它们并遵守它们的通知（关于这一点，请看要素3：意识）。

通过为不同的活动和目标分配不同的时间段，你可以确保工作和个人生活的所有领域都得到应有的关注，而不会占用一天中其他优先任务的时间。

在我的夜间时间规划中，与妻子和女儿共度两个小时的优质时间是我的首要任务，但按时入睡也是我的首要任务（否则我宝贵的晨间生活就会受到影响）。这意味着，如果我们决定在家庭时间一小时后，看一部时长两小时的电影，那么可能会发生下面两种情况中的一种：要么我们明天继续看另一半；要么妻女当晚在没有我陪伴的情况下看完电影。这是因为我很清楚自己的时间规划，按时睡觉对我来说，也是一个不容打破的优先事项。

了解并尊重你规划的时间段，将使你能够根据设定的优先事项关注生活中所有不同的领域，同时使你拥有对日程的掌控感。

反思3　我如何才能确保当日的工作更顺利地进行？

在规划当日的工作时，不妨思考一下：这一天是否会遭遇严重的压力？如果是的话，你可能需要想办法，通过一些简单的改变来消除潜在的压力。

第一个方法是找出时间表上可能存在冲突的事项。你是否规划了时间重叠的会议？你是否需要在同一时间出现在两个地方？你是否需要把一小时的会议压缩到40分钟内，这样你就不会无法准时参加清单上的下一个项目？你是否需要同时处理三个不同的活动，以确保日程安排的顺利推进？如果是这样，你对自己的期望太高了，或者你低估了这些任务的难度和挑战，这两种情况往往会导致挫败感。

看看你是否可以做些调整，简化整个日程安排。这可能意味着你需要重新安排某些会面，委托他人完成任务，推迟一些事情的起始时间，或者决定放弃一些不值得去做的事情。了解每天的优先事项能帮助你决定保留或放弃日程表上的哪些安排。

你可以做出的第二个改变，是合理地安排休息和休息时间，以帮助你的一天更顺利地度过。这意味着在一天的日程安排中预留出休息、停顿和自我照顾的空间。如果你很难做到这一点，因为你是A型人格[①]，想要充分利用生命的每一分钟（欢迎加入我的行列！），那么，干脆给每个任务安排比预期时长多10%—20%的时间，这将迫使你慢下来。主动假设完成某件事情需要比你预期的更长的时间，这样你就为自己留有了一些余地。

当你在任务的间隙获得一两分钟的喘息时间时，也不要着急解锁手机，你可以安静地待一会儿，感受呼吸，什么也不干。像这样放慢脚步是正念自律的一个重要部分，它将帮助你保持头脑清晰，补充意志力和提升意识，并帮助你保持对最重要的事情的关注。

第三个变化是通过捋顺日常安排的流程，尽可能地消除各项活动中的摩擦和阻力。罗里·瓦登（Rory Vaden）在他的演讲《如何倍增你的时间》（*How to Multiply Your Time*）中谈到，“在情感上允许自己今天花时间做一些在明天可能给予自己更多时间的事情”。

这可能意味着花一个下午的时间，寻找并切换到一个更好用的日历应用。它可

① A型人格：是指具有较强的竞争性、成就欲和紧迫感的人格类型。——编者注

能使未来所有的会面安排和检查冲突的工作更顺利地进行。用瓦登的例子来说，这可能意味着花两个小时为账单设置在线支付功能，这样你每个月在付款时就能节省一点时间。它可能还意味着找到一双更好的跑鞋，或一个更好的冥想垫，这样你在这些活动中的每一分钟努力都会更愉快和有效。它甚至可能意味着打扫办公室、改变吃饭的地方，或找一个新的保姆。

消除阻力和杂乱是一个更长期的策略，而且往往看起来不像是一个优先事项（它并不真正重要，也不紧急），但它会使你的生活更轻松，甚至可能使你的时间或努力的产出倍增。

如何规划时间（小结）

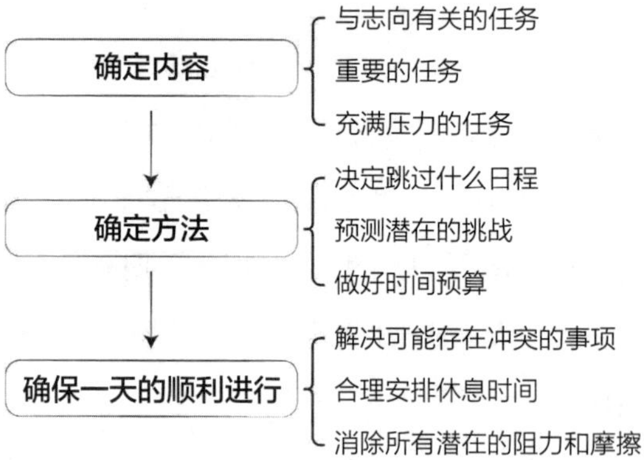

要素2　设定界限

你的时间是有限的，所以不要浪费它去过别人的生活。

——史蒂夫·乔布斯（Steve Jobs）

你可以制定出全世界最好的时间表，但如果不能贯彻执行，它也不过是一纸空文。因此，你需要确保自己的时间安排不受其他人要求的影响，这就是第二个要素的内容。与金钱不同，时间并非一种可再生资源，它是生命的源泉。

要保护自己的时间，你需要遵循说“不”这个简单但往往十分具有挑战性的原则。当其他人把自己的职责推给你时，坚决地说“不”；对无意义的会议和不必要的任务说“不”；对在锻炼时接听电话或在家庭晚餐时查看电子邮件说“不”；甚至对一些在错误时间出现的好事说“不”。

每一个决定都有成本，每一个抉择都很重要，每一个决定都将为你的生活带来“+1”或“-1”的结果。因此，很多时候，对其他人提出的一个要求说“是”，就是对你的人生目标说“不”，所以不要害怕说“不”。勇敢地说“不”能让你保持对自己人生的控制感，它能让你过上最理想的生活、展现出最好的自己，并决定哪些事情对你来说真正重要。

如果你不能对别人说“不”，你就做不到自律，因为你无法控制自己的时间和精力。最终，你将无法高效地完成自己的任务，也不能过上脚踏实地的生活，因为你不自觉地放弃了自己的优先事项，而倾向于满足其他人的优先事项。最终的结果，往往是对错过的机会感到遗憾，对缺乏进展感到沮丧，对没有得到回报的善意感到怨恨。

说“不”就是这么重要，所以我们要努力学习这个重要的技能。练习以一种优雅而自信的方式说“不”，但这往往需要你将自己的决定与要求你贡献时间的人的关系区分开。你是对不合理的请求说“不”，而不是对提出请求的人说“不”。这不是对那个人的拒绝，而是对一个承诺的拒绝。

《精要主义》（*Essentialism*）一书的作者，在该书中推荐了几种说“不”的方法：

> “我恐怕没有足够的时间。”
>
> “对不起，我手头的任务太繁重了。”
>
> “我可能帮不上忙。”
>
> “现在不行，但也许以后可以。”
>
> “我不能做X，但你或许可以试试Y。”
>
> （在工作中）“是的，我可以把这个作为优先事项，但我应该把这些其他项目中的哪一个删除呢？”

如果你足够直接和大胆，甚至可以尝试这样做：当有人向你提出要求时，保持几秒钟的沉默，因为这几乎每次都会促使对方急于填补空白，给你一个轻松的台阶，例如，“我的意思是，如果你没有事情做的话，但如果你正在忙，也没关系，我知道你很忙……”

说“不”并不是自私的表现，在一个痴迷于迎合和讨好别人的社会中，对他人要求你贡献时间的情况说“不”——如果这些要求并不符合你的人生目标或价值观——反而是你给别人的一个伟大的礼物。每次你这样说“不”，实际上就是允许他们同样专注和有目的地利用自己的时间，你在为所有人创造自由和个人空间，在帮助创造一种脚踏实地的务实文化。

要素3　时间意识

> 时间管理的关键：看到每一刻的价值。
>
> ——卢巴维奇·曼纳汉姆·门德勒
>
> （Loubavich Menachem Mendel Schneerson）

在要素2中，你学会了如何保护自己的时间不受其他人的要求影响。现在让我们来谈谈如何保护你的日程表不受自己不受控制的大脑的影响，因为它可能会健忘和分心。事实上，几乎每个人都在某种程度上与注意力分散的状态作斗争。如果你患有注意力缺失症（(Attention Deficit Disorder），你可能会更难解决这个问题。

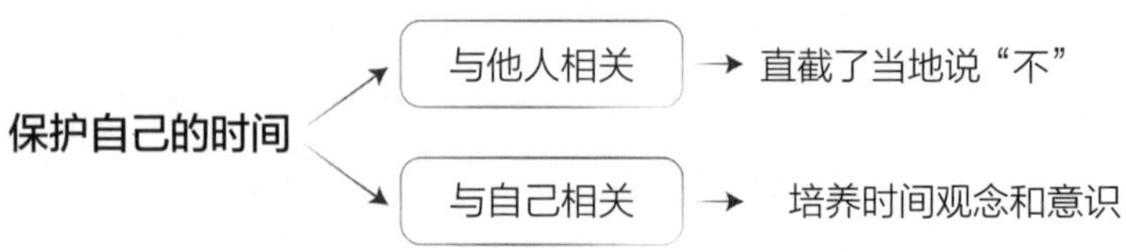

如果你忘了日程表的内容，或因为其他事情而分心了，就无法遵循制定的日程表，不管它有多么合理。因此，有效的时间管理或正念时间管理需要持续的时间意识。一个练习的方法是始终注意你的时间：注意时间的安排，意识到时间的流逝。

为此，你要让日历和手表成为最好的盟友：每天多看几次，确保所有的事情都在既定时间段内开始和完成。

例如，如果你在下午安排了20分钟的休息时间，注意你的时间意味着当你开始休息时，你知道自己只有20分钟的时间，并据此决定如何打发这段休息的时间。这意味着你不断地看时间，以确保你不会超出你为自己设定的限度；或者你在休息时间开始时启动一个倒计时器。这意味着你有意识地知道，20分钟后，你就需要做其他事情。

如果没有这种意识，不安分的头脑会把你的日程安排搞得一团糟，它可能会以内心的声音，引诱你：

- 我只是快速检查下电子邮件，然后继续写作。
- 我这次快速地打个盹。
- 我将休息10分钟，然后继续工作。
- 我只需完成这5分钟的任务，然后就准备去健身房了。
- 我将翻阅社交软件几分钟，然后就去睡觉。
- 我只看一集电视剧。
- 我可以多花几分钟时间，我相信自己还是会准时到的。

当这种例外情况频频发生时，你有多大可能坚持既定的时间规划？如果你像大多数人一样，那遵守日程表的概率并不大。

在“转移焦点”（详见第18章）的技巧中，我们强调了意识到小决定有长期成本的重要性，而时间意识就是这个概念的一个实际应用。我们都知道，这些表面上看似无关紧要的决定，通常需要你付出比看起来更长的时间。想要充分意识到某些决定的后果，你需要敏锐地意识到它们将耗费你多少时间。

时间意识

许多人在谈论时间管理时，没有谈论时间意识。然而，如果没有时间意识，自律就会变得非常困难，遵循日常的惯例也会成为一种令人倍感挫败的追求。

我有几个寻求自律的客户，他们甚至很难遵循一个简单的例行安排，经过一段时间的磨合之后，他们终于到了可以一直遵循一个相对复杂的日程安排的阶段。其中一个客户曾经告诉我，“你的培训就好像在我的大脑中安装了一个程序，帮助我不断地意识到时间，及时地思考下一步要做什么，并能够提前做好准备”。他们必须按照一个规定了不同优先事项的固定时间表来记录自己的活动，并且知道每一次碰面我都会问他们是否遵循了时间表，因为我们要一起放大过去一周发生的事情，并进行详细的复盘。

这就是培养时间意识的力量。没有时间意识，你根本无法遵循既定的时间表。如果你不能按照时间表行事，就不能保证设定的优先事项得到尊重，或人生的目标得以实现。

如果你不注意自己花钱的方式，就很容易陷入赤字或债务之中；如果你不注意打发时间的方式，就可能耗尽宝贵的时间，并生活在追悔莫及的遗憾之中。欠下的金钱债务迟早要还，欠下的时间债务也同样要还，但通常会以项目延期、自我批评和不堪重负的情感痛苦等形式偿还。你不可能肆无忌惮地借用自己未来的时间，还不付出任何代价。

时间意识使你能够始终领先一步，你知道日程表上接下来会有什么安排，也知道你需要提前做什么样的准备。你会意识到自己现在应该做什么，以及你在当前的时间段内还剩下多少时间。时间意识将使你避免鲁莽行事，让你不会在期望的睡眠时间前一小时开始看一部时长两小时的电影。

当然，你也不需要将时间的安排精确到每分每秒，那将导致生活的失衡，是不可取的。但如果你跟大多数对时间没什么概念的人一样，就更有可能从有的放矢地利用时间的方法中收获巨大的好处。

当你注意到每项活动需要多长时间，并接受时间的自然限制时，你就能够做出更好的决定，规划好一天应该如何度过，并且不会让自己在一天结束时感到不堪重负或精疲力竭。

要时刻关注时间，因为它就是你人生最宝贵的东西。

符合实际情况的考虑

培养时间意识，就是要养成不断查看时间的习惯，思考每项活动可能需要的时间，并意识到日程表上接下来会有什么安排。

帮助养成不时查看时间习惯的一个方法，就是将日程表做成电子版，并每天在上面标注出做了什么或没做什么，以及你开始每项活动的时间。然后在一天结束时回顾，在一周结束时再次回顾。留意自己的行为是否体现出特定的模式，这将帮助你迅速培养时间意识。它还会帮助你更好地估计每项活动所需的时间。

我知道，记录时间很无聊，也许是这个世界上最无聊的事情，但它还是很重要。因为得不到记录和测量的东西，就无法得到管理。没有时间意识，就没有时间管理。由于时间就是生命，不好好利用时间将会导致抱憾的人生，因为你的人生志向无法得到实现（这是缺乏自律的终极后果）。

另一种帮助养成这个习惯的方法，是在你开始休息或开始进行一项通常会占用时间的活动时，打开手机上的倒计时器，设定你希望分配给这项活动的时间，同时确保音量足够大，以免被忽视。你也可以把手机放在离你几步远的地方，避免条件反射地摁掉计时器的提醒。这将帮助你打破无意识地浪费时间的模式，并让你的理性大脑有机会启动，提醒你牢记目标和时间表。

要素4　专注力

所有成功的人也都是普通人，只不过他们有着异于常人的专注力。

——李小龙

如果你能够规划时间、保护时间、监督时间的利用方式，就能够形成一个坚实的常规例行安排。你会准时出现在你为自己选择的任务上，并尊重每个时间块的界限。你会按部就班地工作，但你可能仍然不觉得自己充分地将时间利用到了极致。

这缺失的最后一块拼图是关于每项活动的质量和有效性的。为了确保从每项活动中获得最大收益，你需要集中精力。这意味着一次只做一件事，不受不断的打断或转变方向的干扰。这意味着你要全身心地投入到每项活动中，而不是呆板地去做。不要让它变成只是待办事项清单上的一个项目，你着急忙慌地打上一个“已完成”的标签，然后赶往下一个事项。要确保投入地完成每一个事项，并使其有意义。

百分之百地投入你正在做的事情，这会将你的活动提升到一个全新的质量高度。你将变得更加有效，更容易进入一种丝滑的状态，你将感到与活动有更多的联系，并在结束时更加心满意足。

在现代生活中，争夺注意力的最大敌人可以说是互联网，或者说，无意识地使用互联网。当互联网设备不再成为使我们的生活更方便的工具，而是成为分散注意力的工具时，就会发生这种情况。无数的互联网设备，通过通知、信息、声音，以及点击一下就能快速获得多巴胺的诱惑，不断把我们从手头的任务中引诱出来。

培养专注力是定期进行冥想练习能够提供的一个主要好处。而且，就像在冥想过程中一样，专注力意味着你将注意力聚焦在你想要保持的地方，持续很长时间，并对出现的干扰进行“免疫”，这有点类似于“现在不行”的技巧（详见第29章）。

“无视”导致分心的事物

克服分心挑战的关键因素依然是意识。当你保持专注时，如果让你分心的事物出现了，你可以选择是否沉迷于此。如果你选择了沉迷于分心的事物，就是在训练你的思维习惯散漫的状态；而如果你选择无视它们的存在，就是在训练大脑学会自律。问题是，我们往往没有意识到这些日常选择，进而无意识地追逐一个又一个吸睛的事物。

让我举个简单的例子。假设你正在为一个重要项目做前期研究，不管这是一个关乎个人还是关乎工作的项目，然后发生了下列情况中的一种：

- 你的手机叮叮当当地闪烁，提示收到了新邮件——你是要“快速扫一眼”邮箱，还是要保持专注？
- 你看到家人来电提醒——你会选择接听并简短地聊几句，还是挂掉，保持专注？

- 你在自己最喜欢的搜索引擎上看到一则弹出广告，宣称只需一美元就能买到一个实现你的目标的新方法——你是会点击查看，还是会保持专注？
- 你的脑海中突然出现了一个与项目无关的有趣想法——你会停止手头正在做的事情，转而思考这个想法，还是会把它留到以后，保持对手头项目的专注？
- 你突然想起冰箱里有一种美味的食物——你会走到厨房去迅速地尝一尝，还是保持专注？

你一直都有选择是否保持专注和自律的权利，但可能并不会总是意识到自己有这样的选择权。当你没有意识到这一点时，你就无法选择。

要知道，你有能力让自己“无视”每一个导致分心的事物。你可能很难每次都做到无视，至少现在还不能，但有一个明确的意识去这样做会有帮助，而且帮助很大。

通过消除所有可能的分心，使你的实体和数字环境更有利于集中注意力，这也有帮助。这可能意味着清理办公桌，关闭手机通知，在家里没有无线网的地下室工作，在与你的伴侣交谈时关闭电视，等等。你可能有很强的意志力，可以抵制住各种诱惑，但如果可能的话，通常最好就是不要让它们在你身边，这样你就可以省去注意、再忽略它们的认知成本。

练习心无旁骛地努力

实施“无视导致分心的事物”概念的一个简单方法，是在短时间内心无旁骛地集中精力努力，这就是弗朗西斯科·西里洛（Francesco Cirillo）在20世纪80年代末提出的“番茄工作法”（the Pomodoro technique）。在他提出的这个版本中，你需要设置一个25分钟的计时器，在这段时间内，你要绝对专注于一个单一的任务，不受其他事情干扰，也不要同时处理其他任务，完成后可以休息5分钟。

如果你很难确保自己不分心，那么这个番茄工作法是一个很好的开始，但请不要止步于此。我们有能力在超过25分钟的时间内保持心无旁骛的工作状态，我们没有理由不遵循同样的专注原则，连续工作一或两个小时的时间。通过练习，你一定可以做到。

在任何情况下，集中注意力的原则都是一样的：做出承诺要坚持专注于一项任务直到完成它为止，然后这样去做。在此期间，不管发生什么可能导致分心的事情，都要选择无视。你可以承诺完成一项具体的任务（例如，“写1000字”），不管它需要多长时间；或者承诺一个时间段（例如，“专注于写作一个小时”），不管实际完成了多少字数。事实上，后者更容易实现，也更便于安排，所以这是我个人所遵循的原则。

如果你采用时间承诺的方法，先决定自己将花多长时间完全专注于该单一任务，然后在手机上打开倒计时器，并开始专注于这个任务，直到计时器关闭。只需要保护你的时间不受所有内部和外部的干扰，坚持专注于手头的任务即可。

当计时器开始运行时，除了决定专注的任务，什么都不要做。一开始，你决定坚持的时间有多短并不重要，重要的是要持续地遵循这个“专注一个任务”的规则，不要破例。对所有分心的事物和干扰的事项都这样坚决地处理，这是唯一可行的办法。当然，如果你不立即行动就有可能发生不好的事情的话，那么你可以破例。除此之外，不允许任何分心或中断。

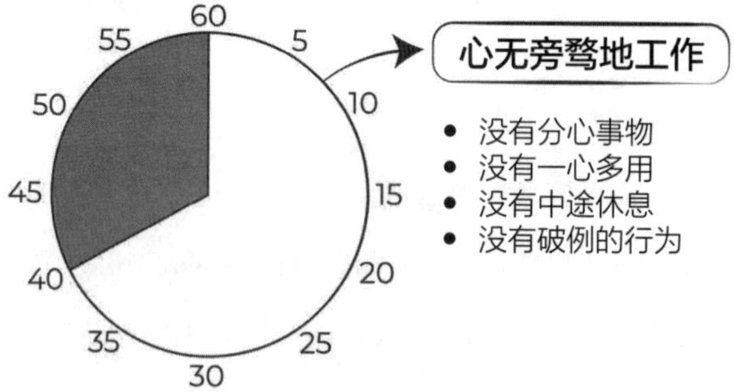

在你专注于工作的时间里，你选择无视的所有其他事情会怎么样？在一天中分配一些时间，专门用于事后完成所有这些不那么重要的小任务也很重要，最好是一次性完成。把所有的小插曲、所有一分钟就可以搞定的事情、所有零散的、分散注意力的活动和实际上没有那么紧急的事件凑到一起，在15或30分钟的时间段内，一次性地解决所有问题，每天留出一个或两个这样的时间段，这样你就可以在其他时间里不分心关注这些无关紧要的任务，也不会让它们在你专注于其他活动的过程中打断你的流程和思维。

在我自己的生活中，在清晨专注于连续写作两小时后，我会抽时间去处理所有的行政任务和小差事——作家卡尔·纽波特（Cal Newport）称之为“浮浅工作”（shallow work）。然后，我就关闭整个邮箱的页面。在一天剩下的时间里，我又可以自由地去做更多专注的工作。如果在专注工作的过程中，我有了关于其他项目的想法，或者想起了我要做的事情，我会把这些想法写下来，然后立即回到需要专注的工作上。这个方法对我来说非常有效，诸位也可以尝试一下。

一旦你熟练地掌握了专注于手头的工作和无视分心事物的技巧，就可以尝试任何自律领域的新手都不应该尝试的事情：有选择地欢迎干扰。当然，这是在玩火。只有当你对自己的自控能力有信心，相信自己在被干扰之后能够迅速重新集中注意力的情况下才可以这样做，并且要确保这个方法只用于那些值得为其中断的事情上。

实际上，我原本并不打算把上面这段话写进这本书，但当我正在写这一节时，我被妻子打断了，她需要我立即提供帮助（是的，具有讽刺意味的是，这个中断发生在我写“不受干扰的工作”的节骨眼上！）。我最终在帮完忙之后，能够迅速重拾写作的思路。然而，即使我接受了如此多的冥想训练，我也不指望自己能一直这样做而不受影响。这种思维的中断和切换势必会让我付出认知层面的代价。

简而言之，尽可能地严格坚持在规定时间内专注于工作的原则，特别是在刚开始培养自律能力的时候。但要知道，试图在清醒的时间里一直做到这一点是不切实际的，也是不平衡的。但是当你需要做对认知能力要求很高的工作，或者当你很容易分心时，这个方法就会尤为有效。

避免一心多用

随着现代技术的迅猛发展和快节奏生活方式的普及，一心多用是非常诱人的。

这是一件容易做到的事情，往往令人感觉愉悦，并且有一种多头并进的错觉，使人觉得自己正在同一时间内完成更多的事情，并超前完成了日程安排。因此，我们选择在开会时快速浏览手机的通知，边吃三明治边与人通话，在看电影时浏览推特网站的更新，在进行无聊的研究时打开邮件的收件箱。然而，事实上，一心多用不过是一种错觉。

> 当人们认为他们在一心多用时，他们实际上只是在非常迅速地从一项任务切换到另一项任务，而每一次切换，都会导致认知上的损失。
>
> ——厄尔·米勒（Earl Miller）

伦敦大学的一项研究表明，在执行认知任务时，选择一心多用会导致智商下降10分，几乎等同于通宵熬夜的后果。这代价可不小呢!

一心多用只会降低效率，而不是提升效率。它将导致你的大脑习惯性地停留在事物的表面，无法进入思维流畅的状态，而这种状态往往是能够产出最佳工作效果的状态。一心多用使你无法全神贯注，无法捕捉到与你交谈的人给出的所有非语言线索。当你在健身房做压腿动作时，它使你无法专注于身体肌肉的变化，这意味着肌肉参与度较低，而且也更容易受伤。

每当你一心多用时，就会使自己更难集中精力。一心多用给你提供的唯一好处是训练你的大脑更好地处理零散的、浮浅的工作。而专注的工作，就像冥想一样，需要你专心致志地做一件事，放下一切其他的事，至少在当下需要做到这样。

本章要点

简介

- 时间就是生命，如果你不拿出一些时间放在你的志向上，它将永远不会实现。正念自律是一种艺术，它使你利用时间的方式与人生的最高目标和价值观协调一致。
- 好好利用时间包括提前规划、保护时间，并创造一个专注的环境。
- 你的首要任务是简化生活，这样你就不会感到不堪重负或疲于奔波于不同的角色和承诺之间，这将要求你为了你的志向而放弃一些价值较低的东西。

要素1　规划时间

- 有一种计划是你只做一次，然后长期坚持的（固定的时间表，如晨练的安排）；还有一种计划是你每天都要制定的（灵活的时间表）。
- 对于灵活的时间表，你需要在每天开始时或前一天晚上，拿出几分钟的时间来决定哪些是你当天需要做的最重要的事情，你将如何保持它们的优先地位，以及你可以做什么来确保一天的工作更顺利地进行。
- 规划时间的第一个反思是：“我今天的优先事项是什么？”考虑长远的人生目标，你的三个最重要的任务，以及完成什么任务将最有助于过上幸福的生活。
- 第二个反思是：“我今天将如何确保优先事项得到落实？”想一想哪些事情不需要完成，如何避免分心和干扰，并做好时间的预算，以确保重要的优先事项得到落实。
- 第三个反思是：“今天我怎样才能让事情更顺利地进行？”这涉及提前解决时间表的冲突，安排休息和停工时间，以及消除活动中的摩擦和阻力。

要素2 设定界限

- 保护你的时间需要坚决遵守一则非常简单而又往往具有挑战性的原则——说“不”原则。

- 每个决定都是有代价的，且每个决定都会产生深远的影响。很多时候，对他人提出的一个要求说“是”，就是对自己的愿望说“不”。如果你不能说“不”，你就不可能做到自律，而说“不”能使你掌握控制权。

- 把拒绝的决定与提出要求的人的关系分开，做到对事不对人。坚定而亲切地说“不”（详见本章的例子）。

- 说“不”并不是自私。在一个沉迷于迎合和取悦他人的社会中，当别人对你的要求不符合你的目标或价值观时，对他们说“不”，反而是你送给他们的一份大礼。每次你这样说“不”，你就允许他们同样专注和有目的地利用自己的时间。

要素3 时间意识

- 如果你忘记了设定的时间表或被其他事情分散注意力，你就无法遵循既定的日程安排。有效的时间管理需要持续的时间意识。练习时间意识的方法是始终注意你的时间。

- 让日历和手表成为你最好的朋友。每天多次查看它们，看看你是否严格地遵守了时间表的安排。

- 时间意识使你能够提前意识到日程表上的下一个事项安排，知道你需要做什么以做好准备。你知道自己现在应该做什么，以及你在当前的时间段内还剩下多少时间。这就使你不会做出超时的事情，比如你不会在期望的睡眠时间前一小时开始看一部时长两小时的电影。

- 考虑使用时间记录电子表格和倒计时器来帮助你培养时间意识。

要素4 专注力

- 通过避免分心和心无旁骛地投入提高你的活动质量。冥想练习有助于提升专注力。

- 对我们大多数人来说，专注力的最大敌人是无意识地使用网络和电子设备。当联网的设备不再作为提高生活便捷性的工具，而是作为分散注意力的工具，以通知、信息等方式把我们从当下的任务中引诱出来时，就会发生这种情况。

- 克服分心挑战的关键因素是主观的意识。当你集中注意力时，如果出现了分心的情况，你可以选择是否沉迷于分心的事物。每当你选择沉迷于分心的事物时，就是在训练你的大脑沉迷于散漫的状态；而每当你拒绝分心的事物时，就是在训练你的大脑，使你成为一个自律的人。

- 要知道你有能力无视所有导致分心的事情，你总是有是否保持专注的选择权。尽管你可能无法每次都做到这一点，至少现在还做不到，但有一个明确的意图来保持专注会有帮助，并且令你受益颇多。

- 在短时间内集中精力工作，在此期间，你要绝对专注于一个任务，不允许分心或一心多用，你可以从使用番茄工作法开始着手。

- 将所有琐碎的任务、干扰和需要处理的小差事汇总在一起，每天抽出一两个时间段专门处理它们。当它们在一天中的其他时间出现时，可以忽略它们，或者记下它们，以便回头再处理。

第34章
晨间与夜间例行活动安排

如果你有一个成功的早上，你就会有成功的一整天。

——蒂姆·费里斯（Tim Ferris）

要培养自律，首选的方法就是固定的时间表。因为它们更容易遵循，而且降低了决策疲劳。然而，我们不可能把一整天的时间都变成一个固定的例行公事，这就过于僵化了，甚至有可能导致不必要的压力。但是，如果走了另一个极端，全天的时间没有任何规划，没有将至少一部分的时间固定地安排给最重要的事项，那你就会错过很多东西。因此，我的建议是，设定固定的早晨和晚上的作息安排，其他的时间和事情可以灵活处理。

无论你想要在哪个领域有所成就，制定一个良好的早晚生活习惯都是一个很好的做法。因为我们开启和结束一天的方式非常重要，把这两个时间段安排好，将有助于你培养在其他一切领域的自律性。充分地利用好每天的第一个小时和最后一个小时，你就能够在通往自律生活的道路上走得更远。你将会感觉自己对时间、情绪和生活的掌控力变得更强。

下面是一个理想的晨间例行安排的基本原则：

- 固定的开始时间
- 固定的时间长度
- 结构化

- 集中注意力
- 可实现的

要素1　固定的开始时间

有一个固定的开始时间会让晨间例行安排更容易坚持，相反，不规律的起床时间很容易导致你最终放弃晨间安排。想要准时开始晨间安排，首先要准时起床，这意味着你永远都不能按下闹钟然后睡回笼觉（说起来容易做到难，不是吗？）。

按掉闹钟继续睡是保持晨间作息的最大敌人，因此要不惜一切代价地避免它的发生。每次按下起床闹钟，就意味着你又拖延了一次推动人生目标实现的行动，并导致你的志向不再是人生中最重要的事情。每次按掉闹钟也是在削弱你的意志力，并使你更难做到自律，所以千万别这么干。

下面这个办法能够有效地确保你每次都按时起床：把手机放在离床几步远的地方，把音量调到最大，大到令你无法忽视。这样一来，每天早上手机闹钟响起时，在关闭闹钟之前，你肯定要起床走上几步。在关掉闹钟之后，你只需要记住一个简单的规则：

"现在，去卫生间洗漱，而不是倒回床上。"向前走，而不是向后退。

鉴于自律要求你在同一时间起床，那么在同一时间上床睡觉也是基本的要求。否则，你可能因为熬夜睡眠不足而感觉晨间安排成为一种拖累。没能按时起床的一天大概率也是效率低下的一天。因此，从某种程度上说，保持晨间作息中最重要的一个前提，是保证夜间作息的规律性（下文将进一步详述）。

如果你在实践前述两个提示和方法长达一个月之后，依然觉得按时起床很困难，那你可以考虑将一天中的第一项活动变成令人兴奋或期待的事情。并给自己定一个规矩，只有在起床后才能够做这个活动，因此如果你不能按时起床，就不能做这件事，如果你睡懒觉，你就输了！

这个愉快的活动，可以是读几页你最喜欢的书、享受你最喜欢的茶或任何你愿意"付出早起的代价"去体验的活动，这也是诱惑排序的一种形式（详见第27章）。

要素2 固定的持续时长

你可以将多少时间分配给晨间活动取决于很多因素，比如你需要正式开始工作（或照顾孩子）的时间，以及你愿意多早起床。理想情况下，至少要留出30分钟用于安排晨间的活动。重要的是，要确定为那些能够有意义地推动人生目标实现的习惯和任务预留足够的实践时间。

对我而言，每天起床后的5个小时的活动安排基本不变，从冷水澡和一些伸展运动开始，然后是长时间的冥想、自我肯定，然后是长时间的写作或研究。这是我一天中最喜欢的部分，我绝对不会因为任何事情打破这个安排。事实上，这本书的内容基本上都是在晨间的例行写作时段内完成的。

当然，我一开始也做不到这么规律，对于大多数人而言，这样固定不变的安排听起来非常极端。诸位肯定不需要像我这样安排晨间活动，但如果你能够让每天起床后的1—2个小时的安排固定下来，专注于培养对你的人生而言关键的具体习惯，就能够确保日常的生活更符合人生价值观的要求，并将使你在人生的目标上取得持续的进展。此外，在你的日历中做下提醒设置也会很有用，因为这样可以防止其他事情被安排在这个时间，而且它也可以作为一个行程的日常提醒。

要素3 结构化安排

起床后的晨间安排需要结构化，否则它就不是一个可执行的日程安排，而是一个随心所欲的愿望清单。要想设置一个结构化的晨间活动表，请使用“分而治之”的方法：首先确定可用的时间，然后将其划分为更小的多个时间块；其次为每项活动分配一个时间块；最后将所有的活动汇总和排序，使每一项活动都自然地跟在前一项活动后面。

晨间例行活动的安排需要包括与你的生活中两个或三个最重要领域相关的最重要的习惯。把这个安排表当作常规日程的检查清单，列出你每天需要完成的事项，以确保你在对自己的人生目标最重要的方面取得实质性的进展。

例如，如果你的晨间活动时间安排在早上6：00至7：30之间，而你的主要目标是事业发展、身体健康和生活幸福，那么活动安排的结构可以是：

- 6：00 –> 起床并去洗手间
- 6：10 –> 冥想（20分钟）
- 6：30 –> 阅读职业发展相关的信息（30分钟）
- 7：00 –> 锻炼：跑步机/俯卧撑/壶铃（10分钟）
- 7：10 –> 淋浴和早餐
- 7：30 –> 完成

为了有效地遵循这个结构化的安排，我强烈建议你在手机上为每个时间段设置一个闹钟。这将确保你花在任何特定的时间段内的时长不会超出计划时长，并按既定规划遵循这个日程安排。有些人还发现，将例行安排时间表打印多份然后粘贴在家里不同的地方也很有帮助，尤其是刚刚开始执行时间表的前几周内，你可以坚持这样一直到这些例行安排成为你的第二天性。

即使你一天中的其他时间是非常忙碌和紧张的，设定一个早晨的例行活动安排，可以保证你每天至少遵循三个简单的纪律，这将推动你的目标（在上述例子中，目标是冥想、阅读和锻炼）的实现。上面的活动安排表只是一个示例，因为每个人的结构、活动内容和每个时间块的大小都是独一无二的，因此请根据自己的具体需求和情况进行调整。

要素4　保持专注

要确保晨间的活动安排表充分发挥作用，你需要集中注意力，并创造一个不会导致分心的环境，全身心地投入每一项活动。这就是“专注力”（详见第33章）的正念时间管理要素的一种表现。

要创造一个无干扰的环境，最重要的是尽量或者完全消除干扰因素，尤其是数字干扰。换句话说：保持不在线的状态。睡觉时将手机调到飞行模式，并保持离线，直到你完成早晨的各项活动后再取消离线。如果你像大多数人一样，习惯于被各种分心的事物打断和干扰，仅这一个小小的转变就会改变你的生活！试着做一个星期，看看生活会发生什么巨大的转变。

另一个要点是积极地、全心全意地专注于每一个习惯的养成。当你在执行每天的晨间活动安排时，把每项活动当作世界上对你最重要的事情。至少在这个时间段内，它就是全世界最重要的事情。当你在跑步时，你的首要任务是跑步。在跑步的时候，世界上没有其他事情需要你去做或去想。当你阅读时，就专注于阅读。当你冥想时，只需冥想。当你吃饭时，只管全身心地享受美食。

无论你在做什么，都要全心全意地投入，这也是一种意识的练习。不要一心二用，不要担心其他的事情，总会有时间让你去完成你需要做的其他事情。这就是为什么我们要提前规划一天的行程，以确保自己有时间去处理每一件重要的事情。保持晨间活动安排的神圣性，你一定能够从中受益颇多。

要素5　可实现的

不是只有成为自律大师才能做到遵循一个高效的晨间例行安排。当然，你也不需要追求一个完美的晨间例行安排，因为一个你可以真正做到和遵循的计划，比一个你做不到或无法遵循的完美计划更重要。因此，你要确保晨间活动计划是可实现的。

正如前文所述，确保事情可以实现的关键，是从小处着眼。如果你觉得自己每天早上可以完成40分钟的运动，那么不妨从20分钟开始；如果你很想给晨间时段安排7件不同的事情，那么不妨先安排3件事情；如果你产生了将每天起床后3个小时的活动固定下来的想法，不妨先尝试固定1—2个小时内的活动。在一开始的时候，让自己轻松一点，不要挑战自己的耐性和积极性，要学会循序渐进地成长。

这意味着，你给自己安排晨间活动表的天数是每周执行5天或6天，而不是每周7天。几年来，我给自己的工作日和周末分别安排了不同的晨间活动，至少在我人生的这个阶段，这种差异化的安排对我很有效。

现在，你已经了解了创建一个高效的晨间活动表所需的五个要素/原则，之后你应确保你的每一天都是从为实现志向而努力开始的。

晨间活动安排的原则

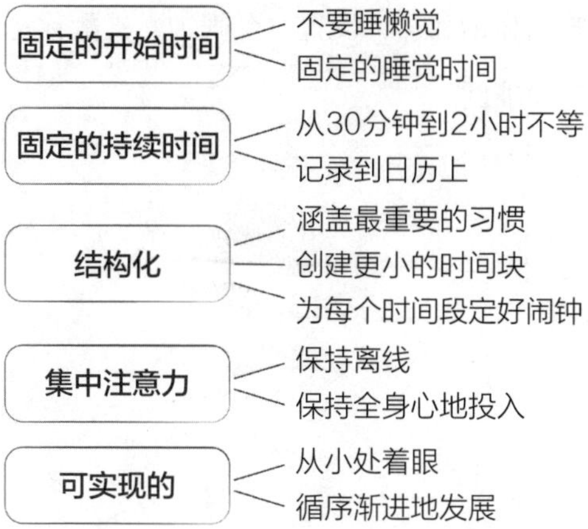

夜间例行活动安排

夜间活动的例行安排，基本上遵循与晨间例行活动安排相同的原则，但其目标略有不同。晨间的作息安排更侧重于让你为一天的工作做好准备，并突出你生活中最重要的部分；而晚上的作息时间，更多的是回顾一天的工作，并让自己平静下来。因此，夜间例行活动安排持续的时间通常也比晨间的安排要短一些。

没错，有些人极度自律，自律到没有任何夜生活的安排，他们会一直工作到上床睡觉的前一分钟。这种情况的确存在，并且有其好处，但考虑到我在本书第3章中强调的平衡自律的重要性，我一般不建议大家这么干。

就我个人而言，在当前的生活阶段，我的夜间例行活动安排会持续两个半小时。前两个小时是家庭时间，最后半个小时是为睡眠做准备、回顾一天的工作，以及一些自我肯定或内省的观想。在家庭时间段内，从事的活动可能是随机的，我可能与女儿玩耍、与妻子交谈、看电影，或去散步。但家庭时间基本上都安排在同一个时间段内，而且我是全身心投入的（我在那个时间段基本上会保持离线）。

在安排你自己的夜间作息活动时，先决定哪些活动是对你有意义的放松和舒缓身心的活动，你希望在这些活动上花费多少时间。然后从你想睡觉的时间开始，倒过来计划整个流程。夜间例行活动中最重要的因素是你的睡眠时间。如果你能按时入睡，并且在夜间例行活动期间不做计划之外的其他事情，这就已经很不错了。就像你为晨间的例行安排所做的那样，设置一个闹钟，提醒你每天晚上的安排应该何时开始，而且不要轻易地破例。

本章要点

- 晨间例行活动安排有五个核心要素/原则。
- 第一个要素是它有一个固定的开始时间。但晨间的活动安排往往会被不规律的起床时间扼杀，为了准时开始，你需要总是按时起床。这意味着永远不要按掉闹钟继续睡懒觉，并安排一个固定的睡眠时间表。
- 第二个要素是有一个固定的时间长度（至少30分钟）。考虑在日历上提前预留好相应的时间，这样可以防止其他事情被安排在这个时间，也可以作为一个日常提醒。
- 第三个要素是结构清晰。把可用时间分成几个小的时间段，然后逐一安排相应的活动，并为你最重要的人生目标的相关活动分别安排一个时间段。使用手机闹钟作为提醒，并考虑在家里的每个房间都粘贴一份打印好的晨间活动安排表。
- 第四个要素是保持专注。让手机处于飞行模式，这样你就可以完全离线，直到你完成所有的晨间活动。全心全意地专注于每个习惯的培养，在执行时将其视为世界上最重要的事情。
- 第五个要素是晨间活动的安排需要是可实现的。在起步初期，要确保它比自己能够做到的程度低，这样你就更容易遵守它。然后逐渐增加时长或难度。考虑在周末设计一个不同的晨间活动安排，或者干脆休息一天。
- 夜间例行活动安排基本上遵循与晨间例行活动安排相同的原则，但其目的略有不同。早晨的作息安排更侧重于让你为一天的工作做好准备，并突出和强调你生活中最重要的部分，而晚上的作息时间安排更多的是回顾你的一天，并让你放松下来。它通常也比早晨的活动安排持续的时间短。夜间例行安排中最重要的因素是上床睡觉的时间。

第35章
社交影响

与那些反映了你想成为的人、你想拥有的感觉的人为友，因为能量是会传染的。

——瑞秋·沃尔钦（Rachel Wolchin）

让我看看你的朋友，我就能预知你的未来。

——无名氏

在讨论意志力的本质时（详见第4章），我们看到，我们不能指望仅仅依靠外部环境，而不动用任何意志力。然而，正如前面章节所论述的那样，环境仍然发挥了重要的作用。如果你睡眠不足、感到饥饿，或被错误的影响所包围，就更难行使你的意志力。因此，尽管正确的环境和生活条件不能取代我们对自律的需要，但它们可以使自律变得更容易或更困难。

现在让我们讨论一下，你可以在生活方式上做出的四个关键改变，这些改变可以对你的自律产生积极的影响。本章将聚焦于能最直接影响个人心态和情绪的因素：你生活中的人和影响你的人。下一章将重点讨论其他三个要素：睡眠、食物和运动。

选择积极的影响者

那些与我们共度时光的人对我们产生了深刻的影响。社会科学的一些研究已经表明，我们对彼此的影响非常大，包括自觉和不自觉的影响。人类大脑中已经形成了一个根深蒂固的神经通路，要求我们遵从社会的标准，只有这样，我们才会显得合群、得到接受、融入社会，从而增加生存的可能性。为此，我们倾向于采用与我们认同的人相同的目标、偏好、偏见、习惯和叙述，因为它们被视为规范，但这往往以牺牲我们的真实性和个人价值为代价。

如果你已经知道，自己有着强烈的趋同倾向，很容易变得跟自己打交道的其他人一样，那你就需要非常谨慎地选择这些人，这才是明智的做法。在这里，我们谈论的不仅仅是你的亲密朋友圈，而是每一个与你共度时光，成为你学习、观察和交谈对象的人。每一个能够在你的头脑中植入一个想法，或以任何方式影响你的情绪的人，都是你的影响者。

有研究表明，如果你的朋友变得肥胖，你自己变胖的风险也会大大增加；如果你的朋友或家人离婚，你离婚的可能性也会上升；如果学生与成绩好的学生同住一室，他们的成绩也倾向于提高。

反过来，如果你和那些懒惰、习惯性分心、沉迷于社交媒体的人在一起，你会倾向于觉得（无意识地）这就是正常的、可接受的现状。如果你的伴侣不相信你，你也会倾向于经历自我怀疑。如果你看的新闻和电影感觉很压抑，你就会倾向于感到压抑。如果你吸收的大部分信息都是垃圾，你的头脑就会充满垃圾。如果你的团队中没有人真正关心这个项目，你就不可能长时间地成为那个例外。

从积极的角度来看，如果你和那些诚实正直的人在一起，你往往会变得更加诚实。如果你的大多数朋友都练习冥想和自律，你也会受到影响而做同样的事。如果你的伴侣鼓励你追求梦想，你自然会感到更加自信。如果你阅读的博客和书籍是振奋人心的，你也会得到提振。如果你的同事非常注意自己的健康，你也会感到有同样的动力去保持健康的生活习惯和饮食。

这里想要传递的关键信息是：确保你选择的人、书籍、导师和想法都能够使你得到鼓舞，选择那些肯定你正在努力建立的身份的影响因素，与那些志同道合的人交往，更好的选择是那些已经成功地实现了类似梦想的人，与那些品行高洁的人相处，因为这是培养你身上类似品质的最简单方法（详见第38章）。

这是我知道的唯一的自律捷径。

练习：选择积极的影响者

谁是你的影响者？这是一个重要的问题，因为这些人自然会通过他们的信念、情绪和目标影响你。想要杜绝他人的影响是不太可能的，哪怕你非常有意识地这样做。

花点时间清点一下目前在你生活中发挥作用的影响因素，列出与你相处时间最长的10个人，你可能与他们有直接接触（私交），也可能只有间接接触。间接接触包括你阅读的作家、经常访问的网站、看的电视节目和关注的社交媒体账户，这些背后的所有人也同样影响你的想法、信仰和选择。

然后就每一个人向自己提问：这个人是如何影响我的？与他们接触后，我是感到更有力量，还是更软弱了？他们是在培养我的好习惯和品质，还是坏习惯和品质？与他们接触后，我是感到精力充沛，还是动力不足？

一旦你了解了每个人在你生活中的影响，就需要问问自己："我是想要接触更多类似的人，还是结交更少这样的人？"然后做出决定，花更多的时间与那些能让你成为理想中自己的人在一起，并切断或减少与那些只是让你轻易地获得"-1"结果的人的联系。

你需要接受的一个残酷现实是，的确有人不希望你成功，他们不一定是坏人（尽管有可能是这样）。也许他们只是嫉妒你的成就；也许你的进步衬托出他们自身的不足感；也许他们认为自己不够好，没资格去追求某些目标，而他们觉得你敢于自己尝试获得这些东西，因而受到了刺激；也许他们只是不相信你的目标是值得追求的、优秀的，或可能实现的。他们甚至可能表现得无私和关心，试图劝阻你放弃追随梦想，以确保你"不会因此而受到伤害"。

不管是什么原因，要知道，与这些类型的人相处，只会使你的自律之旅更加艰难。为此，要尽可能地远离这样的人。生命太短暂了，我们不能浪费精力去听仇视者、批评者、反对者、自恋者和傻瓜的意见。

努力去找到那些能够推动你前进的人，并与他们为伴。与那些发自内心为你的成就感到高兴的人做朋友，与那些帮助你找到每个问题的解决方案的人，而不是给每个解决方案挑刺的人为伍。

不要害怕与那些不断拖累你或把你推向错误方向的人切断联系，这样做不是傲慢和自私，不是在表达“我比你更优秀”，而是关于自尊和设定界限。这只是意味着你认识到彼此的价值观和思维方式不一致。有了这个认知，你就会尊重自己的时间、精力和目标，以及他们的目标。

同样值得牢记的是正念自律的一个原则：要保持适度和平衡。让自己充分地接受那些以你的最佳利益为重的人提出的中肯批判，是健康的做法；花时间与那些可以拓宽你的视野的、有德行的人在一起，也是健康的做法；关心那些与你意见截然不同的人的福祉，也是健康的做法。但倾听那些让你讨厌自己的人说话则是不健康的做法；与那些阻碍你实现更高价值观的人在一起，也是不健康的做法；忍受那些拖后腿的消极影响，也是不健康的做法。

建立问责制

问责制被许多人视为习惯培养和自律的圣杯，我确实同意，它是每个人都可以利用的强大工具，然而我选择在本书的结尾部分才介绍这个话题。为什么？因为我希望你能自力更生，而不是依赖于外界的问责；我希望你能成为自己的光，不依赖任何其他人；我希望你成为别人可以依赖的给予激励、鼓舞和支持的对象；在这个充满了分心的世界上，成为正念自律的榜样。

但是，也不必放弃通过各种手段利用问责制的机会。我想要强调的唯一一点是，你要把它作为你练习三大支柱的补充，而不是取而代之。

问责制有三种类型或层次，让我们按照从最不强烈到最强烈的顺序逐一分析。

问责制的三种类型
- 社群
- 伙伴
- 教练

社群问责制

第一种类型的问责制是社群，它充分利用了社会期望的力量，这意味着加入一个有类似目标或习惯的社群。想戒酒的人加入匿名戒酒者协会；想健身的人可以加入健身房或体育俱乐部；想创业的人可以加入在线企业家社群；想冥想的人加入冥想者社区。

如果你成为一个社群的一分子，你周围的每个人都在进行同样的旅程，做同样类型的事情，那么保持动力和保持你的愿望就变得更加容易。社群中那些已经实现目标的人，会告诉你什么是可能实现的；那些尚未实现目标的人会告诉你，（暂时的）失败是可以接受的，这个过程需要时间，而你需要坚持下去。

伙伴问责制

第二种类型的问责制是找到一个问责的伙伴。理想的情况是，这个人选择了和你一样的道路，或者至少跟你一样在努力养成类似的习惯。同样重要的是，这个人对自己是诚实的，能直言不讳地提供反馈。他/她的目标，不应该是成为说话好听的伙伴，而是成为你的助力。

要与负责问责的伙伴合作，你首先要为沟通的方式和频率建立准则，以及设定如何沟通反馈的期望。下面是伙伴问责制协议，以及你将如何与问责的伙伴沟通的示例：

> 我的目标是每天在外面跑步半小时，如果我没有做到，至少要在跑步机上完成最少10分钟的跑步锻炼。我想在这个目标上执行“永不为零”的承诺，所以不存在任何不跑步的借口。每天晚上我都会给你发信息，告诉你我是否做了运动，以及做了多长时间。请一定要回复，哪怕只是一个表情符号，这样我就知道你正在等着我的汇报和反馈。

> 如果我没有报告相关信息，请给我发信息，并询问发生了什么。如果我开始给你找借口，请提醒我牢记自己的愿望，以及为什么它对我如此重要。

然后，你的伙伴会分享他们对你作为他/她的问责伙伴的期望。你们共同商定一个开始的日期，然后开始执行！如果你想把这种问责方式提升到更高层次，你也可以使用习惯协议，也就是“承诺装置法”（详见第22章）。

一对一教练问责制

第三种类型的问责制是找到一个专业的自律教练或导师。这是最有力的问责形式，原因有二。首先，因为自律教练是一个专业的问责伙伴，他知道如何以有效的方式挑战你或支持你；其次，因为聘用自律教练通常要花很多钱，而这种“牺牲财物的”行为——你为目标做出的投入——进一步增强了你对目标的承诺，这样你就更有可能成功。我经常在我的客户身上看到这种情况。

有雄心壮志的人或者那些已经站在了相关领域巅峰的人经常利用自律教练的帮助，以多种方式加速追梦的进程。哈维·麦凯（Harvey McKay）撰写了七本《纽约时报》的畅销书，他背后有20位教练，包括一位演讲教练、一位写作教练、一位幽默教练等等。一个好的教练是一面镜子，让你看清自己、坚持自己的理想。他会不断指出你正在运行的负面脚本，并主动帮助你纠正偏移的方向。

从个人的性格和目标的性质出发，花点时间想想这三种形式的责任制中哪种最适合你。

公开目标还是对此保密

你应该公开谈论你的目标，还是应该对它们保密？

一些作者建议把你的目标告诉全世界：在社交媒体上谈论它，并告诉你的朋友和家人，你正在努力实现什么目标。他们给出的理由是，这将成为一种公共问责制：你知道将来会被他人问及此事，如果说你已经放弃了，或者没有取得任何进展，你可能会感觉有点不舒服。

虽然这可以发挥作用，但对自己的计划保密同样也有明确的理由。德雷克·西弗斯（Derek Sivers）在他的演讲《不要公开宣布你的个人目标》中表示，将自己的目标告诉别人，会使你更不可能实现它。为什么呢？因为它给你一种超前的完整感和成就感，这背后有很坚实的科学依据。

当你设定了一个目标时，就需要采取行动，经历艰难的历程，直到你实现它。事实上，有一个完整的过程摆在你面前。一般来说，在你真正完成目标之前，你也无法享受到所追求的那种最终的心理满足。但当你与他人分享目标时，你会想象自己已经实现了这个目标，你大脑的一部分已经产生了这种满足感，这反过来又消耗了你前进的动力。

你的大脑正在寻求满足感，如果它通过分心和即时满足（详见第22章），或者通过想象最终状态来获得了这种满足，那么你就没有什么动力去熬过旅途中的痛苦了。如果你已经拥有了想要的满足感，你为什么还要为之努力奋斗呢？

那么，什么是正确的方法呢？西弗斯建议分享追求目标过程中遭遇的痛苦（“我将努力训练，每周跑五次”），而不是最终结果的兴奋感（“我将跑一场马拉松”）。这似乎在两种方法（公之于众或绝口不提）之间取得了平衡，它使你既能从公共的问责中受益，又能从推迟社会认可的满足中受益。

另一种思考方式是这样的：将目标保密，但通过单一的问责伙伴或自律教练获得问责，这是我个人的做法。我很少（如果有的话）在公众面前提及我的目标。相反，我给自己下了强烈的决心，默默地埋头努力，并只有在目标实现之后再公开谈论它。这对我很有效，但你可能需要不同的策略。

现在你知道了每种策略的优点和缺点，你就能更好地选择最适合自己的方法。

本章要点

- 我们受到与我们相处的人的深刻影响，包括有意识的和无意识的影响。我们倾向于采用与我们交往的人相同的目标、偏好、偏见、习惯和叙述，因为我们把它们看作标准。
- 使你自己被能提升你的人、书籍、导师和思想环绕，请选择那些肯定你正在努力建立的身份的影响因素，与那些具有你想拥有品质的人相处。
- 通过“选择积极的影响者”练习，列出所有为你提供想法的人、书籍、网站、团体、节目等，看看它们对你产生了什么样的影响，并问问自己，你是想要增加还是削减与它们相处的时间?
- 有些人的确不希望你成功，因此要避免与他们相处或受到他们的影响。
- 通过使用社群、问责伙伴或自律教练的形式，获得一种或多种形式的问责制，来支持你对目标的追求。
- 公开分享你的目标可以给你带来责任感，但有可能让你过早地获得完成感和满足感，从而打击努力的积极性。因此，要么对你的目标保密，以更私密的方式获得责任感；要么只分享实现目标的过程，而不是最终结果。

第36章 养成支持自律的生活方式

每天坚持不懈地重复小的自律行为，随着时间的推移，它们就会累积变成巨大的成就。

——约翰·麦斯威尔（John C. Maxwell）

照顾好你的身体，这是你生活的唯一依仗。

——吉姆·罗恩（Jim Rohn）

睡眠、食物和身体运动是保证生理健康、工作表现和心理健康的基本要素。拥有足够的、高质量的睡眠、食物和身体运动要素可以使生活中的其他事情变得更容易。但就像在你的生活中拥有正确的影响一样，它们并不能取代正念自律三大支柱的实践，但它们可以强化三大支柱的效果。

在这三个生活方式要素中，从自律的角度看，睡眠可以说是最重要的要素。因此，让我们从睡眠开始，逐一深入地了解每一个要素的相关信息。

睡眠

睡眠不足将导致一天的生活质量、决策能力、人际关系和幸福感受到不利影响。仅仅是睡眠这一个问题，就会在生活的不同领域造成许多不利的后果，我们中的很多人往往因为睡眠不足而导致生活变得不那么理想，整个人就像一个不断提示电量不足的手机，迫切需要充分的充电。

有大量研究表明，睡眠不足会降低驱动力、精神清醒的程度和意志力。睡眠不足将导致我们无法长时间集中注意力，记忆力减弱，使我们更难专注做事。它还会降低理性决策的能力，加大一些健康状况和情绪障碍的风险。睡眠不足也已经被证明会增加对食物和香烟的不良渴望。

新南威尔士大学的一项研究表明，“中等程度的睡眠不足在认知和运动表现方面产生的损害，相当于法律规定的酒精中毒水平”。当你睡眠不足时，身体细胞吸收葡萄糖的能力变差，而葡萄糖是大脑的主要能量来源。这反过来又将导致你感到能量不足、易怒和急躁。睡眠不足也被发现会导致轻微的前额叶功能障碍，在这种状态下，你的大脑将很难调节情绪并在任何任务中保持注意力。

我们可以确定的是，如果睡眠不足，自律就会变得更难。你将更有可能屈服于诱惑，容易分心，并且没有坚韧不拔的毅力来克服前进道路上的困难。如果你没有充足的睡眠时间，或者睡眠质量很差，这就是你需要改善的一个领域，以确保自律变得更容易。在睡眠不足的状态下，你就更难做到心无旁骛。

关于如何改善睡眠质量的话题，市面上已经有许多书做了论述。因此，在本章中，我只会用几页的篇幅来介绍相关技巧，让我们聚焦于核心的要点，即提高睡眠时长和质量需要的三个核心要素：放松、环境和规律性。

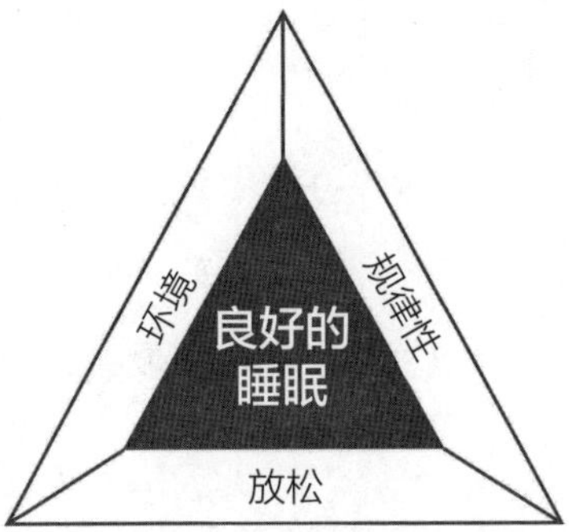

睡眠要素1　放松

学会放松身心对保证睡眠质量非常重要，因为如果你的身体感到紧张，或思维感到不安，那你就不可能睡得好、睡得香。所以我们要学会如何在睡前充分地放松身心。要实现这个目标，冥想和其他放松身心的技术是非常有用的。

通过瑜伽冥想、交替鼻孔呼吸和渐进式肌肉放松等方法，我们可以实现身体的放松。想要放松你的思想，任何冥想的方法可能都适用，然而以下的冥想可能特别有帮助：曼陀罗冥想（mantra meditation），内心平静（inner silence）和瑜伽一点凝视法（trataka）。最后，感恩日记和释放大脑负荷（brain dump）的做法，也可以帮助你使头脑处于放松状态，从而获得更高质量的睡眠。

逐一地介绍和探索所有这些技巧已经超出了本书的范围，但至少你现在知道了这个方法的名称，可以自行检索和学习。当然，还有一些非冥想领域的活动也可以帮助你在睡前放松身心。比如，听听舒缓的音乐，做伸展运动，用薰衣草油做芳香疗法，在睡觉前温暖你的手和脚，喝特定类型的安神茶（如洋甘菊，缬草根或西番莲等）。

你越是能在睡前放松身体和心灵，在一天中管理自身压力和焦虑的能力就越强，睡眠的质量就越好。

睡眠要素2 环境

应该将卧室布置成有助于入眠和保持深度睡眠的样子，但不合适的布置可能会起到反作用。下面是创造一个有利于睡眠的环境的最重要的要素：

- 确保房间漆黑一片。
- 保证房间的温度凉爽。
- 保证房间完全安静，如果没办法做到，可以使用耳塞或白噪声应用程序/音乐。
- 不要在卧室工作、看电视或使用电子设备，确保卧室只用于与休息相关的活动。
- 使用一个舒适的床垫，使用时间不超过9或10年的，最好是中等硬度的。
- 使用能保持颈部自然弧度的枕头（越硬越好），也可以尝试使用矫形枕。
- 在两腿之间或下面使用第二个枕头，以提高睡眠舒适度。
- 避免趴着睡，最好保持仰卧或侧卧睡。

- 如果你的宠物容易在半夜吵醒你，就不要让它们进入你的卧室。

睡眠要素3　规律性

睡眠要保持规律性，这就要求你优化自己的活动安排和例行日程，以改善身体的昼夜节律。

我们的身体喜欢规律，这就是为什么它会遵循昼夜节律。昼夜节律是身体内部的一个时钟，它告诉身体什么时候该睡觉，什么时候该起床，什么时候该吃饭。昼夜节律会影响我们的心率、体温、荷尔蒙和情绪。它使我们的身体与环境同步，而且它是身体许多生理系统的中心。身体的昼夜节律越稳定，越一致，你就越容易入睡，获得深度睡眠，并在醒来时感到精神焕发。

稳定身体昼夜节律的第一个，也是最重要的因素，是有规律的睡眠和起床时间。这意味着你需要每天在大致相同的时间入睡和醒来，甚至在周末也是如此。

> 没有什么比每天在相同的时间起床和睡觉更有助于保持你的昼夜节律的了。
>
> ——弗兰克·利普曼（Frank Lipman）

当你能够每天在大致相同的时间睡觉和起床（甚至在周末也是如此）时，你就能够帮助身体形成一个更健康的睡眠模式。在你实际起床前一到两个小时，你的身体就已经做好了准备，如果它不知道你应该何时起床，你的睡眠质量就会变得很差。入睡也是如此，如果身体不知道你什么时候睡觉（因为每天睡觉的时间都不一样），它就不知道什么时候该做好准备，所以入睡的时间会更长。

稳定昼夜节律的第二个重要因素是控制身体接受的光照，因为昼夜节律主要由光线照射控制。在电还没有被人们利用起来的时候，人们的昼夜节律是有规律和稳定的：日出而作，日落而息。然而，在现代社会中，由于过度暴露于人造光和夜间照明的过度刺激，人体的昼夜节律往往处于失调状态。

因此，你的身体对什么时候该睡觉和什么时候该起床感到困惑。你的大脑可能已经准备好关闭并进入睡眠状态，但你却仍在熬夜、开灯（灯或电子设备），阻止大脑的休息。最后，当你终于决定入睡时，你可能很难关闭兴奋的大脑中枢，因为你刚才告诉大脑："现在还是白天！请继续工作！"

为了获得更好的睡眠，你需要通过两种方式控制光照：第一，在睡前一小时避免蓝光（主要来自电视、电脑、平板电脑和智能手机）；第二，在醒来后第一时间接受一些自然光的照射，并在白天尽可能多地晒太阳。

稳定昼夜节律的第三个因素是避免过度刺激，这包括避免在睡前6小时内摄入咖啡因，以及避免在睡前3小时内进行体育锻炼或暴饮暴食。

睡眠专家还建议，在睡觉前一小时内应该避免下列事物：吸烟、激烈的讨论、精神刺激、担心和喝水。如果你在睡前一小时喝水或吃水果，很可能会因为半夜需要上厕所而中断睡眠。

每周7天确保有规律的睡觉和起床时间 + 适度的光照（蓝光和阳光） + 避免睡觉前接受过度刺激 = 健康的昼夜节律

小憩和中场休息

在白天进行短暂的小睡是一个补充睡眠和改善健康状况的好方法。短时间的打盹儿也可以算作睡眠，它帮助你补充精神能量，以应付一天中的其他工作。

只要注意小睡的时间，就不会影响到常规的睡眠习惯。一般的建议是将小睡限制在中午过后（尽可能在下午较早的时间），并且不超过30分钟。

请记住，你的身体和心灵所需要的休息，并不仅仅是通过睡眠来实现的。在一天中抽出一点时间休息，彻底忘却工作，出去走走，也是一种获得休息和避免意志力疲劳的方法。同样，偶尔去度假，安排放松日，或在一个漫长的项目中抽出几天休息一下也算是充电的行为。

如果你正因为毫无进展而感到心烦意乱，如果你感到不知所措、疲惫或缺乏动力，如果你觉得身体和心灵彻底失调，不要放弃，好好休息一下。今晚多睡一会儿，明天再重整旗鼓。

饮食和运动

在生活方式中，能够深刻影响个人意志力和能量水平的另外两个主要变量，是饮食和身体运动。良好的饮食和有规律的运动是日常的自律，它们会使其他类型的自律行为变得更容易。没错，保持健康饮食和规律的运动确实需要运用一些意志力，但在生活中坚持它们也能加强你的意志力。

就我个人而言，我遵循的饮食规律是每天只吃一餐（间歇性禁食）、不喝酒、不喝咖啡因，摄入富含水果、植物、谷物和坚果的素食。至于运动，我会每天早上在家做20至30分钟的武术和伸展运动，每周至少坚持四天，这个安排对我很有效。

说到饮食和运动安排，这些并不是我的专长，所以如果你想了解更多的信息，你应该从饮食和运动方面的专家那里寻求更专业的建议。本章只会提供关于这两个要素的重要性以及一些需要注意的事项。

饮食

要培养意志力和自律性，健康饮食的一个关键因素是保持血糖的稳定水平，通过吃低升糖指数（GI）的食物（即“吃什么”的方法），或通过间歇性禁食（即“什么时候吃”的方法）可以实现这个目标。

一种食物的升糖指数会告诉你该食物被分解成葡萄糖，然后补充到人体系统的速度。升糖指数越低，分解过程就越缓慢，也就是说，不会出现葡萄糖急剧上升，然后迅速下降的情况。有了稳定的血糖，你的能量和意志力会变得更加稳定和可靠。

间歇性禁食指的是有时间限制的饮食。你在一个小的时间窗口内，获得所有的日常食物摄入，并在一天的其余时间内执行禁食，只喝水。最常见的方案是16:8，即在一个8小时的时间窗口（例如，从中午到晚上8点）进食，其他16个小时禁食。

另一个常见的方案是20:4，也被称为OMAD饮食[①]，这也是我所遵循的禁食规律。就像摄入低血糖饮食一样，间歇性禁食也有稳定血糖水平的作用，因为你不再需要每隔3小时就经历血糖的峰值和下降。

运动

体育锻炼对自律有多大的重要性？

运动可以锤炼你的意志力，减少疲劳，并在此过程中提高你的自我控制能力（当然，运动疲劳会产生负面影响）。运动还可以增加大脑的氧气和葡萄糖的供应，并且已经被证明可以增加前额叶皮层的体积（正如我们所看到的，这是大脑中负责自律的部分）。研究表明，仅仅几个月的定期运动就已经可以大大改善个人的自控力和意志力，这也可以进一步转化为情绪控制和财务决策上的积极变化。

凯利·麦格尼格尔博士在她的《自控力》（*The Willpower Instinct*）一书中解释说，定期运动不仅可以减少诱惑的吸引力，还可以缓解压力，而且它和百忧解（Prozac）一样，是一种强大的抗抑郁药。像冥想一样，体育锻炼能使你的大脑变得更大和更快，它增加了基线心率的变化率，而且还被证明可以改善睡眠的质量。

健康饮食和定期运动不会使你自动成为自律大师，但这些习惯会提高你的意志力基线，从而使你的努力效果倍增。

① OMAD指One Meal A Day，即一日一餐。

本章要点

良好的睡眠 + 健康的饮食 + 规律的运动 = 使自律变得更轻松

睡眠

- 睡眠不足会导致更糟糕的决定、更多的情绪波动、精神清醒程度的下降、意志力的减弱。为了使自律变得更容易，需要确保每天晚上有足够的优质睡眠，或在白天小憩以补充睡眠。
- 要想拥有良好的睡眠，有三个核心要素需要注意：放松、环境和规律性。
- 放松包括使用特定的冥想技巧以及一些使身心平静的活动，使你的身体和心灵在睡眠前达到平静和不紧张的状态。
- 环境包括调整卧室的布置，以帮助你快速入睡和保持睡眠质量。最重要的因素包括一个漆黑和完全安静的房间，不要在卧室里使用电子设备，以及安排一个好的床垫和枕头。
- 规律性是指优化你的活动和时间表，以改善昼夜节律。这方面最重要的因素是确保固定的睡眠时间和起床时间、控制光线照射，并避免在睡觉前的几个小时内受到过度刺激。

饮食和运动

- 良好的饮食和有规律的运动是日常的自律行为，它们使其他的自律行为变得更容易。
- 以保持血液中葡萄糖水平稳定的方式进食对提升意志力有好处。你可以通过吃低升糖指数的食物，或通过间歇性禁食来实现这一目标。
- 定期的体育锻炼可以减少疲劳，增加大脑的氧气和葡萄糖的供应，增加前额叶皮层的体积，从而使你的意志力和自控力更强。

第六部分

更进一步的探索

第37章 冥想：自律的健身房

如果心灵没有通过自律得到自由，就不可能实现真正的自由。

——莫提默·J.艾德勒（Mortimer J. Adler）

控制你的思想，否则它将控制你。

——贺拉斯（Horace）

冥想是训练意识的一个最好方法，而意识是正念自律的核心，因为自律始于心灵和正念。自律将从你如何思考和如何管理个人的情绪开始。

冥想还可以训练你的意志力——尽管大多数人都没有意识到这一点。在冥想练习中，你不只是坐着被动地观察你的思想，你还会主动控制自己的注意力，选择你想把注意力放在哪里（例如，你的呼吸），然后努力使它保持在那里，并在它偏离思想时把它拉回来。每当你坐下来冥想时，这种自我控制的微观练习会发生几十次，因此它是意志力的绝佳训练。

意识（看到）和意志力（行动）是正念自律的两个要素。因此，你进行的冥想练习越多，你就越能更好地练习自律，因为冥想能训练意识和意志力。冥想是自律训练的终极体操。

没错，你可能找到一些极其自律，但从来没有进行过正念冥想练习的人。他们是如何做到的？他们选择了另一条路，通过不懈的自我反省和自我观察来训练自己的意识，又或者他们通过无坚不摧的态度和坚持在支持性的环境中不懈努力，来过度补偿意识的缺乏。然而，他们往往无法将这种自律转化为其他环境或生活领域的自律。

冥想是一条更容易实现自律的道路。它不那么强硬、更直接，而且它还为个人的健康、人际关系和幸福感带来了一些经过科学证明的好处。当你的身体和精神健康因定期冥想练习而得到改善时，你的自律能力也会得到改善。因此，冥想既能直接帮助增强自律（通过增强意识和意志力），也能间接帮助提升自律（通过提升健康、情绪和能量水平）。

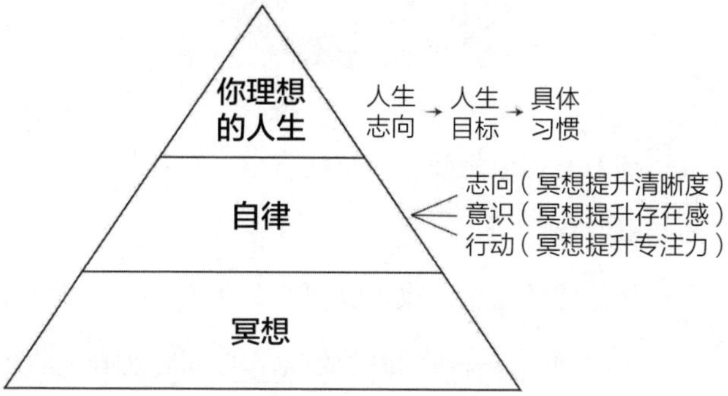

在意识支柱中，你学到了一个非常简单的冥想练习（详见第16章）。现在我们将深入探讨这个话题，让你更好地理解什么是冥想、它对自律的好处，以及如何用冥想的三大支柱深化你的自主训练。虽然对这一主题的全面介绍已经超出了本书的范围，但接下来的几页内容将使你掌握必要的概念，以帮助你了解你正在做的事情，然后知道如何从这里出发，继续朝着梦想前进。

冥想概述

让我们先来看看一些关于冥想的基本知识，如什么是冥想以及不同类型的冥想技术。

冥想是一种心理锻炼，包括放松、意识和专注。冥想对心灵的作用，就像体育锻炼对身体的作用一样。冥想练习通常是单独进行的，冥想期间采用静止的坐姿，闭着眼睛，因此冥想往往要求身体的静止。但也有一些方法可以进行步行冥想，并将正念融入其他活动（我们可以称之为“动态静止”）。

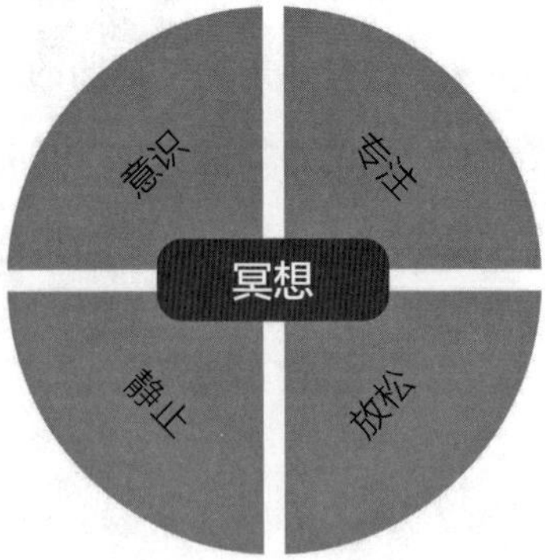

冥想与其他沉思练习有相似之处，如自我肯定、自我催眠、祈祷、沉思和呼吸练习，但冥想有其专属的特性。

你不需要持有任何特殊的信念，也不需要以一种奇特的、困难的姿势坐着，也同样可以练习冥想。冥想不是一种自私的放纵，也不是逃避生活的借口。恰恰相反，它是保持自己健康、理智和良好状态的必要练习。最后，冥想适用于每一个人。你不需要为了冥想而强迫自己变成一个安静的人，就像你不需要为了去健身房而先变得强壮一样。

冥想的不同类型

目前，冥想有数百种不同的类型和风格，但一般来说，我们可以根据我们在冥想练习中使用心智的方式，将冥想练习分为四大类。

第一类是专注冥想（concentration meditation）（在科学文献中被称为“集中注意力”）。这是最广为人知和被普遍实践的冥想方式。它要求你把所有注意力都集中在一个单一的对象上，一刻不停，你的注意力是窄而深的，练习时选择的对象几乎可以是任何东西。最常用的对象是身体知觉、声音、感受、身体的一部分、图像或你凝视的实物等等。

第二类是观察冥想（observation meditation）（在科学文献中被称为“开放式监测”）。在这个练习中，注意力不是集中在任何特定的对象上，而是监测当下体验的全貌。你将观察不同的感官输入（听到的声音、身体的感觉等），和/或头脑中正在发生的事情（思想、感觉、记忆等）。你的注意力是宽而浅的。正念、内心平静，以及某些风格的内观禅修（vipassana）都属于这一类。

第三类是放松冥想（relaxation meditation）。在这种类型的练习中，目标不一定是训练你的注意力，而是要达到一种深度的休息和放松状态。最常用的练习技术是瑜伽冥想和身体扫描。

最后，还有一些冥想技巧是纯粹的存在练习。在这种类别的冥想中，你不需要专注，也不是在观察，而是放下一切，简单地感受自己的存在。这些通常是更高级的练习，与发展自律没有直接关系。

为了发展自律，专注的冥想方式是最重要的，因为它们既能发展意志力，又能提高意识力。放松冥想和观察冥想可以被用在发展意识和消解负面情绪方面，以避免因负面情绪导致不必要的放纵。

冥想与被动性

有时，以目标为导向的人会对冥想练习产生一种厌恶或不屑的感觉。他们觉得冥想就是活在当下、让自己冷静下来、对自己在此时此刻拥有的一切感到高兴。他们担心冥想会使自己变得迟钝、冷漠或消极，担心冥想会使他们失去追求目标的动力。

然而，我的经验是，情况并非如此。否则，谈论有意识的自律就没有意义了。自律是为了实现目标和愿望。而在这个框架中，冥想是为这个目标服务的。当然，冥想给你带来的好处远不只是提高实现目标的能力，但它也会在这方面为你服务，并且发挥显著的推动作用。

确实有一些练习冥想的人在生活中变得更加被动了，他们失去了追求目标的动力，因为他们在此时此地感到平静和快乐，因为他们的内在驱动力降下来了。

但是类似的情况并没有发生在我自己和我教导过的学生身上，因为这不是我教授冥想的方式，尤其是在正念自律的范围内。基于我个人多年来作为冥想实践者和教师的经验，我注意到，对某些人来说，冥想之所以可能导致被动的生活状态，是由于以下两点原因之一：（1）冥想技术选择错误，或者（2）过分强调放弃。

让我们从第一个可能的原因入手。一些冥想类型直接或间接地更强调被动和接受的品质。当然，这不是对这些冥想类型的批判，因为不存在不好的冥想练习，但不同冥想练习的目标、理念和效果在不同的实践中会有所不同。所以，选择一种适合自己需要和个性的冥想风格很重要。但整体而言，想要利用冥想在生活中变得更加自律和有效，请专注于基于注意力的冥想，这将确保驱动力的安全，甚至可能增强为目标努力的动机。

> **专注冥想**能增强你的意志力和辨别力，同时也能训练你的意识。在专注冥想练习中，你给自己设定了一个需要专注的目标，例如，数你的呼吸。这需要一些能量和动力。为了实现这一目标，你将需要不断监测你的思想，检查“我是专注于呼吸还是分心了？”这需要运用意识和辨别力。
>
> 与之对应的**观察冥想**，虽然它在发展意识方面也很强大，但可能导致一种状态，在这种状态下，你只是平等地看待所有的事情，而不再感到被拉向任何特定的方向。在某种程度上，这也是观察冥想练习的一个目标，即与其把你的思想集中在一个特定的目标或对象上，不如让它保持开放，接受来自内部或外部的所有输入。

激励和专注指的是感觉到被一个理想强有力地打动，而不是平等地看待所有事情。与之对应的是，放下渴望和困难的情绪，更多地强调减少冲动和淡化某些触发因素对情绪的影响。因此，基于一般的经验法则，我们可以说专注冥想更适合用于训练专注力和激励，而观察冥想更适合用于控制冲动和处理负面情绪。

专注冥想是比较主动的，它就像火一样；而观察冥想更被动，它就像水。两者都是有效的冥想练习，都有其价值。正如第3章所述，你需要在生活中保持水和火的平衡，而且这种平衡也会随着时间的推移而逐渐改变。

那么其他冥想类型呢？放松冥想也是被动的，但并不倾向于扼杀你的驱动力。相反，它能补充你的能量、消解情绪上的紧张，否则那些消极情绪就会把你推向通过即时满足来寻求情绪层面缓解的极端。

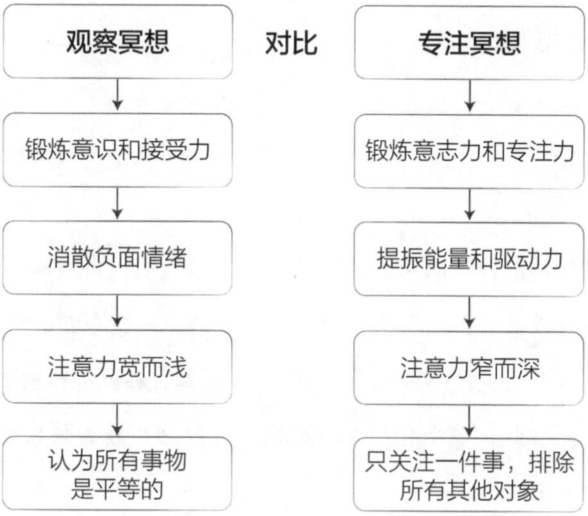

冥想对某些人来说可能存在造成被动性和减少动力的风险的第二个原因，与可能伴随着冥想练习一起出现的精神哲学有关。可能你练习的方式太强调冥想练习的放下和满足的方面，不鼓励思考未来，强调你必须只专注于当下，并且永远如此。换句话说，这种倾向的“水太多，火不够”。

无论你练习什么风格的冥想，都会发生一件事：你设定的目标会不断地演变或推进。冥想练习中产生的意识，可能使你意识到自己追求的东西是错误的，你没有走在最好的道路上。知道这一点是很有价值的，在理想情况下，在一路攀登到顶之前发现自己爬错了梯子反而是一件好事。然后，这种全新的认识会为你打开新的空间，让你内心深处可以涌现出更深、更真实的目标。这些新的目标一旦得以实现，你将真正感到快乐。

在我的个人实践和教学中，冥想不仅仅追求所谓的平和，而是强调一种赋能的平和。本书的冥想练习不仅要求你爱自己所得到的（接纳），还要求你得到自己所爱的（赋能）。

只要你仍存活在这个世界上，这就是练习冥想的正确、平衡的方式。

这就是正念自律的方式。

冥想对自律的好处

人类的所有问题，都源于人类无法独自安静地坐在房间里思考的毛病。

——布莱士·帕斯卡（Blaise Pascal）

帕斯卡在17世纪已经得出这样的洞见，在大多数现代人根本不能安静地独处哪怕一分钟，每分每秒都要解锁手机，随意地滚动浏览一些东西的情况下，想象一下他今天会怎么说。事实上，弗吉尼亚大学的一项研究发现，许多人宁愿被电击，也不愿意独处思考。因此，难怪有些人对冥想如此反感！因为冥想是一种“坐定”的方式。

冥想是一种以非常有目标的状态，“独自安静地坐在一个房间里”的方式。我不确定我是否同意帕斯卡的观点，即冥想可以解决人类的所有问题，但我可以确定的一点是：冥想可以帮助你解决自律问题。

已有4000多项科学研究表明，冥想给身体健康、心理状态、人际关系和情感幸福带来了颇多益处。在这一章中，我只会简要介绍冥想促进自律的方式。

冥想可以提高你的记忆力。在繁杂的现代生活中，我们大脑的“工作记忆”通常被塞得满满当当，因为有太多来自各种渠道的信息输入。

大脑接受了过多的信息，在大脑如此忙碌的情况下，牢记人生的目标和愿望就变得非常困难，更难以坚持做出的承诺和下定的决心。我们的大脑已经没有空间了，所以我们会忘记这些重要的东西。结果是，我们总是不能做出最好的决定，不能始终如一地以长期目标为宗旨采取行动，因为它们没有被放在心上。通过提高记忆力，冥想也能帮助你更快地实现设定的目标。

冥想可以改善情绪、减少压力、增强基本幸福感。冥想主要通过减少杏仁核的大小来做到这一点，而杏仁核是大脑中负责管控压力、焦虑、恐惧和愤怒的区域。正如我们在第21章和第28章中看到的那样，导致拖延的主要原因和我们放弃坚持目标的主要原因都是一样的，即大脑试图避免经历某种形式的精神或情感痛苦。如果你经历的情感痛苦较少，或者如果你知道在痛苦来临时如何拥抱它，你就不需要拖延了。

冥想创造了更大的幸福感。它使你对自己更加满意和高兴。做到了这一点之后，冥想也增加了你体验不适的能力，从而使你不会感到不堪重负。这对生活的挑战起到了有效的缓冲作用，使我们更有弹性和韧性，能够在不拖延或不需要转移焦点的情况下渡过难关。

冥想还使你有能力在生活中更多地暂停，减少分心，“放大视野”并获得清晰的认识。它为你的内心创造更多空间，为你的目标和愿望创造空间。它使你能够掌握自己的思想和生活。现在让我们来逐一解读冥想可能带来的诸多好处。

冥想提供了暂停的超能力

冥想可以训练你暂停的能力，使你能够放大视野，更清楚地看到事情的本质，这是冥想给自律带来的关键好处之一。

在冥想过程中，我们练习放慢响应的速度，观察我们的思维，并在自己被思想、记忆或感觉干扰的时候暂停。这种暂停和放大视野的能力是我们可以通过冥想获得的超能力之一，它对自律能力的建立有很大帮助。怎么做到的呢？每当你在日常生活中面临分心或诱惑时，你就有能力暂停和放大视野，而不是冲动行事，然后为冲动之下的决定感到后悔。

与其与冲动作斗争，冥想教我们意识到冲动的存在、接纳它们并保持对它们的控制，以减少冲动给大脑带来的负担。这不仅能够帮助你节省精力，而且能够更有效地控制冲动。冥想会告诉你，体验冲动和付诸行动之间是有区别的。当你通过暂停的能力，在冲动和行动之间创造了空间时，凭借冥想练习，你就拥有了采取行动或拒绝行动的自由，你成为事件的掌控者。因此，你可以坚持目标和良好的习惯，而不需要羞辱自己或强制自己去做或不作为。

你产生了摄入糖分的渴望，并不意味着你必须马上去吃一罐冰激凌；洗冷水澡不舒服的事实，并不意味着你不能洗冷水澡；研究项目很无聊的事实，并不意味着你必须拖延项目的进展；你很累的事实，并不意味着你不能去跑步；你失败的事实，并不意味着你需要放弃继续努力。冲动或情绪是一回事，但行动却是另一回事。暂停的能力给了你在行动和不作为之间进行选择的空间，而这个空间，就是自由的感觉。

无论你的冲动和情绪是强是弱，你总是可以收回自己的掌控权，行使选择的自由。你的渴望有多么强烈几乎总是不重要的，只要你创造了暂停的空间，并与之保持客观距离，你就可以有效地控制它。停顿使你能够设计自己的人生，而不是默认命运的安排，这就是正念自律的意义所在。

如果你做不到暂停和观察，你就不能应用这本书中的任何技术，或者其他个人发展书籍中的任何技术。一切的转变都需要从暂停和意识开始。因为当你生活在自动模式，受无意识、爬行动物的大脑控制时，你什么都做不了。在这种状态下，你只是对环境做出被动的反应，而你的未来将是过去的重复。

冥想能够帮助你将情绪/冲动与条件反射的行动断开。事实证明，这比强制施行意志力能更有效地管理渴望。事实上，有科学研究表明，以正念为基础的饮食计划，比不使用正念而试图强制性改变的饮食习惯能取得更长远的效果。正念训练已被证明可以帮助我们有效地限制不健康食物的摄入、喝酒和抽烟的次数，它还可以帮助我们增加体育锻炼量。这些由正念创造的习惯改变所持续的时间，也被证明比在不包括正念的情况下试图改变习惯的时间要长。

冥想创造反应的空间

冥想帮助你放慢反应的速度，允许你产生更少的想法，在你的内心创造更多的空间。这对自律而言至关重要，因为如果你的头脑一直忙于许多不必要的想法，那它将很难意识到长远的重要目标。如果你没有意识到这个长远的目标，就不太可能做出符合目标要求的各种决定。

正如我们在上面看到的那样，冥想可以提高你的记忆力，包括长期记忆和短期记忆。改善长期记忆对学习有好处，但我最感兴趣的是改善短期记忆，因为这有助于提高自律性。斯科特·H. 扬（Scott H. Young）在他的鸿篇巨著《自我控制的全面指南》（*The Complete Guide to Self-Control*）中很好地解释了这一现象：

> 要产生自我控制的冲突，你需要在决定是否放纵的同一时刻，敏锐地意识到你的长期目标。换句话说，当你面对甜点的时候，你需要主动地想到你的长期目标是身体的健康。如果你做不到这一点，那么你就会默认放纵的行为，甚至根本就不知道冲突的存在（除非你已经形成了不同的习惯）。
>
> ……为了能够时刻将长期目标牢记在脑海中，你必须有足够的、可用的工作记忆容量。工作记忆是你的心理带宽——它将有关当前的信息集中在一起，以便你能够权衡不同的选择并做出决定。工作记忆的问题是，它的容量十分有限，很快就被填满了，因为它每次只能同时容纳4–7个项目（字母、单词、数字等）。

换句话说：当头脑在不断忙碌时，我们就无法跟上做出的承诺、决议、价值观和目标，因为脑海中已经没有足够的空间。而冥想通过拓宽你的工作记忆，来帮助改善这种情况。

冥想不仅能够创造心理空间，还能创造情感空间。出于与上述现象类似的原因，当你因为压力或其他困难的情绪而感到不堪重负时，就很难坚持自律。冥想作为一种天然的情绪助推器，为你提供了一个健康有效的手段来处理困难的情绪，增强了你在日常生活中可以支配的意志力。

冥想帮助你改变你讲述的故事

自律要求我们在生活中做出更好的决定，即更符合我们长期目标和愿望的决定。为此，我们需要研究我们告诉自己的故事，因为它们影响着我们的心态、信念以及我们对事物的感受。

如果你能改变你告诉自己的故事，你就能改变你生活中的任何其他事情。正如我喜欢在节目中说的那样，掌握你的思想，就掌握了你的生活。其他作家也许将这个观点表达得更令人信服且精辟。

> 你的思想决定了你的灵魂。
>
> ——马克·奥勒留（Marcus Aurelius）
>
> 如果你改变了看待事物的方式，你所看待的事物就会改变。
>
> ——韦恩·戴尔博士（DR. Wayne Dyer）

你对自己讲述的故事，形成了你的身份，这些故事就是你对于自己是谁、世界是什么样子以及事情如何运作的重复和不加质疑的思维模式。但是，最重要的是要记住一点，这些故事并不是真理，而只是习惯，它们是习得的，是你从周围的人那里吸收到的信息汇总。

认识到这一点很重要，因为这些故事，可以是赋权的，也可能是导致你丧失自控权的。它们可以是积极的，也可以是消极的；可能是令人愉快的或令人不快的、有益的或无益的。诸如“我做不到”“我不够好”“如果我失败了，那将是一场灾难”等思维模式可能会削弱你的力量，阻碍目标的实现。但好消息是，我们有能力改变这些故事。

你关于自己的看法不是真理，只是意见，是习惯。因此在你练习冥想时，这一点认知将会变得很清晰。它将不再是一个概念，而是一种体验。对我来说，这就是冥想练习最伟大的恩赐之一。

既然你的自述故事、信念和心态只是习惯，那么它们就可以被改变。既然它们是习得的，那就可以解除这种学到的状态。你如何打破一个坏习惯？你可以不再实践这个习惯，或用一个更好的习惯来取代它，同样的道理也适用于思维层面的习惯（自述的故事）。通过不关注旧的思维方式（默认现状），你就可以摆脱这种旧的故事，用更健康、更有用的思维方式（专注）来取代它们。

在这一点上，冥想再次体现了其价值。冥想通过教你如何控制你的注意力使你学会如何放手以及如何专注。让你停止关注的内心声音将会逐渐减弱并最终消失；你开始关注的声音将得到加强并重新获得掌控。我将这个方法称为“注意力法则”，注意力赋予它所接触到的任何东西以生命。

在你的生活中，你注意到了什么？

当内心代表恐惧的声音出现，说“不要这样做……你会失败，而且后果会很可怕”时，你仍有选择的权利，你可以选择听从这个声音，相信它，并以不作为的方式，听从其指令。或者你可以选择忽略它，让它在内心的角落里待着，然后无论如何都要采取行动。你甚至可以刻意地唤起心中的勇气之声，用你的注意力喂养它。

你可能无法控制内心可能出现的声音，也无法控制它们讲述的故事，但你可以选择如何对待它们。冥想可以帮助你意识到这些声音，它们的起源以及它们对你生活的影响。冥想使你有能力决定哪种声音会得到发声，以及可以持续多久。有了这种力量，打造一种有目的和健康的生活就变得容易了。

我们需要深入剖析我们的思想，并改变阻碍我们前进的任何思维模式。为什么？因为头脑往往决定了行动，我们会做头脑告诉我们要做的事。冥想则能够帮助你成为头脑的老板，或者，至少让你的头脑成为一个关心你的朋友，它将倾听你的诉求并真诚地尝试帮助你。

如果你能不再听从那些阻碍你前进的叙述，而是听从充满力量的自我对话，那么实现你的目标会容易得多，对吗？而冥想就能够使你做到这一点。

冥想可以优化你的大脑

正如我们在第1章看到的那样，自律、意志力和自我意识是人类大脑中最发达的部分——前额叶皮层——的功能。前额叶皮层是主管理性思维和有意识决策的区域，它是大脑中负责工作记忆、认知灵活性、控制冲动和忽略分心的系统。

另外，经常阻止我们依据更好的认知行动的因素往往是冲动和情绪，它们来自爬行动物的大脑。当你产生了压力、愤怒或焦虑等情绪时，你的前额叶皮层就会离线，然后你就会依赖爬行动物的大脑运作。如果是这样，想要自律是不可能的。

一些研究表明，冥想练习能增加前额叶皮层的灰质，减少对杏仁核的激活。那么需要完成多少冥想才能做到这一点？一些研究人员发现，总共只需3个小时的冥想练习就能提高注意力和自控力。进行冥想练习11个小时后，研究人员可以明显地看到受试者的大脑结构出现了前述的积极转变。

基于这些科研结果，冥想对自律的价值就变得显而易见了。冥想通过增强前额叶皮层的同时，减少对杏仁核的激活，使自律变得更容易了。它增强了自我意识和意志力（更强的前额叶皮层），并降低了压力反应（更小的杏仁核）。这就是为什么冥想和意识是我个人增强自律方法的核心主题，冥想就是自律的健身房。

冥想的三大支柱

就像自律的三大支柱一样，冥想也有三大支柱，它们是你需要关注的关键领域，以确保你拥有一个愉快和有效的冥想练习。如果你在生活中拥有了这三个支柱，你的冥想练习将蓬勃发展，你将体验到冥想带来的诸多好处。但如果你没有，或者缺少其中一个支柱，那么你得到的好处将是有限的。

冥想的三大支柱是习惯、技术和转化。简而言之，你需要每天练习冥想，用最佳的冥想技术和方法，然后运用你从冥想中得到的技能，来改造你的日常生活。

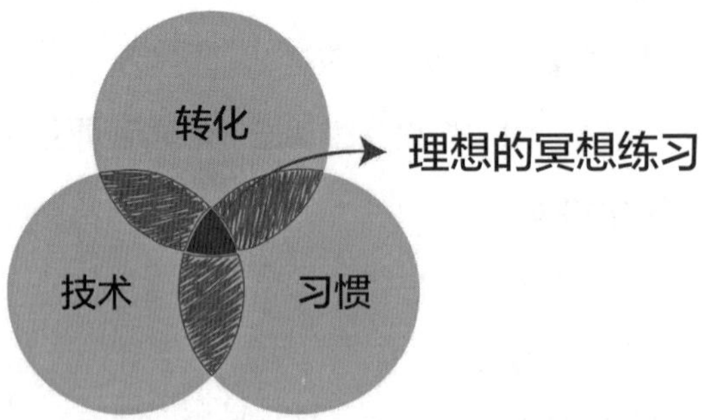

习惯

冥想不像体育锻炼，你一周只练习两三次就可以了。冥想实际上是需要你每天做的事情，就像吃饭、睡觉、洗澡和刷牙一样，是每天都要完成的任务。

为什么？因为你每天都会接触到压力，因为你的头脑可能每天都在用消极的想法和故事来拖累你的进步，因为你的自我每天都在发挥作用，因为冲动每天都会让你分心，所以你也需要每天都进行冥想练习。否则，你将很难扭转思想和情绪的消极模式。这些负面的思想每天在你的头脑中不停地盘旋，而焦虑是永远都不会休假的。

如果你每周只冥想一次会怎样？毫无疑问，你会体验到一些好处。冥想后，你可能会感到更平静，精神更集中、更专注，并立即获得更清晰的感知和存在。但这种良好的状态不会持久，因为一周一次的练习频率不足以让你在冥想练习中收获真正的动力。低频次的冥想不会带来转变性的效果。

就好比你想烧一壶开水，你需要把水壶放在火上5分钟，这样水才会沸腾。但你却让它烧了两分钟，然后把它关掉，并在下一周回来再开火烧两分钟……你可以在整个生命中，每个星期都这么干，但这壶水永远都烧不开。因为到了下一周，水不会从你之前两分钟结束时的温度继续升温。相反，它现在已经完全冷却到常温，所以你又要从常温开始从头加热。

在某种程度上，低频次的冥想练习就像这样。这就是为什么每天都要练习冥想，即使只有5分钟或10分钟时间。如果你能够坚持每天冥想，你的冥想练习就会有一定的连续性，它就会成长和累积。是否坚持每天冥想，决定了你的收获是“做时感觉良好的练习”还是“真正给你和你的日常生活带来了改变”。

想要养成每天冥想的习惯，你需要保持自律和遵循一些简单的习惯原则。这本书给你提供了所有你需要的工具，下列信息简要地概述了建立日常冥想习惯的一些关键原则。

1. 养成习惯——为冥想练习选择时间、地点和工具。

2. 设置一个提醒——可以是一个闹钟、日历或一个物体。

3. 从小处着手——从每天3至5分钟开始。

4. 遵循“永不为零”的原则（详见第31章）。

5. 逐步增加时长——每周增加一分钟。

6. 更新你的承诺——每次冥想训练后重新确认你的意图。

7. 要有耐心——保持你的最低期望值，不要过度评价。

8. 保持非评判性——不要自我批评、感到羞愧或责备。

9. 享受这个过程——使冥想本身成为一种奖励。

10. 做好准备——了解你可能遇到的障碍和借口（制定应急计划）。

技术

冥想的第二个支柱是以正确的技术和正确的方法来练习冥想。

正确的技术并不意味着某一种冥想方式优于其他所有的冥想方式，并且你只应该练习这一种特定方式。正确的冥想技术，仅意味着在你生命的这个时刻，这是对你来说最理想的风格。

有些冥想技巧：

- 可能使你感到过于被动，而另一些则可能使你精力充沛。
- 使你感到精力更加集中，而另一些则使你感到更加消沉或疏离。
- 会提升你的能量（对有抑郁症的人有好处），而其他的会降低你的能量水平（对有焦虑症的人有好处）。
- 更适合于提高工作表现和注意力，而其他的可能更适合于探索冥想的精神层面。
- 对那些天性擅长观想的人来说比较容易，而其他的则更适合于以听觉或运动为主导的人。

尽管大多数人学到的概念是，存在放之四海而皆准的冥想技术，但世界上并不存在这样的冥想技术。事实上，大多数冥想老师和课程只教你几个技巧。但实际上，冥想技术的数量与不同类型的运动和饮食一样多。现在想象一下，如果每个人都只能学习打篮球或跑步……或者如果每个人都被给予相同类型的食物，不管他们的喜好、健康状况和过敏症，那问题就大了！

虽然大多数冥想技术都有很多共同的好处，但练习一种普遍适合你的冥想技术和练习一种最适合你的技术之间，仍有很大的区别。就像一份还不错的工作和你的理想工作之间有很大区别，或者一个还不错的房子和你的梦想之屋之间有很大区别那样。

探讨冥想的主要类型，以及如何选择适合自己的理想冥想练习，已经超出了本书的范围。当然，你也可以私下继续研究，直到找出最适合自己的冥想练习。

无论如何，我想要传达的信息是，有许多不同的冥想风格，探索并发现适合你的风格非常重要。冥想是我们最好一辈子都要练习的东西，所以在开始时花一些时间，确保找到最适合自己的技术，这难道不值得吗？因此，不要偷懒跳过这个步骤。花一点时间，尝试不同的技术和哲学，看看什么能引起你的共鸣，让你最有成就感。

转化

冥想的第三个支柱是转化或融合：将冥想技能应用到日常生活中。冥想不仅是你每天早上在沙发上坐几分钟时所做的事，你还需要将它应用到你的日常生活中。如果你能够做到这一点，好处会成倍增加，你会体验到冥想练习的真正目标：自我转变。

转化支柱的关键信息是，你的日常生活是冥想的延伸，而你的冥想是日常生活的基础。你需要二者兼备。

诚然，如果你每天练习冥想，采用适合自己的冥想技术，随着时间的推移，有些事情会自动开始改变，比如你看世界的方式、看自己的方式、对周围人的反应，这些都会自发地改变。但如果你有目的地去做，这个转变的过程可以大大加快。这就是第三个支柱的核心内容：将你在冥想中体验到的见解和品质应用到你的日常生活中，这是将冥想带到坐垫之外的方法。

在你的冥想课程中，你会培养出一些重要的技能，例如：

- 停顿
- 自我意识
- 专注力

- 意志力
- 平静下来
- 放大视野
- 放弃无益的想法
- 管理情绪状态
- 自我接纳

你想把冥想的哪些最重要技能融入你的日常生活中？你又打算怎么做呢？你需要不断记住它、利用它，而这一切都需要自律的能力。

在某种程度上，这整本书是冥想的转化支柱的展开论述。它把上面列出的所有技能汇集成日常练习，让你可以用来改善生活、改造自己，并实现长远的目标。冥想技巧的应用贯穿于本书的所有章节，这就是为什么我把这本书命名为《正念自律》。

本章要点

介绍

- 冥想是训练意识的最好方法之一，而意识是正念自律的核心。因为自律始于心灵，即你如何思考和如何管理你的情绪。
- 冥想还能训练意志力，这是自律的第二个核心要素。

冥想概述

- 冥想是一种心理锻炼，包括放松、意识和专注力。冥想对心灵的作用就像体育锻炼对身体的作用。
- 冥想有数百种不同的类型和风格，但它们都可以归为下面四大类。
    - 专注冥想：将所有注意力集中在一个单一的对象上。
    - 观察冥想：监控当下输入的信息的全景。
    - 放松冥想：释放身体、精神和情绪的紧张。
    - 纯粹存在的冥想：放下一切，只专注于当下的自己。
- 冥想不要求任何特定的信仰或仪式，你不需要以困难的盘腿姿势坐着（保持背部挺直和无支撑即可）。它不是自私的，也不是对生活的逃避。拥有一颗平静的心是冥想练习的结果，而不是开始冥想的前提条件。

冥想与被动性

- 如果你只是练习观察冥想或纯粹的存在冥想，有可能会感到更加被动，失去一些动力。因此，要么更集中于专注冥想，要么至少将其作为组合练习的一部分。
- 专注冥想是比较主动的，它就像火一样；观察冥想更被动，它就像水一样。在你的生活中，你需要保持火和水的平衡。
- 根据一般的经验法则，专注冥想更适合用于专注和激励，而观察冥想更适合用于控制冲动和处理负面情绪。

• 冥想不只是为了平和的心态，而是为了获得赋能的平和。冥想不仅要有利于推动你爱你所得到的（接受），而且要有利于你得到你所爱的（赋能）。这是平衡的练习冥想的方式，也是本书的重点。

冥想对自律的好处

• 冥想可以提高记忆力，使你在日常做决定时能够牢记你的长期目标。

• 冥想可以提振情绪、减少压力，增加你的基本幸福感，这使你对负面情绪、拖延和放弃更有抵抗力。

• 冥想训练你暂停的能力，然后使你能够放大视野，并更清楚地看到事情的本质。如果你不能暂停和看清事物的本质，你就不能应用这本书中的任何技巧，或者任何其他个人发展书提供的技巧。如果你生活在自动反应模式，遵循无意识、爬行动物大脑的指挥，你就什么都做不了。在这种状态下，你只是在对周围的环境做出机械的反应。

• 暂停的能力也允许你通过意识和接纳来克服当下的冲动，而不是与之对抗。当你能够把情绪/冲动与行动断开，当你和你的冲动反应之间存在这种缓冲的空间时，凭借你的冥想练习，你就有自由去采取行动或不作为，你就能控制自己的反应。

• 冥想帮助你放慢响应的速度，它允许你有更少的想法和更多的内心空间。这对自律是至关重要的，因为如果你的头脑一直忙于众多不必要的想法，你将很难保持原则、决心、价值观和目标。它们不会被视作头脑中的首要任务。

• 冥想帮助你控制自己的注意力，然后让你选择增强内心的哪些声音和想法，削弱哪些思维和想法。这使你能够改变你告诉自己的故事，进而改变你的生活。你可以放下消极的和无能为力的叙事，而专注于积极的和有力量的故事。

- 通过提高自我意识和意志力（更强的前额叶皮层）并降低压力反应（更小的杏仁核），冥想能够优化你的大脑，使你更加自律。

冥想的三大支柱

- 习惯要求你每天练习冥想，不管发生什么。这将确保你能够从冥想练习中充分受益。是否坚持每天练习冥想的习惯，是决定冥想只是一个令你感觉很好的练习，还是真正能改变你人生的练习的关键因素。
- 技术是找到最适合你的冥想方式。不同的冥想技术会带来不同的体验和好处。每种冥想技术都有其最适合的不同类型的人和目标。你需要以系统的方式尝试不同的冥想技巧，最好获得外部的一些支持，以帮助你找到最适合自己的冥想技巧。
- 转化是将冥想技巧应用到日常生活中，如暂停、意识、意志力、专注和放手等。你的日常生活是冥想的延伸，而你的冥想是日常生活的基础，你需要两者兼备。在某种程度上，这整本书就是冥想的转化支柱的体现。

第38章 美德：你能拥有的超能力

什么是美德，它们与自律有什么关系？在第1章中，我们已经看到，正念自律有外部和内部两个方面。外部方面关乎建立习惯、遵循例行常规，并朝着目标持续前进，而内部方面则是关于自我管理和自我转变的，因此美德的主题与自律的内部方面有关。

美德是积极的性格特征，被认为是美好生活的基础，也是成就伟大事业的关键因素。它们是每个人的心理资产、个人优势和个人专属的“超能力”。我们谈论的是诸如勇气、耐心、信任、善良、自信、专注、宁静、决心、坚韧、正直等美好的品德，它们比目标更重要，因为美德是可转移的技能，可以应用到追逐任何梦想或目标的旅程上。

每种美德都是保护我们免受困难、麻烦和痛苦折磨的盾牌。每一种美德都是一种特殊的“力量”，使我们能够体验到一种在其他方面无法获得的幸福。事实上，英文中的“美德”这个词来自拉丁文的virtus，意思是力量、价值或权力。

自古以来，在所有文化中，美德一直受到智者们的推崇和重视。

我们在前文中已经介绍了一些美德，如所有权（责任）、坚持不懈和牺牲等等。而且正如我们在第1章中看到的那样，正念自律本身就已经包含了许多美德。仅仅通过遵循正念自律的三大支柱和加强自律，你就已经在培养几种美德。另外，你也可以有意识地利用自律来加速美德培育的过程，发展你生活中需要的美德，这就是本章论述的目的。

每种美德都是一种叙述

每种美德都是看待世界、感受世界和驾驭世界的一种方式。在每一种美德的背后，都有一种使其得以实现的叙述，即一种自我对话、信念或心态。美德用行动表达了你对自己和世界的叙述。

例如，“我关心他人，想做好事”的叙述，为善良的美德提供了动力。“无论发生什么事，我都会保持冷静和专注”的叙述，为平和的美德提供了动力。“我很害怕，但我仍要做这件事，因为它对我很重要”的叙述，为勇气的美德提供了动力。

我们的叙述，是我们在内心对自己说话的方式。这些叙述很重要，因为我们的生活是由我们告诉自己的故事组成的。这些故事可以创造美德，也可以创造困难。这些故事造就了我们的性格，也决定了我们的命运。

然而，大多数人没有注意到他们的叙述，因此没有努力去发展有力量的叙述，只是机械性地继续重复和相信同样的、毫无力量的旧故事，就好像这些旧故事是颠扑不破的真理。如果你在某种程度上就是这样的人，那么请不要担心，本章将为你提供实用的工具，让你在生活中发展更多的赋能的叙述，并获得随之而来的美德。

那么，我们的叙述来自哪里？在我们的成长过程中，我们从父母、朋友、电视和社会中获得了大部分的叙述，还有一些叙述是我们在成长过程中逐渐发展出的。无论其来源如何，这些叙述都是可改变的，你给自己讲述的故事只是习惯，而不是不可动摇的法律。它们是信仰，不是绝对的真理。这意味着，如果这些叙述是不真实的或无益的，你可以用更好的叙述，用创造美德的叙述来取而代之。

你如何发展一个新的叙述或自我对话？就像你发展原来的那些旧的叙述一样：通过信仰和重复。你先选择一种新的叙述，然后坚持不懈地练习它，直到它成为新的默认叙述。这就是PAW方法的全部内容：你放慢自动思考的速度（暂停），注意到旧的习惯性故事又出现了（意识），并转向新的故事（意志力）。

现在让我们来看看培养美德的两种普遍方法。

方法1 点燃美德的火花

每种美德都在你的身体、思想和心里留下了一个“印记”。美德是一种主观体验，它通过身体感觉、情绪感受和心理叙述使你体验到。例如，对你来说，毅力可能与你挺直的脊梁或坚实的身体感觉有关，也可能是一种聚集能量的感觉，甚至可能是你肌肉中的热量和蓄力感。毅力背后的叙述可能是这样的："这对我很重要，我不会放弃，无论如何，我都将确保这个项目的顺利完成！"它背后的情感体验可能是一种希望、乐观或自信的感觉，即你胸臆之间的活力感。

美德
- 身体层面的感觉
- 内心的叙述
- 情感层面的体验

每当一种美德出现在你身上时，你都可以发现这三大元素。有趣的是，通过刻意地重新创造这三种"线索"，你就可以点燃内心的相关美德，这是一个双向促进的过程。

因此，当你下次体验到某种美德或积极的情绪状态时，花点时间在你的身体、思想和心里寻找这种状态的印记。这三种"线索"是你可以在需要时用来重新创造这种状态的东西。它们对不同的人来说可能是不同的东西，而且确实需要一些练习和自我意识，才有可能发现它们的存在。

培育美德的过程

培养任何美德的第一个通用方法是一种冥想技巧，它将在你的内心点燃美德的火花，然后通过专注于美德来加强它。

你如何通过使用这三种"线索"重新创造美德状态？首先进入放松状态，然后通过使用记忆或想象力点燃美德，接着通过专注于美德来加强它。

第一步是放松。你通过使用自己最喜欢的冥想技巧，进入深度放松和头脑平静的状态。你可以使用身体扫描、注意感觉、呼吸意识、咒语等各种技术，只要是适合你的就行（详见第37章）。

第二步是点燃。你重新创造与该美德相关的身体感觉、情感体验和叙述。你要做的，是生动地回忆起你过去经历过该美德的某个时间，然后注意这三个"线索"。如果你以前没有经历过这种美德，那么你可以想象经历它的感觉。在任何情况下，让你的回忆/想象尽可能得生动、详细、真实，这样你就能够在此时此地，实际体验到这些感觉和这种情绪状态。

第三步是加强。这意味着通过三个“线索”，把你所有的注意力集中在美德之上，一刻不停地喂养内心的德行。美德本身将成为你冥想的对象，你给予它的注意力越多，在大脑中创造的关于这种存在模式的神经通路就越深。你也可以创造一个关于该美德的肯定叙述，并重复它，以增强美德的体验。

你使用这种技巧的次数越多，你就越容易在日常生活中利用这种美德，只要记住这三个“线索”中的一个或全部即可。

方法2　吸纳他人的美德

培养自身美德的另一种方法是从他人身上学习，然后采纳那种美德的存在方式。你需要寻找一个德行高尚的人（可以是你在第7章中选择的榜样），然后从他/她的身上“吸纳”德行。

最简单的方法就是花时间与那些具备你想要培养的美德的人相处。他们可以是朋友、家人、同事、导师，甚至是你在网上联系的专家。这就是通过建立人际关系来吸纳美德的方法（详见第35章）。

一个更有效的方法是通过一个约定，把个人的意识和那个人的意识联系起来，这就是通过身份认同来吸纳美德。

下面是通过身份认同来培育美德的简化步骤：

- 第一步：通过你想使用的任何冥想技术，进入深度放松和精神平静的状态。
- 第二步：尽可能想象或幻想你的榜样就站在你面前，感受他们的存在。
- 第三步：想一想你希望从他/她那里吸收的美好品质，想一想这个人表达这种品质的所有方式，思考其背后的自我对话，激发这种品质降临的感觉，以及与它相关的身体感觉，了解这一经历的全貌。
- 第四步：在仍然想象你的榜样和思考这种品质的同时，开始关注自己的呼吸。每次吸气时，要有一种态度，即你自己正在吸入这种品质；每次呼气时，你要把这种品质传播到整个身体。

- 第五步：暂时忘记你的独立身份，让自己成为这种品质。这几乎可能令你感觉到自己已经摇身一变，成了另外一个人。你感受到他们的感受，像他们一样思考，像他们一样行动，像他们一样看世界。
- 第六步：密切关注你内心深处的那种品质的印记。对它在你的身体、情绪和思想中的感觉进行“心理快照”。这样一来，你在未来就能更容易地重新创造它。冥想到此结束。
- 第七步：当你进行一天的工作时，通过记住心理快照时的感受，来挖掘这种品质或美德，并在你体内重新创造这些想法、感受和感觉，表现得好像那就是你的状态。无须疑虑，只管去做。

每天早上练习这个技巧10分钟，持续21天，注意练习前后的差别。完成这个周期之后，你可以尝试吸纳另一种美德，或将这种做法作为你晨间安排的永久内容。

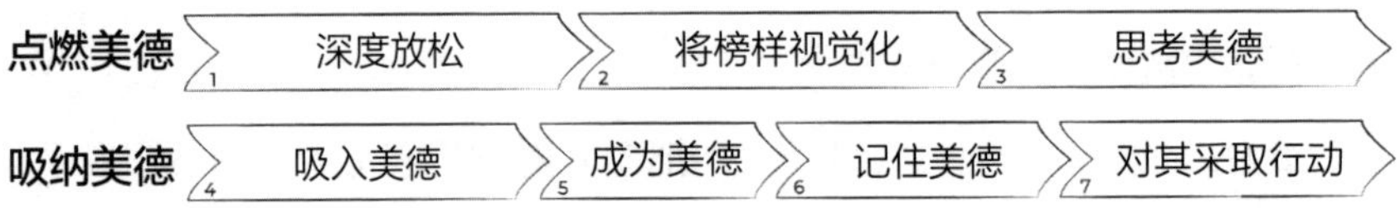

这个技巧确实需要一些想象力、开放的心态和集中的注意力才能实现。你越是自我怀疑，越是固定思维，越是过度分析，就越难实现这个目标。你需要有能力在短时间内抛弃自己的身份，并相信你的想法正在成为现实。你需要“成为”别人，这样你就能通过他们的眼睛看到生活，并“下载他们的超能力”到自己的身体里。

这种方法可以用来发展你需要的任何技能或品质，而且可以用于任何类型的“目标”。不管你是在想象一个你认识的真实人物，一个你所在领域的专家，一个神话人物，还是一个电影人物，这都不重要。你可以吸收詹姆斯·邦德[1]（James

① 詹姆斯·邦德：《007》系列小说、电影的主角。

Bond）、凯特尼丝·艾佛丁[①]（Katniss Everdeen）、阿波罗[②]（Apollo）或尤达大师[③]（Yoda）的优点。

当我还是个十几岁的青少年时，我的足球踢得很烂，如果你生活在巴西，这是个非常糟糕的事实。我没有足够的协调能力来带球跑，也不能控制球的走向。我似乎更擅长踢其他球员的小腿，而不是真正的踢足球（后来我才发现自己更擅长的是武术，而不是足球这样的团队运动）。

有一天，在学校的体育课上，当足球比赛即将开始时，我决定尝试一些完全不同的东西。我没有缩在队伍的后面，希望球不会朝我这边来，而是主动走到中间，要求队长在比赛开始后马上把球传给我。"你确定吗？"队长问我，脸上带着一个我永远不会忘记的表情。"是的，只要把球传给我。""好吧，这下可有热闹看了……"他说。

在那个时候，我已经说服自己，"我是一个专业的足球运动员，充满了技巧和协调能力"。我想象自己已经被这种品质"附身"，只要我愿意，我可以想象我不再是自己，而是足球之神。我满怀信心地在脑海中保持着这个心理画面，没有任何自我怀疑的地方。

当裁判吹响哨子时，队长把球传给我，并惊讶地看着我带着球跑向门将，在不到10秒钟的时间里打进了一球。我带着球像箭一样朝着对方球门跑去。我的印象是，对面球队的所有成员呆愣着站在原地，不知所措地为我让出了运球的空间。

后来，我在打手球、保龄球时成功地重复了这个实验，在社交技能方面也是如此（不用说，我也失败了多次，因为这也需要耐心和毅力，这是我在十几岁时还没有资格拥有的东西）。

在不涉及形而上学理论的情况下，我很难解释为什么这种方法有效。也许最接近科学的解释是量子纠缠现象：当两个粒子"纠缠"在一起时，一个粒子的状态会影响另一个粒子的状态，无论它们在空间和时间上的距离如何。爱因斯坦称其为

---

① 凯特尼丝·艾佛丁：小说及同名电影《饥饿游戏》中的第一女主角。

② 阿波罗：希腊神话中的太阳神。

③ 尤达大师：星球大战系列电影中的重要人物。

“远距离的幽灵行动”。或者，也许它与镜像神经元的工作方式有关。在任何情况下，在一个非常务实的层面上，这种方法为什么能起作用并不重要，重要的是它能起作用。

不妨给它一个机会，看看对你来说会发生什么。而这个“机会”，并不意味着在你等车或躺在吊床上时，半心半意地尝试5分钟，做过一次就放弃了，而是意味着在你得出任何结论之前，每天练习它，持续几个星期。

生活有时候就像一部电影，如果你可以选择自己想扮演的角色，而不再需要扮演你自己，那么，你将选择成为谁?

平衡你的美德

美德是每个人可以拥有的、令人惊叹的心理资产，而培养美德的每一次努力都会带来丰厚的回报。然而，每一种美德都有其阴暗面，这也是不可否认的事实。所以，如果没有实现平衡，我们身上最大的优势也会成为我们最大的缺陷。

每种美德都是一种工具，而我们需要不同的工具来完成不同的工作。打一个众所周知的比方：如果你只有一把锤子，你就会把一切都当成钉子。但问题是，不是所有东西都是钉子，需要你的锤打。因此，你需要全面地发展自己，并特别注意发展与自己已经拥有的美德相反的美德。我把这个原则称为“平衡你的美德”。

下面是一些美德和其对立美德的例子。

掌控权的美德，是主动对生活中的一切负责，专注于你能控制的事情。如果你过度发挥这种美德，而没有用相反的美德（适当放手）来平衡掌控权，那么你就会对自己过于苛刻，最终承担不必要的责任。

自信的美德是对自己充满全然的信任和信心，并确信你能实现自己所想的任何事情。如果你过度发挥这种美德，没有用相反的美德（谦逊）来平衡它，你可能倾向于变得傲慢、防卫、自负和鲁莽。

坚韧不拔的美德意味着不要放弃，在面临挑战的情况下，继续走自己选择的道路。当你过度发挥这种美德，没有用相反的美德（接纳现实）来平衡它时，你可能会在一条对你不再有意义的道路上徘徊太久，或者使用一种不再真正有效的策略。你可能会变得过于固执、冥顽不化，甚至对新的输入视而不见。

牺牲的美德是为了在未来获得更大的回报而在当下牺牲和放弃你看重的东西。当你过度发挥这种美德，没有用相反的美德（适度的享受）来平衡它时，你往往会过于关注未来，觉得此刻的自己不够好，并因为放纵而产生负罪感（关于平衡自律的更多细节详见第3章）。

适度平衡的原则适用于所有美德。你需要平衡仁慈与界限，动机与耐心，一致性与适应性，乐观与审慎，理想主义与实用主义，等等。每一对对立的美德平衡的方式都不同，在这里我无法一一详述。美德之间的平衡点也因人而异，它取决于你的个性、生活方式和目标。把这个对立美德的概念作为美德养成的一般原则，当你努力以更有意识的方式生活时，平衡美德的方法会在你的生活中一点一点地显现。

平衡自信心

在结束本章的内容之前，值得花些时间更详细地讨论其中的一对美德，它们与自律的主题更相关：自信心与谦逊这对美德。当两者得到适当的平衡时，你就有了明智的自信，就可以实践正念自律。

在第12章中，我们讲述了缺乏足够的自信心或自我信念会使自律变得非常困难。你可能想知道，太过自信怎么会成为一个问题？事实上，当你过于自信时，你往往对自己的偏见和缺点视而不见，忽略了某些外部的反馈和不同的可能性。当残酷的现实以你意想不到的方式出现时，你可能最终感到气馁，并放弃了你的追求。

让我们仔细看看这种“由过度自信导致偏见”的几个例子。

第一种被称为邓宁–克鲁格效应（Dunning–Kruger effect）。根据维基百科关于这个主题的条目，“邓宁–克鲁格效应是一种认知偏见，即在一项任务中能力低下的人高估自己的能力。……如果没有元认知的自我意识，人们就不能客观地评价自己的能力或不称职”。

当你的自信心如此膨胀时，你最终会期望得到异于常人的结果。比如说：

- 你把所有的钱都投入一个有问题的投资机会，因为你确信它一定会升值。

- 你确信自己的书会成为《纽约时报》的畅销书，每个人都会为之兴奋不已，尽管从来没有人听说过你，你也没有做任何图书营销。
- 你确信通过遵循新的饮食习惯，你将在3周内减掉30磅。
- 你确信自己是一个伟大的伴侣，你的另一半不可能离开你。
- 你拖延你的重要项目，因为你确信自己可以在一个星期内完成它。

我们都知道，当我们处于过度自信的状态时往往会发生什么。当现实没有证实我们过高的期望时，我们就会掉进困惑和自我怀疑的深渊。

第二种被称为“约束力偏见”（Restraint Bias），即认为你对自己渴望和冲动的控制力远比你实际拥有的要大。这基本上是邓宁-克鲁格效应在自我控制能力方面的印证。还有人称之为移情差距效应（empathy gap effect），即当你处于“冷状态”（冷静和理智）时，你并不能充分意识到在你进入“热状态”时冲动情绪对你的巨大影响。

由于对自己的自控能力过于自信，你今天选择放纵自己，因为你相信明天你就能克制自己；你尝试一些违禁的药物，因为你相信自己不会上瘾；你告诉自己“只看5分钟社交媒体”，或者“只吃一小块巧克力”，因为你盲目地相信自己的自控力。如果你经历过任何类似的放纵，那么你就知道“约束力偏见”是什么感觉。

科学研究表明，存在更大约束力偏见的人，实际上最终会在诱惑中放纵得更多。这个例子完美地说明了不平衡的自信心是如何损害自律的。

这就是自信心的美德投下阴影的方式。为了拥有自信心，而不被它的阴影所困，你需要发展自我意识，即清楚地看到自己的能力、超越自己的偏见。然后随之而来的是收获相反的美德——谦逊。然后你就会明智地自信，而不是愚蠢地自信，这就是正念自律的方法。

平衡是终极目标

每一种美德都是一种工具和资产。美德给你带来更多福祉，让你生活得更好，并使你有能力实现自己的极限潜力。但当美德不平衡时，你有时可能会陷入它们的黑暗面，并因此而经历痛苦和自我限制。

用“正念自律”来平衡你的美德，说到底，就是3件事：

> 做最终对你有益的事。
>
> 停止给自己制造痛苦。
>
> 让世界变得更美好。

这些看似简单的想法，是我数千小时的思考和精神实践的总结。它们说明了很多问题，但我不想再赘述。请记住它们，将其作为你决策的指南针。经过年复一年的坚持，你将看到它们在你的生活中提供更深层次的意义。

本章要点

美德概述

- 我们的美德是我们的心理资产。即使我们的目标失败了，如果我们培养了美德，并在此过程中得到了成长，那么这一切也都是值得的，因为个人成长是追求任何目标的最终目的。
- 每一种美德都是看待世界和驾驭世界的一种方式。
- 在每一种美德的背后，都有一个使其得以实现的叙述，即一种自我对话、信念或心态。你的叙述是一种习惯，而不是不可改变的法律。你可以通过重复和信念来改变这些叙述。

方法1 点燃美德的火花

- 找到你所选择的美德的三个“线索”：身体感觉、情绪感受和心理叙述。
- 使用本章概述的三步程序，点燃并加强你内心的美德，然后开始在你的一天中多次利用它。

方法2 吸纳他人的美德

- 寻找一个具备了你所期望的美德的人，也许是你选择的榜样。无论你是否认识他们，都没有关系。
- 吸收他们身上的美德，可以通过建立人际关系（花时间与他们共处），也可以通过身份认同（遵循本章的七个步骤）。

平衡你的美德

- 每种美德都有其阴暗面。如果不加以平衡，我们最大的优势往往会成为我们最大弱点的来源。

- 平衡所有权与放手、自信心与谦逊、坚持不懈与接受现实，以及牺牲与享受。

- 如果你不平衡自信心和自我信念，你就会陷入邓宁-克鲁格效应和/或限制性偏见和移情差距效应的陷阱。结果是，你会高估自己的自控能力，感到失望和困惑，最终更加偏离既定的目标。通过培养自我意识和谦逊的美德来避开这些阴影的影响。

第七部分

开始你的自律之旅

第39章 正念自律实施清单

你如何将所有这些自律的概念和练习在你的日常生活中付诸实践？本章内容将为你提供一个起点。

正念自律练习安排

首先，你需要完成志向支柱步骤1至步骤3的练习（详见第7、8、9章），这些内容将帮助你制定一个清晰、强烈的志向，并且将其转化为可操作的具体目标。其次，为每一个拆分后的具体目标创建里程碑和具体的习惯，这样你就有了一个切实可行的行动计划，你就能清楚地知道你需要做什么来向前迈进，而不会感到不知所措（详见第25章）。这些都是你设定一次之后每季度都要回顾和审查一次的事情。

一旦你明确了志向、具体的目标、里程碑事件和需要养成的具体习惯，接下来就该把你的日常生活设计成能让你有效地培养这些习惯，并向你的目标迈进的样子。首先，你要为每个习惯选择最好的提示、最理想的和最低限度的行动，以及能帮助你保持良好状态的奖励。其次，你要采取措施改善周围的环境，并建立一个应急计划，以确保能避免“失败”（详见第26、27章和第30章）。最后，你要创建一个包括最重要的习惯在内的晨间例行活动安排（详见第34章）。你可能会发现自己需要每周审查和微调第二部分的任务，直到你找到最适合自己的方法。

根据你在生活中的具体情况，或许此时这个节点上你决定为自己安排一个强制性的多巴胺重置，并计划你的第一个“修行周”（详见第22章）。

最初的整个自律设置可能需要两个小时到一整天的时间来规划。在你完成后，你将准备好以一种有效的、有目的的、符合长远目标的方式采取行动。通过做出“永不为零”的承诺来巩固它（详见第31章），然后开始行动。

自律的障碍清单

看到这里，你应该已经对为过上更自律的生活所需要克服的最大障碍和需要培养的美德有了更清晰的认识。现在你就可以确定自己想要最先攻克哪些障碍，然后开始练习书中对应章节的概念和技巧。

下面是一份自律挑战的清单，清单中一并列出了介绍处理这些挑战的工具所在的章节。也请参考书末的“正念自律实践索引”，以获得更完整的工具清单。

- 缺乏动力（第7—10章，第13章，第31章，第35章）
- 内心冲突（第11章）
- 缺乏自信心（第12章）
- 受害者心态（第12章）
- 缺少承诺（第13章）
- 恐惧和焦虑（第20章）
- 容易放弃（第21章）
- 容易分心（第22章）
- 容易找借口（第23章）
- 容易遗忘（第27章）
- 拖延症（第28章）
- 怀疑（第29章）
- 失败（第30章）

你只需要专注于那些能够帮助解决你个人实际遇到的挑战的章节内容即可，你不需要完成相应章节提供的所有练习。在你找到适合自己的方法之后，就在日常练习中专注于这些技巧，直到你取得满意的成果，我把它称为“聚焦技术”。

你个人的聚焦技术可以随着时间的推移而改变。例如，现阶段你需要解决的问题是恐惧和焦虑，因此你决定专注于学习“拥抱痛苦”的相关技巧（详见第20章）。

几个月之后，你可能意识到，恐惧和焦虑已经不再是障碍，但发现自己开始拖延，于是聚焦的对象就变成了“循序渐进的小步骤”行动方法（详见第28章）。

我建议你每次只专注于解决一个障碍，或培养一种美德，持续一整个月的时间，然后再转移到下一个障碍或美德。当然，你也可以选择一次处理两个问题，或培养两种美德。但对于大多数人而言，这会导致意志力过于紧张，产生不堪重负的感觉，然后会因缺乏足够的进展而感到沮丧。最好的办法就是从小处着眼，并确保与远大目标保持一致。要记住，自律是一个持续终生的旅程。

日常练习模板

一旦你完成了初步的设置，并且意识到自己面临的最大挑战是什么，接下来就需要持续进行日常的练习，使你的目标和价值保持在正确的轨道上。我在下文为你提供了一个参考模板。

早晨

作为你每天晨间例行活动的一部分，至少要练习10分钟的冥想（详见第37章）。你可以在我的第一本书《静心冥想：强大自我的心理学实用百科》（*Practical Meditation*）中了解更多信息，或跟随你信任的老师进行冥想练习。

在冥想练习后，再花几分钟时间做“三个R”的练习。

记住（Remember）：记住你的愿望，回顾你关注的主要自律技巧，使它们更受重视。

再次承诺（Recommit）：想想你的SMART目标和选择的习惯，并再次做出遵守它们的承诺。每天坚持这样做，直到它成为第二天性。

下定决心（Resolve）：为你今天全天的安排设定一个意图。这个意图应是你练习“意识”能力的一个目标，即你在一天中要持续注意、不断回想的东西。

白天

在这一天中，练习PAW方法和三种主要的意志力技巧之一（详见第17—20章）。养成在做每一个决定之前多停顿的习惯，意识到“+1”和“–1”的选择后果，然后用你的意志力来改变你的状态，这样你就能与你的长远目标更加和谐地生活。

通过一分钟的小型冥想来加强停顿的能力，一天练习三次。通过跟踪记录自己的行动，加强对"+1"或"-1"选择结果的认识。

晚间

在一天结束时，完成第16章中描述的三个问题日记方法，这只需要2—5分钟的时间，它可以帮助你培养感恩、觉察和意向。

这些日常练习并不会占用你很多时间，但它们却能带来丰厚的回报。它们使你在生活、时间和精力方面更加自律。你遵循这些做法的每一天，都是你向理想的自我迈出坚实一步的一天。

适当微调

如果你完成了最初的自律设置，并遵循上述的日常练习（包括你的聚焦技术），你就已经成功上路了。

到了这个阶段，你可能想开始使自己准备好以可持续的方式练习自律，避免精疲力竭或错过生活的其他方面（详见第3章）。你也可以微调生活方式的选择，使自己的生活变得更轻松，比如通过健康饮食和充足睡眠（详见第36章），选择对自己的生活有正向影响的人、事、物，以合理利用能量、避免决策疲劳的原则安排每一天。最后，你可以学习使用自律来更好地管理个人的时间（详见第33章），并培养你所需要的美德，成为你想成为的人（详见第38章）。

后记
EPILOGUE

在生活中对一切事物全身心投入，这将会杀死你。

你还不如全身心投入自己最擅长的事情。

你有什么更好的事情可做吗？

——乔丹·彼得森（Jordan Petersen）

一个人成功的高度是由他的自我修养来衡量的；他失败的深度，是由他的自我放弃来衡量的。

——列奥纳多·达·芬奇（Leonardo da Vinci）

正念自律是关于自我管理的，它是一种与人生最崇高的目标和价值观和谐相处的艺术。现在你已经知道如何做到这一点，以及自律为什么如此重要。你已经学会了一些培养自律的工具，使你能够更快、更顺利地实现设定的目标，过上理想的生活，并以一种平衡的方式实现你给自己许诺的愿景。

你已经学会了如何完成你开启的事情，如何设定有意义的目标，确定其优先次序，并在生活中保持重要的习惯。你已经学会了如何通过使用强大的意识和心态工具来克服障碍，如分心、拖延、借口、动力不足、自我怀疑和恐惧等。

自律是个人力量的一种表现形式，它是你完成为自己设定的目标，并把事情做好的力量。自律是使你能够控制自己的冲动而不是成为其奴隶的力量，也是使你成为理想中的人的力量。

明智地使用自律的力量，这种力量来自实践，它值得你的每一次努力。因为自律的生活能带来成长和成就；没有自律的生活会导致停滞和遗憾。遗憾的是被浪费的时间、没有追逐的梦想和没有实现的潜力。因此，自律的痛苦是实现自我的成本。

本书要点快速回顾

在本书的第一部分，你了解了什么是自律，它如何在你的大脑中发挥作用，以及发展这种技能的好处。我们涵盖了平衡自身自律的必要性，这样我们才能活得好，而不至于精疲力竭。然后我们讨论了意志力的重要作用以及如何发展意志力。

在第二部分，我们讨论了“志向”支柱。通过这部分内容，你学会了如何找到生命中最重要的志向、放大它们的重要性，以它们为基础创造具体的目标，并在日常生活中优先考虑它们。你看到了如何处理自我破坏，以及如何利用自主权、自信心和牺牲这三种强大的美德，使自己能够更充分地实现人生志向。

这本书的第三部分是关于“意识”支柱，这是正念自律的核心内容。意识是通过日常冥想和自我反省培养出来的一种品质，并通过使用PAW方法将其应用于日常生活中。你学会了三种不同的方法来利用意志力转变自身的状态，所以你能够做出推动目标实现，而不是让你远离目标的决定。我们还学习了一些技巧，帮助你培养坚韧不拔的美德，并克服一路上的分心和借口等障碍。

在本书的第四部分，我们讲述了自律的最后一个支柱——“行动”。我们从设计行动计划开始，讲解了为远大目标建立里程碑事件，并通过建立有效习惯来推动前进等内容。然后，我们学习了克服拖延症、自我怀疑和失败的具体技巧。你还学会了如何改善周围的环境从而使自律变得更容易。我们谈论了“永不为零”的承诺，以这个黄金法则结束了这部分内容。

在本书的最后部分，你学到了用心管理时间的原则，以及建立有效的晨间和夜间例行程序的具体准则。你看到了谨慎选择生活中的影响因素、获得足够睡眠、健康饮食和锻炼的重要性。你了解到美德的重要性，因为它是自律的内部实践，以及如何发展美德。

本书的定位是一本培养自律的终极手册。因此，我们已经涵盖了许多相关的概念和实践。到了结束语部分，我能给出的最后提醒是：不要给自己施加过大的压力。想一蹴而就地练习完所有技巧是不可能的，也是不值得的，因此不要做这样的尝试。相反，选择两个或三个最吸引你的练习，并从这些练习开始。一旦它们成为你的第二天性，你就可以增加新的练习。

即使你只是很好地实施了本书中的一个技巧，你的自律性也会得到增强，所以也不用太过苛求自己，能够坚持不懈才是最重要的事情。

如果你能够从自律的弓上，像箭一样飞向目标，成功终将属于你。因为成功就是迟早的事情，无须怀疑它。

所有这一切的意义何在

自律是美好生活的基础，它可以改善你的健康、增进你的福祉、增加你的收入、加深你的人际关系，并实现你的梦想。它可以帮助你掌握任何技能、艺术或手艺。它可以使你成为更好的人，并为精神觉醒铺平道路（如果这也是你的追求）。

自律不仅能帮助你实现目标，还能帮助你成长为一个更美好的人，使你拥有美德、活得更好。

有人说，自律是所有美德之父。这句话不无道理，因为每种美德都是一种纪律，每种美德都是一种需要遵守的承诺。但是，如果自律是所有美德之父，自我意识就是美德之母。在本书中，二者是统一的。没有它们，我们就不可能实现任何目标、取得任何成就，而有了它们，就没有任何东西可以限制我们的潜力和成就了。

归根结底，正念自律的最终回报，不是你将实现你的人生目标。当然，这是正念自律帮助你取得的成就之一。在适当的时候，人生的目标一定会实现。而实现人生的目标，很可能是你购买本书的原因。不过，从人生的大局来看，你将体验到的实现目标的喜悦不过是暂时的，你的新成就将很快成为你的新常态。那么，除此之外，自律还能够提供什么呢？

自律的最佳回报，是你将成为什么样的人，你会为自己感到骄傲，你会感到更加快乐和投入，你的生活将更加深刻而有意义，你的思想将更加宽广，你的潜力和可能性将变得更加无法估量。

这种成长和这种改变，值得你付出一切努力。

轮到你采取行动了

你现在有一个选择。

你可以想“太好了，我学到了很多东西！”然后合上这本书，明天再开始读新的一本书，期待着通过阅读这些书籍，自律就会神奇地、自动地出现在你的生活中。

或者你脚踏实地地根据从书中学到的东西采取行动，一次又一次地练习。你可以强调、总结、回顾，并认真思考；你可以明确自己的目标，创建日常的行程惯例，并从零开始锤炼自己的自律能力；你可以选择两个技巧，现在就开始应用到你的日常生活中；你可以在手机上添加提醒，在家里各个显眼的地方粘贴一些笔记，并创建一个日历提醒，以便不断地回顾本书的内容，整合更多有用的原则。

哪一个选择更有价值：是阅读100本自助书，还是阅读一本书，然后应用100次？这两种不同的选择导致了两种不同的未来版本的自己。对你来说，你想要成为哪一个呢？

阅读这本书可以成为新生活的开始，一个颠覆性的重置，一个告别过去的分界线。如果我的工作做得足够好，这本书就能够改变你的人生；如果它没能做到这点，那我就辜负了你的殷切期盼。

生命是短暂的，而你面前的任务是困难的。因此不要浪费时间，不要犹豫不决，不要推迟行动，因为试图逃避你有意义的任务将使你的人生失去意义，并充满遗憾。

现在就开始吧，全心全意地向前迈出一步，无论如何都要让自己保持在正轨上。

一个全新的生活是可能的，一个焕然一新的你也是可能的。

放手去做吧，去追逐一个令人惊叹的人生，去追逐最理想的自我！

让正念自律成为风潮

正念自律需要的不仅仅是一本书。它需要成为一种风潮——在你的生活和在你身处的社会之中。因为自律使事情变得更好，使人类变得更好。

我们享有的所有发明和设施都是一些人自律的成果；所有的文化、艺术、科学和技术都是少数人自律的成果；自律创造了个人的成就，也创造了社会的遗产；自律改变了个人的生活，它也可以改变世界。

你能做些什么来成为这个伟大运动的一部分呢？当然是在你的生活中培养正念自律！但要走得更远一些，你要学会分享灵感，把这本书中的想法传播给你周围的人。

如果你从这本书中得到了任何有价值的东西，不管是练习、引用还是想法，那么请把这本书送给你关心的人（或者把你的书借给他们）。请他们阅读并练习。与他人一起谈论正念自律，因为你周围的人越是自律，你也就越容易自律，这就是公众和责任带来的力量。

请将这个信息传递出去！

自律的人将成为世界的主宰，让像你和你信任的人一样的好人成为世界的主人。感谢你的分享！

正念自律实践索引

这里是本书所教授的主要技巧、方法和练习的汇总，你可以将这个表格作为快速的实践参考，也可以标出要重点学习的内容。

方法、工具、练习	章节
意志力挑战	4
你的核心价值观	7
更深层次的理由	7
鼓舞人心的榜样	7
设计你的理想身份	7
触发直觉的冥想	7
增强痛苦和快乐的感觉	8
内化志向的瑜伽休息术	8
SMART目标	9
三重承诺	10
红色药丸测试	11
专注于成功	12
转变你的自我对话	12
获得他人的激励	12
为你的目标“出价”	13
主动选择不适感	13
写日记	16
PAW方法	17
转移焦点	18
转换认知	19
拥抱痛苦（ROAR方法）	20
放弃虚假的期望	21
放弃完美主义	21
修行周	22
延迟分心因素	22

方法、工具、练习	章节
承诺装置法	22
挑战你的借口	23
“POWER可视化”方法	23
设置你的习惯	25
基石习惯	25
设置里程碑	25
定期回顾	25
习惯的提示线索	26
最低限度行动	26
内在奖励	27
外在奖励	27
循序渐进的小步骤	28
强化不行动的痛苦	28
“现在不行”技巧	29
清除所有备选方案	29
重获新视角	29
应急计划	30
ALFA方法	30
“永不为零”的承诺	31
规划你的时间	33
保护你的时间	33
时间意识	33
拥有专注力	33
无视导致分心的事物	33
晨间与夜间例行活动安排	34
选择积极的影响者	35
问责制	35
冥想	37
点燃美德的火花	38
吸纳美德	38

在下面的表格中，你会找到本书涉及的大部分工具（按目的排序）。本书中的许多工具可以用于一个以上的目的，而且自律的不同障碍之间也有很多重叠之处。

第一部分包含通用工具，可以用来处理任何障碍。像设定一个强烈的愿望，以及三种意识实践（冥想、写日记、PAW方法），它们为整个正念自律框架提供动力，并不限于任何特定的挑战。至于应急计划，它是你为应对所有挑战而做的准备。

在每个障碍的一两个最有力的工具旁边标注了星号标志（*）。

障碍	可以采用的方法	所属章节
任何障碍	志向支柱（步骤1—步骤4）	6-10
	为你的目标“出价”	13
	冥想	16、37
	写日记	16
	PAW方法	17
	应急计划	30
拖延症	转移焦点	18
	转换认知	19
	拥抱痛苦（ROAR方法）*	20
	放弃完美主义	21
	修行周	22
	承诺装置法	22
	“POWER可视化”方法	23
	最低限度行动	26
	奖励	27
	循序渐进的小步骤*	28
	强化不行动的痛苦*	28
	清除所有备选方案	29
	“永不为零”的承诺	31
	问责制	35
	培养美德	38

障碍	可以采用的方法	所属章节
动机水平低	最低限度行动*	26
	奖励*	27
	“永不为零”的承诺	31
	培养美德	38
借口	转移焦点	18
	承诺装置法	22
	挑战你的借口*	23
	“POWER可视化”方法*	23
	建立习惯	26
	循序渐进的小步骤	28
	“现在不行”技巧	29
	清除所有备选方案	29
	“永不为零”的承诺	31
	问责制*	35
健忘	习惯的提示线索*	26
	问责制	35
怀疑	意志力挑战	4
	专注于成功	12
	转变你的自我对话*	12
	获得他人的激励	12
	放弃虚假的期望	21
	放弃完美主义	21
	挑战你的借口	23
	“POWER可视化”方法	23
	循序渐进的小步骤*	28
	“现在不行”技巧*	29
	清除所有备选方案	29
	重获新视角	29
	选择积极的影响者	35
	培养美德	38

障碍	可以采用的方法	所属章节
分心因素	转移焦点	18
	转换认知	19
	修行周*	22
	延迟分心因素*	22
	承诺装置法	22
	“现在不行”技巧	29
	清除所有备选方案	29
	全身心的投入*	33
	选择积极的影响者	35
恐惧&焦虑	红色药丸测试	11
	专注于成功	12
	转换认知	19
	拥抱痛苦（ROAR方法）*	20
	“POWER可视化”方法	23
	循序渐进的小步骤	28
	清除所有备选方案*	29
	培养美德	38
缺乏进展	三重承诺	10
	专注于成功	12
	定期回顾*	25
	奖励*	27
	循序渐进的小步骤	28
痛苦的失败	“POWER可视化”方法	23
	ALFA方法 *	30
缺乏结构性	设计你的路径 *	25
	设计你的习惯	26
	正念时间管理	33
	晨间与夜间例行活动安排 *	34